신　화
인간을
말하다

김원익 박사의 신화 이야기 · 3

신화, 인간을 말하다
인생의 길을 묻는 당신에게 건네는 신화 이야기 ❶

초판 1쇄 발행 | 2011년 1월 10일 (바다출판사)
    2쇄 발행 | 2018년 11월 12일

지은이 | 김원익
펴낸이 | 이윤구

편집진행 | 김문아
북디자인 | 이혜은

펴 낸 곳 | 도서출판 메티스
주   소 | 서울 관악구 신림로 90, 2층
대표전화 | (02) 737-7771~2
F A X | (02) 735-8666
출판등록 | 제320-2009-11호

*이 책의 저작권은 저자에게 있습니다. 본문의 내용에 대한 무단복제와 무단전재를 금합니다.

ISBN 979-11-5544-119-0

값 : 15,000원

*잘못 제본된 책은 바꿔드립니다.

신화 인간을 말하다

김원익 신화 에세이

•• 들어가는 말

　세상은 바야흐로 이야기에 목말라 있다. 날마다 여기저기서 갖가지 이야기가 쏟아진다. TV 예능 프로그램의 초대 손님들도 입담이 뛰어나야 인기가 있다. 자고 나면 그들이 경쟁적으로 토해낸 이야기가 인터넷을 뜨겁게 달군다. 해마다 봄이 되면 신문사들은 신춘문예 당선자를 발표한다. 각 지자체도 자기 지역의 특성을 테마로 한 이야기를 공모한다. 영화나 TV 드라마뿐 아니라 온라인 게임도 참신한 이야기를 찾는 데 그야말로 혈안이 되어 있다. 광고도 이야기가 있어야 호소력이 있다. 심지어 현재 대한민국을 강타하고 있는 걷기 열풍에도 이야기가 있어야 제격이다. 제주 올레길과 지리산 둘레길 곳곳에는 재미난 이야기가 숨어 있다.
　이 세상은 이처럼 온갖 이야기로 넘쳐난다. 이야기의 홍수를 이루고 있을 정도이다. 하지만 이 세상에는 사실 몇 가지의 이야기밖에 존재하지 않는다. 다른 모든 이야기는 그 이야기의 원류에서 갈라져 나온 것에 불과하다. 하나의 나무줄기에서 수많은 가지가 뻗어 나오듯 이 세상의 모든 이야기는 결국 그 원류에서 시작된다. 그것은 바로 신화이다. 신화는 이 세상 모든 이야기의 고갱이이자 원형이요, 본이다. 신화는 인류의 어린 시절이다. 신화에는 인류가 풀어낼 수 있는 모든 이야기의 씨앗들이 켜켜이 쌓여 있다.

고대 그리스 문화의 가장 중요한 특징 중 하나는 인본주의였다. 철학자 프로타고라스의 유명한 말처럼 고대 그리스 인들에게 인간은 만물의 척도였다. 인간을 얼마나 중시했으면 그리스 신화의 신들에 인간의 모습을 투영했겠는가. 그리스 신화의 신들은 인간을 빼닮았다. 그들은 인간처럼 질투하고 싸우며 도둑질도 하고 간통도 한다. 기원전 6세기경 고대 그리스의 크세노파세스라는 철학자는 그런 신의 모습에 경악했다. 그는 호메로스와 헤시오도스가 "인간들에게나 일어날 수 있는 수치스럽고 치욕스러운 일들을 신들에게 뒤집어 씌웠다"며 그들을 신랄하게 비판했다. 그러나 호메로스와 헤시오도스는 신들을 통해 인간의 모습을 보여 주려고 했던 것이 아닐까?

인간은 선천적으로 신화에 익숙해 있다. 나중에 배워 알기보다는 DNA처럼 신화에 친밀한 유전인자를 갖고 태어난다. 왜 루벤스를 비롯한 수많은 미술가들이 신화를 소재로 한 그림을 즐겨 그렸겠는가? 왜 프로이트를 비롯한 유명한 심리학자들이 신화로 인간 심리를 설명했겠는가? 왜 셰익스피어를 비롯한 수많은 작가들이 신화를 소재로 한 글을 즐겨 썼겠는가? 그 이유는 바로 신화가 인간의 마음의 고향이기 때문이다.

　세계적인 신화학자 조지프 캠벨은 신화를 햇병아리의 행동과 비교했다. 알에서 갓 깨어난 햇병아리에게 매의 모형을 보여 주자 금세 은신처를 찾아 몸을 숨겼다. 그러나 참새의 모형을 보여 주자 미동도 하지 않았다. 캠벨에 의하면 어미 닭으로부터 아무것도 배운 적이 없는 햇병아리가 매의 모형에 대해 보인 반응은 집단무의식의 소산이다. 그리고 신화가 바로 그와 같은 인류의 집단 무의식이다.

　이 책은 부자갈등, 라이벌, 부부의 사랑, 분노, 광기, 전쟁 등 19가지 그리스 신화의 모티프를 통해 인간을 이야기한다. 인간의 원초적인 본성과 마주한다. 어떤 것으로도 가려져 있지 않은 인간의 원시적인 욕망을 그대로 보여 준다. 아울러 소설, 연극, 오페라, 시, 영화, TV 드라마 등 이 세상의 모든 이야기는 단지 신화의 이런 원형적인 모티프를 반복해서 재생산한 것임을 알려준다. 그래서 독자들은 이 책을 통해 이미 유효기간이 지나버린 듯한 고대 신화가 첨단과학의 시대인 21세기에도 얼마나 강력한 영향력을 발휘하고 있는지를 확인할 수 있다.

　이 책에는 똑같은 이야기가 서로 다른 모티프에 두 번 등장할 때가 있다. 그 이야기에 두 모티프가 서로 얽혀 있기 때문이다. 가령 아킬레우스와 헥토르의 결투장면은 '라이벌'과 '분노' 두 모티프에서 동시에 언급된다. 이럴 때는 각 모티프에 걸맞게 이야기에 약간의 변주를 가했다.

　대학에서 강의를 할 때마다 수강생들로부터 빠지지 않고 받는 질문이 있다. 신화에 나오는 신들이나 사람들 이름을 쉽게 외울 수 있는 비법이 무엇이냐는 것이다. 그들은 신화를 공부하려고 굳게 결심했다가도 막상 길고 이국적인 이름에 맞닥뜨릴 때마다 기가 질려 포기한 적이 한두 번이 아니라고 하소연한다. 그런 질문을 받을 때마다 내 대답은 언제나 똑 같다. "신화에서 이름들은 중요하지 않다. 어려운 이름일수록 옛날 초등학교 국어 교과서에 자주 나오던 철수나 영희쯤으로 치부하고 그냥 지나쳐라. 핵심은 그 신화 속 이야기가 우리에게 전하고자 하는 메시지이다."

이 책이 부디 독자들에게 인간을 보다 깊이 이해할 수 있는 계기를 마련해 주기를 바란다. 독자들을 인간의 본성이나 욕망의 핵심으로 안내하는 '아리아드네의 실'이 되기를 희망한다.

2010년 12월
김원익

차례

들어가는 말 • 4

부자갈등 아버지는 말 없이 사라질 뿐이다 • 11
라이벌 동전의 양면이자 상생의 관계 • 23
부부의 사랑 사랑한다면 죽음도 두렵지 않다 • 49
적과의 사랑 모두를 거는 사랑은 위험하다 • 73
동성애 천형인가, 아니면 사랑인가? • 91
정신적 스승 하늘은 스스로 돕는 자를 돕는다 • 109
분노 무조건 참아야만 하는가? • 131
광기 창조적 에너지의 원천 • 155
모험 정신적 성숙을 위한 여정 • 173

구출 사람을 구하는 힘은 사랑이다 • 187

탈출 자유를 향한 처절한 몸부림 • 209

추격 인간의 원초적인 놀이 본능 • 233

전쟁 명분은 단지 구실에 불과하다 • 255

괴물 나와 다르다고 모두 그른 것인가? • 279

거짓말과 속임수 진실과 솔직함만이 정답일까? • 293

숫자 3 세계 신화의 공통 분모 • 329

지하세계 방문 진정한 영웅이 되기 위한 통과의례 • 341

갈림길 못 가본 길이 더 아름답다 • 359

이상향 이 세상에 파라다이스는 없는가? • 385

나가는 말 • 408
참고문헌 • 410

부자갈등

―
아버지는
말 없이
사라질 뿐이다

아들은 아비보고 쓰레기라 하고 / 아비는 아들보고 쓰레기라 한다. / 아비보고 거짓말쟁이 사기꾼이라 하고 / 아들보고 거짓말쟁이 사기꾼이라 한다.
아비는 아들 쪽을 보지 않고 / 아들은 아비 쪽을 보지 않는다. / 집안의 산보자들. / 그가 내 곁을 지나간 것처럼 / 내가 그 곁을 지나간 것처럼 / 아비와 아들은 지나간다.
아들이 이기게 되어 있다. / 더 오랜 시간 / 거짓말쟁이 사기꾼이라 하기 때문이다. / 살아서 안 행복하게 있고 / 죽어서도 안 행복하게 있을 거고 / 요약이 된다, 아비 인생이.
죽은 자는 말이 없지만 / 맞다, 아비는 거짓말쟁이 사기꾼이었다. / 너는 거짓말쟁이의 아들이었다. /
너는 사기꾼의 아들이었다. / 거짓말쟁이의 아들이여, 거짓말쟁이를 낳기를. / 사기꾼의 아들이여, 사기꾼을 낳기를.
아비도 만만치는 않다. / 같이 안 행복했던 걸로 요약되자. / 대~~한민국!

박찬일, 〈집안의 산보자들〉

집안의 산보자들, 아버지와 아들

늦은 밤 아버지는 서재에서 글을 쓴다. 그때 꽁꽁 닫혀 있던 아들의 방문이 열린다. 아버지의 귀도 가만히 열린다. 그러나 아들은 아무 말 없이 화장실로 향한다. 아버지가 냉장고에서 물을 꺼내 마시고 있다. 마침 아들도 목이 타는지 방에서 나와 아버지 등 뒤에서 차례를 기다린다. 아들은 말이 없다. 아버지도 말이 없다. 아버지와 아들은 마치 '집안의 산보자들' 같다.

그리스 신화의 오이디푸스는 신탁에 따라 실수로 아버지를 죽이고 어머니와 결혼한 비운의 주인공이다. 프로이트는 《꿈의 해석》에서 그에 대해 말한다. "오이디푸스 왕 이야기에는 실제로 그럴만한 계기가 내포되어 있다. 그의 운명이 우리를 감동시키는 이유는 그것이 우리의 운명이 될 수 있고, 출생 이전의 신탁이 우리에게도 똑같은 저주를 내릴 수 있기 때문이다. 우리는 모두 어머니에게 최초의 성적 자극을, 아버지에게 최초의 증오심과 폭력적 희망을 품는 운명을 짊어지고 있는지도 모른다."

프로이트의 '오이디푸스 콤플렉스'를 굳이 인용할 필요도 없다. 아버지와 아들 사이에는 늘 '불온한 안개'가 끼어 있다. 소통이 되지 않는다. 뭐라 말로 할 수 없는 긴장이 흐른다. 보이지 않는 장벽이 놓여 있다. 카프카도 《아버지에게 드리는 편지》에서 말한다. "저의 모든 글은 아버지를 상대로 쓰여졌습니다. 글 속에서 저는 평소에 직접 아버지의 가슴에다 대고 토로할 수 없는 것만을 토로해댔지요. 그건 오랫동안에 걸쳐 의도적으로 진행된 아버지와의 결별 과정이었습니다." 물론 모든 아버지와 아들의 관계가 적대적인 것만은 아니다. 세상에는 소위 '좋은 아버지'와 '좋은 아들'도 많다. 항상 예외는 있는 법이다.

라이오스와 그의 아들 오이디푸스

그리스 신화를 보면 아버지와 아들의 갈등은 태초부터 결정되어 있다. 권력 앞에선 더욱 그렇다. 티탄 신족의 크로노스는 아버지 우라노스를 거세하고 왕위를 찬탈한다. 그의 아들 제우스는 아버지 크로노스를 비롯한 티탄 신족에게 돌 세례를 퍼부어 돌 더미 속에 묻어 버리고, 신들의 제왕 자리에 오른다.

테베의 왕 라이오스와 그의 아들 오이디푸스 이야기는 더 끔찍하다. 라이오스는 어느 날 소름끼치는 신탁을 받는다. 아내의 뱃속에 있는 아들이 태어나면 아비를 죽이고 어미와 결혼한다는 것이다. 아들이 태어나자마자 라이오스는 즉시 테베와 코린토스 사이에 있는 키타이론 산에 내다버린다. 그러나 아이는 라이오스의 기대와는 달리 어느 코린토스 양치기의 눈에 띄어 목숨을 구한다. 코린토스의 왕 폴리보스에게는 마침 후사가 없었다. 아이는 오이디푸스라는 이름으로 코린토스의 왕자로 자란다.

장성한 오이디푸스는 어느 날 델포이 아폴론 신탁소를 찾아간다. 어렸을 때부터 자신을 끈질기게 따라다녔던 무서운 신탁의 진위를 묻기 위해서였다. 그러나 여사제 피티아는 똑같은 내용의 신탁을 되

❖ 페테르 파울 루벤스, 〈티탄의 추락〉 1637
크로노스의 아들 제우스는 아버지를 비롯한 티탄 신족들에게 돌세례를 퍼부어 돌더미 속에 묻어 버리고, 신들의 제왕 자리에 오른다.

풀이할 뿐이었다. 결국 오이디푸스는 코린토스로 돌아가지 않기로 결심한다. 코린토스의 왕을 친아버지라고 생각했기 때문이다.

코린토스를 피해 방랑하던 오이디푸스는 테베 근처 어느 삼거리에서 마차를 탄 노인 일행과 시비 끝에, 달아난 하인 한 명만 빼고 모두 죽여 버린다. 그러나 아뿔싸! 노인은 다름 아닌 바로 오이디푸스의 친아버지 라이오스였다.

호메로스의 서사시 《오디세이아》의 주인공 오디세우스는 10년 동안 지속된 트로이 전쟁이 끝난 후에도 곧바로 집에 돌아오지 못한다. 그는 바다의 신이자 '팟대' 포세이돈 신의 심기를 거슬려 10년 동안이나 바다 위를 떠돌며 숱한 모험을 한다. 그는 이때 만난 마녀 키르케와 텔레고노스라는 아들을 보지만 아이가 채 태어나기도 전에 다시 고향을 향해 닻을 올린다.

장성한 아들 텔레고노스는 어머니가 가르쳐준 대로 갓난아기 때 떠나버린 얼굴도 모르는 아버지 오디세우스를 찾아 나선다. 텔레고노스는 천신만고 끝에 아버지의 고향 이타케에 도착하지만 전투가 벌어져 아버지인 줄 모르고 오디세우스를 죽인다. 나중에 텔레고노스가 오디세우스의 아들임이 밝혀지자 오디세우스의 아내 페넬로페와 그녀의 아들 텔레마코스는 그를 용서해 주고 고향으로 돌려보낸다.

아버지, 썩어야 빛을 발하는 밀알

그리스 신화 속 아버지의 죽음은 무엇을 의미할까? 그것은 예수의 말대로 썩어야만 빛을 발하는 '한 톨의 밀알'이 아닐까? 아버지가 죽어야만 아들이 꽃을 피울 수 있다는 뜻이다. 그래서 아버지는 기꺼이 죽음을 받아들인다. 결코 '내가 너의 애비'라는 사실도 아들에게 말하지 않고 묵묵히 죽어 아들의 거름이 된다.

세계적인 신화학자 조지프 캠벨은 《천의 얼굴을 가진 영웅》에서 신화 속 영웅들이 진정한 영웅으로 거듭나려면 "아버지와 정신적인 화해"를 해야 한다고 말한다. 이 말은 영웅은 이미 아버지와의 갈등을 전제로 하고 있다는 의미이리라. 크리스토퍼 보글러는 《신화, 영웅 그리고 시나리오 쓰기》에서 캠벨의 주장을 영화 속 주인공에 그대로 적용시켰다. 가령 〈스타워즈 에피소드 6 - 제다이의 귀환〉에서 주인공 루크는 자신의 적 다스 베이더가 어렸을 때 사라진 아버지임을 알게 되고, 그와 극적인 화해를 한다.

그리스 신화 속 아들은 대부분 아버지가 죽은 다음에야 비로소 아버지의 존재를 의식한다. 아버지가 죽지 않아도 아들이 아버지 나이가 되면 아버지의 존재를 깨닫는다. 아버지의 무게를 느끼기 시작하는 것이다.

오디세우스는 신혼 때 집을 떠나 20년 동안이나 돌아오지 못한다. 아내 페넬로페와의 사이에서 낳은 아들 텔레마코스가 태어난 지 몇 달도 되지 않아 벌어진 트로이 전쟁에 참전해야 했기 때문이다. 텔레마코스는 집에 돌아오지 않는 아버지를 원망하며 성장했을 것이다. 그러나 아버지가 집을 떠날 무렵의 나이가 되자, 아버지를 그리며 그를 찾아 나선다. 그는 비록 직접 아버지를 찾는 데는 실패하지만 결국 자신이 없는 사이 귀향한 아버지와 감격적인 해후를 한다.

영웅 테세우스는 숱한 역경을 이겨내고 어머니 뱃속에 있을 때 자신을 떠나 버린 아버지 아이게우스와 해후하여 아테네의 후계자가 된다. 트로이의 유민을 이끌고 가던 트로이의 패장 아이네이아스도 지하세계에 가서 죽은 아버지를 만난 뒤에야 비로소 방랑을 끝낸다. 그는 아버지의 조언을 따라 이탈리아를 발견하고 알바 롱가라는 도시를 건설하여 훗날 로마의 주춧돌을 놓는다.

오이디푸스는 자기도 모르게 저지른 패륜을 깨닫고 스스로 두 눈을 찔러 실명시킨 뒤 방랑의 길을 떠난다. 그는 아마 탁발승처럼 고행을 하면서야 비로소 끔찍한 신탁을 받고 괴로워했을 아버지 라이오스의 처절한 고독을 뼈저리게 느꼈을 것이다. 오이디푸스는 마침내 모든 죄를 사함 받고 도를 터득한 현인이 되어 행복한 죽음을 맞이한다. 그가 죽는 곳은 날로 번창할 것이라는 신탁을 받기 때문이다.

헬리오스와 그의 아들 파에톤

헬리오스는 올림포스 신족 아폴론 이전에 태양을 관장했던 티탄 신족이다. 그는 어느 날 밤 쉬는 틈을 타 하늘에서 지상으로 휴가를 즐기러 왔다가 강의 요정 클리메네를 만나 사랑에 빠졌다. 헬리오스는 그날 밤 그녀와 열렬하게 사랑의 불꽃을 태웠으나 새벽녘에 부리나케 하늘로 올라가지 않을 수 없었다. 낮에는 태양마차를 몰아야 했기 때문이다.

그날부터 클리메네는 헬리오스를 다시 만날 날을 학수고대하며 눈물로 날을 지새웠지만 아무 소용이 없었다. 헬리오스가 태양마차를 모는 '공무'로 바빠 클리메네와의 하룻밤 풋사랑을 그만 새까맣게 잊고 말았기 때문이다. 그 후 클리메네는 배가 자꾸 불러 오더니 어느덧 열 달이 흐르자 떡두꺼비 같은 아들을 낳아 파에톤이라고 이름지었다.

파에톤은 편모슬하에서 친구들에게서 아비 없는 자식이라는 놀림을 자주 들으며 자랐다. 그러던 어느 날 어머니를 졸라 자신의 출

❖ 페테르 파울 루벤스, 〈파에톤의 추락〉 1604
아버지는 자신이 아들의 고집을 꺾을 수 없으리라는 것을 안다. 자신의 '중도보수'가 결국 아들의 '진보정신'을 꺾지 못하리라는 것을.

생의 비밀을 알아냈다. 그러나 태양신의 아들답게 침착하게 때를 기다렸다가 성인이 되자 비로소 아버지 헬리오스를 찾아갔다. 아마 태초에는 하늘과 지상을 연결하는 사다리나 길이 있었던 모양이다.

헬리오스는 파에톤이 어머니의 이름을 들먹이며 자신의 자식이라고 주장하자 아련히 떠오르는 클리메네와의 추억을 기억해 내며 그를 아들로 인정했다. 그러나 파에톤은 그것으로 만족하지 않았다. 그는 헬리오스에게 자신이 진짜 아들이라면 부탁을 하나 들어 달라고 간청했다. 아버지는 그동안 아들을 돌보아 주지 못한 것에 깊은 양심의 가책을 느꼈다. 그는 아들에게 인자한 미소를 지으며 어떤 부탁이라도 모두 들어 주겠다고 했다. 그러자 그는 아버지에게 먼저 지하세계를 흐르는 스틱스 강에 맹세해 달라고 간청했다. 스틱스 강에 맹세하면 신이든 인간이든 반드시 그 약속을 지켜야만 했다.

헬리오스가 깊게 생각하지 않고 성급하게 스틱스 강에 맹세해 버리자 그는 딱 하루만 아버지가 모는 태양마차를 몰게 해달라고 졸랐다. 헬리오스는 아들이 그런 엄청난 부탁을 할지 전혀 예상하지 못했다. 그는 몹시 당황해하며 태양마차는 아무나 몰 수 없으니 제발 그것만은 안 된다고 아들을 달랬다. 그러나 아들은 막무가내였다. 어쩔 수 없이 설득을 포기한 헬리오스는 아들에게 말고삐를 쥐어 주며 마지막으로 간절히 당부했다. "제발 너무 높게 날지도 말고, 너무 낮게도 날지 마라! 너무 높게 날면 하늘 궁전을 불태울지 모르고, 너무 낮게 날면 대지를 불태울지 모른다. 중간 길이 가장 안전하고 좋다. 내가 지나간 바퀴자국만 따라가거라!"

파에톤은 아버지의 당부에 그저 건성으로 "예, 예" 하고 대답했다. 그는 아버지가 하는 일이라면 자신도 뭐든 할 수 있다고 믿었다. 아니 더 잘할 수 있다고 생각했다. 그러나 그가 고삐를 쥐자마자 예민한 말들이 예전과 달라진 무게를 느꼈다. 말들은 몸부림을 쳤다. 파에톤은 깜짝 놀라 그만 고삐를 놓치고 말았다. 신이 난 말들은 길길이 날뛰며 궤도에서 벗어났다. 태양마차는 높이 솟아올라 올림포스의 하늘 궁전을 살짝 그을리더니, 그대로 곤두박질쳐 대지를 시뻘겋게 불태우고 바닷물을 펄펄 끓게 했다. 참다못한 대지의 여신 데메테르의 하소연에 결국 제우스가 개입했다. 제우스는 번개를 쳐서 파에톤을 태양마차의 마부석에서 끌어냈다. 파에톤은 머리털에 불이 붙은 채 거꾸로 떨어졌다.

역시 '자식 이기는 부모 없다.' 아들 파에톤은 집요하고 용의주도했다. 그는 아버지를 꼼짝 못하게 할 스틱스 강이라는 비장의 카드를 준비했다. 반면 아버지 헬리오스는 어수룩했다. 고스란히 아들에게 당하고 말았다. 그렇다. 아버지는 안다. 자신이 아들의 고집을 꺾을 수 없으리라는 것을. 자신의 '중도보수'가 결국 아들의 '진보정신'을 꺾지 못하리라는 것을.

아버지는 말 없이 사라질 뿐이다

그리스 신화에서 아들은 늘 아버지에게 승리한다. 패배한 아버지는 말이 없다. 신들의 싸움에서도 크로노스에게 권력을 찬탈당한 우라노스는 아무 말 없이 신화의 무대에서 사라진다. 그러나 크로노스는 당당하게 말한다. "먼저 부당한 일을 시작한 것은 아버지였습니다!"

크로노스와 그의 아들 제우스가 벌인 싸움에서도 마찬가지다. 아버지 크로노스는 자식들을 잡아먹는 불한당으로만 그려져 있다. 크로노스도 아무 말 없이 스러져 간다. 그 뒤 그의 행적은 전혀 찾아볼 수 없다. 오이디푸스의 아버지 라이오스도 마찬가지이다. 그는 길에서 우연히 만난 아들 손에 아무 변명도 못한 채 죽음을 당한다.

그렇다. 아버지는 안다. 역사의 승리자는 결국 아들이라는 것을. 아버지는 다만 말 없이 쓸쓸하게 사라져 갈 뿐이다. 정호승의 시 〈아버지들〉의 화자 아버지처럼 말이다. "아버지는 석 달 치 사글세가 밀린 지하셋방이다 / 너희들은 햇볕이 잘 드는 전셋집을 얻어 떠나라 / 아버지는 아침 출근길 보도 위에 누가 버린 낡은 신발 한 짝 / 이다 / 너희들은 새 구두를 사 신고 언제든지 길을 떠나라 / 아버지는 페인트칠할 때 쓰던 낡고 때 묻은 목장갑이다 / 몇 번 빨다가 잃어버리면 아예 찾을 생각을 하지 말아라 / 아버지는 포장마차 우동 그릇 옆에 놓인 빈 소주병이다 / 너희들은 빈 소주병처럼 술집을 나와 쓰러지는 일은 없도록 / 하라"

라
이
벌

―
동전의
양면이자
상생의 관계

메피스토펠레스 그런 생각이라면 모험을 해볼 만합니다. / 계약을 합시다. 당신은 며칠 안에 / 기쁜 마음으로 내 재주를 보게 될 것이오. / 어떤 인간도 아직 보지 못한 것을 당신에게 주겠소이다.

파우스트 너 같은 불쌍한 악마가 무엇을 주겠단 말이냐? / 드높은 것을 추구하는 인간 정신이 / 너희 따위에게 이해된 적이 있었느냐? 아니면 너는 아무리 먹어도 배가 부르지 않는 음식을, / 수은처럼 끊임없이 네 손가락 사이로 흘러나가는 / 붉은 황금을 가졌느냐? 결코 이길 수 없는 놀음이냐, / 내 가슴에 안겨 있으면서도 이미 / 이웃 남자에게 눈짓으로 약속을 하는 처녀, / 유성처럼 사라져버리는 열매와, / 날마다 다시 푸르러가는 나무를 보여다오!

메피스토펠레스 그런 주문쯤에는 놀라지 않습니다. / 그런 보물들은 바로 대령할 수 있습니다. / 그러나 선생, 우리가 무언가 좋은 것을 편안하게 / 즐기고 싶은 그런 때도 올 것입니다.

파우스트 내가 언젠가 편안하게 안락의자에라도 눕게 되면, / 나는 바로 끝장이 난 것이다! / 네가 언젠가 감언이설로 아첨하여 / 내가 나 자신에게 만족하게 되면, / 네가 향락으로 날 속일 수 있으면, / 그것이 나의 마지막 날이 되게 하자! / 내기를 하자!

메피스토펠레스 좋습니다!

파우스트 자 그럼 약속을 하자! / 내가 어느 순간을 행하여 / 머물러다오! 너는 정말 아름답구나! / 라고 말한다면 / 그땐 네가 나를 결박해도 좋다. / 그때 나는 기꺼이 죽음을 맞이하리라! / 그땐 조종用鐘이 울려도 될 것이며, / 너는 종살이에서 풀려나는 것이다. / 시계가 멈추고, 시침은 떨어질 것이니, / 나의 일생은 그것으로 끝나리라!

메피스토펠레스 잘 생각하시오, 우린 그걸 잊지 않을 겁니다.

파우스트 그 점에 대해서는 네가 전적인 권리를 가지고 있다. / 나는 함부로 주제넘은 짓을 한 건 아니다. / 내가 무엇에 만족하여 집착하게 되면 난 종이 되는 거다, / 너의 종이든 아니면 그 누구의 종이든 묻지 않겠다.

괴테, 〈파우스트〉

파우스트와 그의 라이벌 메피스토펠레스

파우스트는 15세기 중세 독일에 실재했던 연금술사였다. 그는 인간으로서 모든 학문과 기술을 익혀 부와 명예를 얻었지만 만족하지 못했다. 우주의 신비와 비밀을 알고 싶었고 최고의 향락과 부를 누리고 싶었다. 고심 끝에 그는 악마를 찾아갔다. 악마는 24년간 파우스트의 모든 욕망과 요구를 들어주는 대신 그의 영혼을 요구했다. 계약이 체결되고 파우스트는 악마가 부리는 마술의 힘으로 온갖 욕망과 욕구를 채우지만 이번에도 결코 만족할 줄 몰랐다. 악마는 최후의 수단으로 파우스트에게 그리스 신화 최고의 미인 헬레네를 불러 주었다. 파우스트는 황홀한 마음에 그녀를 껴안았지만 그 길로 곧장 지옥으로 끌려가고 말았다. 바로 그 순간 약속했던 24년이 모두 흘러갔기 때문이다.

16세기가 되자 원래의 파우스트 이야기에 많은 허구적인 요소가 첨가되면서 독일을 비롯한 전 유럽에 전설이 되어 퍼져나갔다. 세간에 떠돌던 파우스트 전설을 최초로 문학작품으로 형상화한 사람은 영국 작가 크리스토퍼 말로우였다. 그가 1588년 출간한 《파우스트 박사의 비화》라는 작품의 내용은 파우스트 전설과 거의 일치한다. 이 작품은 영국 전역을 돌며 공연되었다가 독일에 까지 소개되어 아주 오랫동안 상당한 인기를 끌었다. 2세기 후 1749년에 태어난 괴테도 어린 시절 인형극으로 보았을 정도였다. 괴테는 이 인형극에 깊이 매료되어 평생 파우스트에 관한 새로운 작품 집필에 매달렸다. 《초고 파우스트》는 괴테가 24세 때인 1774년, 《파우스트

✤ 율리우스 니슬레, 〈파우스트와 메피스토펠레스의 계약〉 1840경

라이벌은 질투와 함께 인간의 가장 원초적인 모티프이다. 그래서 우리 주변은 라이벌로 넘쳐난다. 괴테의 파우스트의 라이벌은 바로 악마 메피스토펠레스이다.

1부〉는 1808년, 《파우스트 2부》는 괴테가 죽은 해인 1832에 나왔으니 《파우스트》라는 작품이 완성되기까지는 거의 60여년이 걸린 셈이다.

괴테의 《파우스트》는 파우스트 전설이나 말로우의 작품과는 다르다. 전체적인 줄거리는 거의 비슷하지만 두 가지 핵심적인 부분에서 큰 차이가 있다. 괴테의 작품에서는 우선 24년이라는 계약기간이 사라진다. 그 대신 위의 인용문에서 볼 수 있는 것처럼 파우스트가 어느 날 자신의 현 상태에 만족한 나머지 자신도 모르게 "어느 순간을 향하여 머물러다오! 너는 정말 아름답구나!"라고 말하면 그의 영혼은 악마 메피스토펠레스의 차지가 된다. 또 파우스트가 마지막 어느 순간에 자신도 모르게 그런 말을 하고 말지만 지옥으로 끌려가지 않고 하나님으로부터 구원을 받는다.

왜 이렇게 달라질 수밖에 없었을까? 그건 시대적 배경이 변했기 때문이다. 파우스트 전설이나 말로우의 작품이 생겨날 당시는 중세였다. 중세에는 육체적인 욕망이나 탐욕은 죄악이었다. 게다가 우주의 신비나 비밀을 알려고 하는 것은 하나님의 비밀을 알려고 하는 것으로 간주되어 더 큰 죄악으로 간주되었다. 그것은 하나님의 권위에 도전하는 용서받지 못할 행위였다. 그래서 파우스트가 지옥으로 떨어지는 것은 당연하였다.

이에 비해 괴테가 활동하던 시대는 말로우의 작품이 나온 지 두 세기가 훌쩍 지난 계몽주의와 고전주의의 시대였다. 계몽주의는 인간의 이성을 중시하고 고전주의는 휴머니즘을 문학의 이념으로 삼았던 시대였다. 따라서 파우스트가 보인 앎에 대한 욕구는 이성을 가진 인간이라면 당연히 품을 수 있는 가장 전형적인 생각으로 받아들여졌다. "인간이란 노력하는 한 방황하기 마련이고, 착한 인간은 비록 어두운 충동 속에서도 올바른 길을 잘 의식하고 있기 때문이다." 그래서 괴테의 파우스트는 지옥에 떨어지지 않는다.

물론 괴테의 파우스트도 메피스토펠레스 덕분에 이 세상의 온갖 것을 다 경험한다. 전설이나 말로우의 파우스트처럼 그리스 신화 최고의 미녀 헬레네를 품에 안기도 한다. 그러나 끝까지 만족을 모르던 파우스트는 작품 막바지에서 해안 갯벌을 간척하여 사회사업을 하면서부터 변화의 조짐을 보이기 시작한다. 그는 급기야 어느 순간 삶의 희열이 복받쳐 오른 나머지 하지 말아야 할 말을 내뱉고 만다. "머물러다오! 너는 정말 아름답구나!" 그 말을 듣자 메피스토펠레스는 회심의 미소를 지으며 약속대로 그의 영혼을 지옥으로 데려가려 한다. 그러나 바로 그 순간 하늘에서 천사의 음성이 들리며 메피스토펠레스를 제지한다. "항상 노력하며 애쓰는 사람을 우리는 구할 수 있노라."

라이벌 의식, 인간의 원초적 욕망

독자들은 필자가 '라이벌'을 얘기하려다 샛길로 빠졌다고 생각할지 모른다. 아니다. 바로 파우스트의 라이벌이 메피스토펠레스이다. 또 하나님과 악마 메피스토펠레스 사이도 라이벌 관계로 볼 수 있다. '라이벌 의식'은 '질투'와 함께 인간의 가장 원초적인 욕망이다. 그 이유를 르네 지라르의 욕망이론을 통해 설명해 보자.

지라르에 따르면 인간은 자신이 무엇을 바라는지 혼자서는 절대로 알지 못한다. 지라르는 말한다. "인간은 강렬하게 욕망하면서도 무엇을 욕망하는지 정확하게 알지 못하고 있다. 왜냐하면 그가 욕망하는 것은 존재, 정확하게 말해 자신에게는 결핍되어 있는데 타인은 갖고 있는 것처럼 보이는 존재이기 때문이다. 욕망주체는 이 '타인'이 이 존재를 얻기 위해서는 무엇을 욕망해야 하는지를 알려주길 기대한다. 만일 이미 뛰어난 존재를 부여 받은 모델이 어떤 것을 욕망한다면, 더욱 총체적인 존재의 완전함을 부여할 수 있는 대상일 것이다. 모델은 말이 아니라 자기 자신의 욕망으로써 욕망주체에게 진짜 욕망할 만한 대상을 가리킨다."

지라르는 아주 어렵게 이야기를 풀어 가고 있지만 그의 요지는 간단하다. 인간이 욕망을 품는 것은 라이벌을 모방하려는 마음 때문이라는 것이다. 왜 상대방을 모방하려고 하는가. 그것은 그에게 질투와 라이벌 의식을 느끼기 때문이다. 그래서 라이벌 의식과 질투는 인간의 삶에서 선험적이며 가장 핵심적인 감정이다. 이제야 우리 주변이 라이벌들로 넘쳐나는 이유가 이해되지 않는가? 형제 갈등도 부자갈등도 넓은 의미의 라이벌이다. 영화 《로키》에서도 주인공 로키와 그의 상대는 라이벌이다. 모든 영화의 주인공에는 그의 길을 방해하는 라이벌이 있다. 멀리 갈 것도 없다. 연대와 고대를 '영원한 맞수'라고 하듯 한국과 일본도 영원한 라이벌이다.

 그리스 신화에서 라이벌은 주로 모험과 전쟁 중에 자연스럽게 만들어진다. 모험에서는 영웅의 진로를 방해하는 악당이 그의 라이벌이 된다. 전쟁에서는 아군과 적군이 교전을 할 때 일대일 대결을 하면서 자연스럽게 라이벌이 형성된다. 라이벌은 대부분 피터지게 싸워서 둘 중 하나가 패배하거나 목숨을 잃는다. 라이벌은 힘이나 능력에서 서로 엇비슷해야 한다. 한쪽이 일방적으로 뒤처지면 진정한 라이벌이라고 할 수 없다. 막상막하여야 한다. 우선 아르고 호의 모험 중 벌어지는 폴리데우케스와 아미코스 왕의 라이벌 관계를 살펴보자.

폴리데우케스와 그의 라이벌 아미코스

아르고 호는 이아손을 대장으로 황금양피를 찾아 나선 함선 이름이다. 50명 이상이 탈수 있는 배였으니 지금으로 치면 항공모함급인 셈이다. 아르고 호는 그리스의 이올코스를 떠나 렘노스 섬, 돌리오네스 족의 나라, 미시아를 거쳐 네 번째로 아미코스 왕이 다스리고 있던 베브리케스 섬에 들렀다. 물과 식량을 조달하기 위해서였다. 아미코스는 포세이돈의 아들로 오만방자했으며 대단한 권투선수였다. 지금까지 한 번도 패배한 적이 없었다. 그는 자신의 실력을 과신하고 모든 이방인들에게 권투시합을 강요했다. 이방인은 시합에 이겨야 필요한 물품도 받고 무사히 섬을 빠져나갈 수 있었다. 만약 시합을 거부한다거나 시합에서 지면 목숨을 내놓아야했다.

아르고 호의 영웅들이 상륙한 지 얼마 지나지 않아 과연 아미코스 왕이 부하들을 데리고 나타나 거만하게 말했다. "너희 이방인들은 잘 들어라! 베브리케스의 나라에는 예로부터 내려오는 관습이 있다. 모든 이방인은 나와 권투시합을 해야 한다. 만약 나를 이기지 못하면 이 나라에서 살아 나갈 수 없다." 그러자 올림피아 경기의 권투 종목에서 우승한 폴리데우케스가 자진해서 나서서 아미코스가 내민 가죽으로 만든 권투장갑을 끼었다.

해안에서 멀지 않은 꽃이 만발한 계곡에서 아미코스와 폴리데우케스는 전력을 다해 싸웠다. 아미코스의 장갑은 청동 가시가 박혀 있었고, 털투성이의 팔 근육은 해초로 덮힌 바위 같았다. 그는 폴리데우케스보다 몸무게가 훨씬 더 나갔으며 나이는 몇 살 어려 보였다. 폴리데우케스는 처음에는 조심스럽게 황소 같은 공격을 피하며 탐색전을 벌이다가 곧 아미코스 왕의 약점을 발견했다. 얼마지 않아 상대는 폴리데우케스의 잽을 수없이 맞아 부어오른 입에서 피를 뱉어내기 시작했다.

지칠 줄 모르고 계속되던 공방전 끝에 마침내 폴리데우케스가 아미코스의 방어를 깨뜨리고 왼쪽 스트레이트 펀치로 그의 코를 납작하게 만들었다. 이어 스트레이트와 훅을 날리며 양쪽에서 그에게 무자비한 공격을 가했다. 아미코스가 고통스럽고 절망에 빠진 표정으로 왼손으로 폴리데우케스의 왼쪽 주먹을 잡아당기면서 강한 일격을 가하려고 오른쪽 주먹을 뻗었다. 그러나 폴리데우케스가 살짝 몸을 뒤로 빼 피하자 그의 주먹은 허공을 가로질렀다. 바로 그 순간 폴리데우케스가 오른쪽 훅으로 아미코스의 귀에 멋지게 카운터펀치를 날린 다음 다시 어퍼컷을 정확하게 날렸다. 그러자 아미코스는 관자놀이 뼈가 으스러지면서 땅에 꼬꾸라지더니 즉사하고 말았다.

자신들의 왕이 죽어 땅바닥에 널브러져 있는 것을 본 베브리케스 인들은 무기를 들고 폴리데우케스에게 달려들었다. 그러나 이미 대비하고 있던 아르고 호의 영웅들이 환호성을 지르면서 대적하여 그들을 물리치고 여세를 몰아 왕궁도 약탈했다. 이아손은 아미코스의 아버지 포세이돈을 달래기 위해 약탈한 가축들에서 고른 스무 마리의 붉은 황소를 태워 제물로 바쳤다.

폴리데우케스와 아미코스 왕이 벌였던 일대일 대결은 고대의 모든 전쟁에서 단골손님처럼 등장하며 라이벌을 만들어 낸다. 삼국지에도 관우, 장비, 여포 등을 주인공으로 하는 숱한 일대일 대결이 벌어진다. 그리스 신화의 트로이 전쟁에서도 메넬라오스 대 파리스, 디오메데스 대 아이네이아스, 디오메데스 대 글라우코스, 아이아스 대 헥토르, 아킬레우스 대 헥토르 등 아주 많은 일대일 대결이 있다. 트로이 전쟁에서 만들어진 라이벌 관계를 차례로 따라가 보자.

메넬라오스와 그의 연적 파리스

메넬라오스와 파리스는 헬레네를 놓고 라이벌 관계에 있다. 트로이의 왕자 파리스가 메넬라오스의 아내 헬레네를 꾀어 데려갔기 때문이다. 메넬라오스는 파리스에게 심리적으로 깊은 원한도 가졌겠지만 분명 라이벌 의식도 느꼈을 것이다. 그래서 《일리아스》에는 파리스와 메넬라오스의 일대일 대결이 제일 먼저 등장한다. 그들은 대결에서 이기는 사람이 헬레네와 그녀가 가져간 보물을 차지하고, 전쟁도 끝내기로 합의한 뒤 싸움을 벌였다.

파리스가 먼저 창을 던졌다. 창은 메넬라오스의 방패에 맞았지만 그것을 뚫지 못하고 끝이 부러지고 말았다. 이제 메넬라오스 차례였다. 그는 우선 제우스 신께 친절을 베푼 주인을 배반한 파리스를 꼭 응징하게 해달라고 기도한 다음 힘껏 창을 던졌다. 그의 창은 파리스의 방패를 지나 가슴덮개와 웃옷을 뚫고 지나갔다.

그러나 파리스가 반사적으로 몸을 트는 바람에 창은 그에게 치명상을 입히지 못하고 그의 옆구리를 스치고 지나갔다. 파리스가 약간 휘청거렸다. 메넬라오스는 재빨리 칼을 빼어들고 그에게 달려들어 투구를 내리쳤지만 그 공격도 무위로 돌아갔다. 칼만 세 동강이 나버렸을 뿐이다. 메넬라오스는 손에 쥐고 있는 칼 손잡이를 버리고 재차 파리스에게 달려들어 투구의 말총장식을 거머쥐고 그를 그리스 군대 쪽으로 잡아끌었다. 턱 밑에 묶어 놓은 단단한 가죽 끈이 파리스의 목을 죄어 왔다.

아마 그대로 두었더라면 결투는 메넬라오스의 승리로 돌아갔을

❖ 〈메넬라오스와 파리스의 일대일 대결〉 아티카 적색상 킬릭스 도기 BC490-460경
메넬라오스와 파리스는 헬레네를 놓고 라이벌 관계에 있다. 파리스가 메넬라오스의 아내 헬레네를 꾀어 데려갔기 때문이다.

것이다. 그러나 결투를 내내 지켜보던 아프로디테 여신이 그 가죽 끈을 끊어 버렸다. 그러자 메넬라오스는 손에 들린 투구를 빙빙 돌려 아군 쪽으로 던져 버리고 다시 파리스에게 필사적으로 덤벼들었다. 바로 그 순간 아프로디테 여신이 다시 결투에 개입했다. 그녀는 가볍게 파리스를 가로챈 다음 주위를 짙은 안개로 뒤덮었다. 이어 파리스를 안아 안전하게 성 안 그의 방에 데려다 놓았다. 아프로디테 여신은 왜 파리스를 구해주었을까? 그 이유는 간단하다. 파리스가 자신을 최고로 아름다운 여신으로 선택해 주었기 때문이다.

디오메데스와 아이네이아스의 일대일 대결

또 다른 라이벌 아이네이아스와 디오메데스의 대결도 아프로디테 여신의 개입으로 무승부로 끝난다. 여신이 위기에 처한 자신의 아들 아이네이아스를 구해주기 때문이다. 아이네이아스는 그리스의 장수 디오메데스가 트로이 진영을 유린하고 다니는 것을 보고 활의 명수 판다로스를 찾아가 디오메데스를 향해 빨리 화살을 날리라고 주문했다. 판다로스는 이미 심한 부상을 입힌 적이 있는 디오메데스가 저렇게 날뛰는 것은 틀림없이 신이 그를 도와주고 있기 때문이라고 생각했다. 판다로스는 자신의 운명이 다했음을 예감하고 두려움을 느꼈다. 이전에 메넬라오스에게 화살을 날렸을 때도 빗나가지 않았던가! 그는 자신의 활만 믿고 온 터라 타고 나가 싸울 전차도 없었다. 판다로스가 자신의 처량한 신세를 한탄하자 아이네이아스가 자신의 전차를 가리키며 디오메데스와 맞서 같이 싸우자고 제안했다. 그러자 판다로스는 활 대신 창을 들고 아이네이아스의 전차에 훌쩍 올라탔다.

아이네이아스의 전차가 디오메데스를 향해 질주했다. 스테넬로스가 그들의 무서운 기세에 눌려 디오메데스에게 자신의 전차에 타라고 다급하게 소리쳤다. 달려오는 적들 중 한 명은 활의 명수이고 다른 한 명은 아프로디테 여신의 아들이니 경거망동하지 말고 도망가는 것이 좋겠다는 것이다. 디오메데스는 꽁무니를 빼는 것은 자신의 성미에 맞지 않으니 그대로 그들과 맞서 싸우겠다고 대답했다. 이어 아테나 여신의 도움으로 자신이 둘을 죽이게 되면 아이네이아스의 말들을 그리스 군대 쪽으로 몰아달라고 부탁했다. 그 말들은 제우스 신이 트로이의 왕자 가니메데스를 데려가고 그 대가로 준 신마의 후예였다.

어느새 아이네이아스의 전차가 가까이 다가왔다. 그러자 판다로스가 먼저 창을 날렸고 디오메데스가 방패를 내밀자 창은 그것을 뚫고 지나갔다. 판다로스는 이번에는 디오메데스가 정통으로 맞았으니 오래 버티지 못할 것이라고 생각했다. 그러나 창은 방패만 뚫었을 뿐 디오메데스의 살갗에는 닿지 못했다.

디오메데스가 판다로스를 조롱하며 그를 향해 반격의 창을 던졌다. 창은 정확하게 판다로스의 얼굴을 가격하여 그를 전차에서 밀어냈다. 아이네이아스가 황급히 전차에서 뛰어내렸다. 그리스 군에게 판다로스의 시신을 빼앗기지 않기 위해서였다. 그는 시신 주위를 돌며 누구라도 가까이 오면 가만두지 않겠다는 듯이 칼로 위협했다. 그러자 디오메데스가 근처에 있던 엄청나게 큰 돌을 들더니 아이네이아스의 허리관절을 향해 던졌다. 아이네이아스의 허리 힘줄이 끊어지고 살이 짓이겨 졌다. 아이네이아스는 비틀거리며 몸을 가누어 보려고 했지만 두 눈이 스르르 감기기 시작했다. 처음에는 싸움을 관망하고 있던 아프로디테는 이제 자신의 아들 아이네이아스의 불행을 보고만 있을 수 없었다. 그녀는 아들을 흰 팔로 감싸며 그의 주변에 자신의 옷을 펼쳐 무기를 막을 방탄벽을 만든 다음 그를 들어 싸움터 밖으로 데려갔다.

그 사이 스테넬로스는 디오메데스의 지시를 잊지 않고 있었다. 그는 우선 자신의 전차를 멀찌감치 안전한 곳에 갖다 둔 다음 주인

잃고 우두커니 서 있는 아이네이아스의 말들에게로 다가갔다. 이어 말들을 그리스 진영 쪽으로 조심스럽게 끌고 가서 가장 친한 데이필로스에게 건네며 후방 진영에 갖다 두도록 했다.

　스테넬로스가 다시 전차를 타고 싸움터에 돌아오니 디오메데스는 아이네이아스를 한 손에 들고 도망치는 아프로디테 여신을 추격하고 있었다. 아테나 여신의 격려도 있었지만 아프로디테가 허약한 여신임을 알고 있었기 때문이다. 디오메데스는 아프로디테를 마침내 거의 따라잡았다고 생각이 들자, 창을 앞으로 내밀어 뒤로 약간 처진 여신의 손목을 찔렀다. 상처에서 인간의 피도 아니고 물도 아닌 영액이 흘러나왔다. 아프로디테는 고통으로 비명을 지르며 그만 아들을 놓치고 말았다. 그러자 아폴론이 아이네이아스를 두 손으로 받은 다음 구름으로 가렸다. 아무도 그를 해치지 못하도록 하기 위해서였다.

디오메데스와 그의 라이벌 글라우코스

디오메데스와 글라우코스는 일대일 대결을 벌이려다 그만 둔 경우이다. 그들은 예로부터 내려온 두 가문의 친분관계를 확인하고 라이벌 관계를 청산한다. 그리스 군과 트로이 군의 팽팽한 접전이 계속되는 동안 힙폴로코스의 아들 글라우코스와 티데우스의 아들 디오메데스가 서로 싸우기 위해 양군 사이로 나섰다. 디오메데스는 글라우코스를 한 번도 보지 못한 터라 그에게 어느 가문 출신이냐

물었다. 혹시 신의 핏줄을 타고 태어났으면 싸우고 싶지 않다는 것이다.

글라우코스는 나뭇잎처럼 때가 되면 허무하게 시들어 버릴 가문을 왜 묻느냐고 반문하면서 고조할아버지 시시포스, 증조할아버지 글라우코스, 할아버지 벨레로폰, 아버지 힙폴로코스로 이어지는 자신의 가문을 소상히 알려준다. 특히 천마 페가소스를 타고 괴물 키마이라를 죽인 할아버지 벨레로폰의 무공을 이야기할 때는 그의 목에 힘이 들어갔다. 그러자 디오메데스는 깜짝 놀라며 자신은 글라우코스와 싸울 수 없다고 말한다. 글라우코스 집안과는 자신의 할아버지인 오이네우스 때부터 우정의 선물을 교환할 정도로 각별했다는 것이다.

"그렇다면 우리는 당신의 할아버지 때부터 서로 친구이오. 우리 할아버지 오이네우스가 당신의 할아버지 벨레로폰을 궁전에 초대하여 20일 동안 극진하게 대접한 적이 있기 때문이오. 그 당시 그분들은 우정의 선물까지도 교환했소. 우리 할아버지는 자줏빛 혁대를 주셨고, 당신 할아버지는 손잡이가 달린 황금 잔을 주셨는데 그 선물은 아직도 우리 집에 있소."

이런 사실이 밝혀지자 두 사람은 전차에서 뛰어내려 서로 손을 잡고 선물을 교환하며 우정을 다짐했다. 감격한 글라우코스는 황소 100마리의 값어치가 있는 자신의 황금무구를 황소 9마리의 값어치밖에 없는 디오메데스의 청동무구와 바꾸는 어이없는 실수를 저질렀다.

라이벌의 진수를 보여 준 아이아스와 헥토르

아이아스와 헥토르의 일대일 대결은 라이벌의 진수를 보여 준다. 그들은 하루 종일 싸우지만 결판이 나지 않아 저녁이 되자 어쩔 수 없이 휴전한다. 그리스 군에 먼저 도전장을 내민 것은 헥토르였다. 그는 그리스 군을 향해 누구든 용기 있는 자가 있으면 자신과 일대일 대결을 벌이자고 외쳤다. 그리스 장수 중 9명이 나섰지만 아이아스가 추첨으로 뽑혔다. 트로이 전쟁에는 텔라몬의 아들 대 아이아스와 오일레우스의 아들 소 아이아스 등 두 명의 아이아스가 등장한다. 헥토르의 상대는 바로 대 아이아스였다.

아이아스가 무구를 갖추고 성큼성큼 싸움터로 다가오는 것을 보고 트로이 인들은 겁에 질렸다. 헥토르도 긴장이 된 탓에 심장이 뛰었다. 그렇다고 이제 뒤로 물러설 수도 없었다. 아이아스가 헥토르에게 그리스 군에는 아킬레우스 말고도 진짜 장수가 많다는 것을 보여 주겠다고 외치며 먼저 창을 던지라고 소리쳤다. 헥토르는 자신을 애송이 취급하지 말라고 경고하며 힘껏 창을 던졌다. 창은 아이아스의 일곱 겹 방패를 맞혔지만 여섯 겹만을 뚫었을 뿐이다.

이번에는 아이아스가 창을 던졌지만 헥토르가 몸을 피하는 바람에 옆구리를 스치고 지나갔을 뿐 상처를 내지 못했다. 두 사람은 다시 창을 뽑아들고 서로에게 달려들었다. 그들은 마치 사납게 싸우는 사자나 멧돼지 같았다. 아이아스가 창으로 헥토르의 방패를 뚫고 그를 밀치며 그의 목을 스치자 검은 피가 솟아올랐다. 그러나 헥토르는 상처에 전혀 개의치 않고 곁에 있던 울퉁불퉁한 돌을 집어 아이아스의 방패 한가운데를 맞혔다. 아이아스가 약간 뒤로 밀리며 그보다 더 큰 돌을 집어 빙빙 돌리더니 헥토르에게 던졌다. 헥토르가 방패로 그것을 막았으나 힘에 밀려 뒤로 벌렁 넘어지자 아폴론이 그를 살짝 일으켜 세웠다.

어느새 해가 뉘엿뉘엿 넘어가기 시작했다. 이제 그들은 칼을 뽑아 싸울 참이었다. 바로 그때 양쪽에서 전령이 뛰어나와 두 사람에게 각각 홀을 내밀었다. 트로이 측의 전령 이다이오스가 저녁도 되었고 두 분 다 훌륭한 기량을 보여 줬으니 대결을 중단하자고 제안했다. 아이아스가 먼저 대결을 요구한 쪽에서 제안하면 따르겠다고 대답했다. 그러자 헥토르가 말했다.

"아이아스여, 신께서 당신에게 큰 체구와 힘과 지혜를 주셨고, 또 당신이 그리스 군 중 창검술이 가장 뛰어난 것을 인정하니 오늘은 대결을 그만 둡시다. 우리는 나중에라도 언제든지 신께서 승패를 가름해 주실 때까지 다시 싸울 수 있을 것이오. 벌써 밤이 다가왔으니 오늘은 이만 밤에 복종하는 것이 좋을 것 같소."

그래서 그들은 각자의 진영으로 돌아갔다. 헤어지기 전 헥토르는 대결을 기념하는 뜻에서 자신의 칼과 칼집을 아이아스에게 건넸고, 아이아스는 헥토르에게 혁대를 주었다. 헥토르가 무사히 돌아오자 트로이 인들은 진심으로 기뻐했다. 그들은 헥토르가 도성에 도착할 때까지 그가 살아 있다는 것을 믿지 못하는 눈치였다. 아이아스가 그리스 진영으로 돌아오자 아가멤논은 아이아스를 위해 황소 한 마리를 제우스 신께 바쳤다. 기도를 드린 후 그들은 고기를 구워 포도주를 곁들여 배불리 먹었다. 아가멤논은 아이아스에게 기다란 황소의 등심을 하사했다.

아킬레우스와 그의 라이벌 헥토르

아킬레우스와 헥토르도 일종의 라이벌 관계이다. 아킬레우스는 그리스 측에서 가장 강한 장수였고 헥토르는 트로이 측에서 가장 강한 장수였기 때문이다. 그들은 전쟁을 끝내기 위해서는 언제가 한 번 숙명의 대결을 벌여야 했다. 그들도 무의식적이지만 이런 라이벌 관계임을 의식하고 있었을 것이다. 물론 이들의 대결은 아킬레우스의 일방적인 승리로 끝난다. 헥토르는 몇 번 대적하지도 못하고 목숨을 잃는다.

전쟁에서 발을 뺐던 아킬레우스가 파트로클로스의 원수를 갚기 위해 다시 참전하자 전세는 금방 역전되었다. 그리스 군 방벽까지 밀고 갔던 트로이 군은 결국 아킬레우스에게 쫓겨 성 안으로 몸을 숨긴 채 성문을 걸어 잠그고 있었다. 그러나 헥토르만은 성안으로 피신하지 않고 스카이아이 성문 앞에 버티고 서서 아킬레우스를 기다리고 있었다. 프리아모스 대왕은 성문 위 탑에서 멀리 아킬레우스가 달려오는 것을 맨 먼저 발견하고 조바심이 났다. 아킬레우스의 기세를 보니 헥토르는 도저히 대적할 수 없을 것 같았다.

프리아모스는 그동안 아킬레우스가 자신의 아들들을 납치해서 죽이거나 섬에 갖다 판 것을 생각하곤 몸서리를 쳤다. 조금 전 전투에서도 아킬레우스는 리카온과 폴리도로스를 죽이지 않았는가. 그는 모든 아들을 잃어도 헥토르만은 살리고 싶었다. 프리아모스는 아들을 향해 제발 혼자서 싸우지 말고 성 안으로 들어오라고 애원했다.

"자, 내 아들아. 성 안으로 들어 오거라. 그것이 트로이 인들과 여인들을 구하는 길이고, 아킬레우스에게도 큰 영광을 주지 않는 길이며, 네 자신의 목숨을 구하는 길이다. 이 아비를 불쌍히 여겨다오. 내가 인생의 황혼기에 못 볼 것을 보아야 하겠느냐? 아들들이 살해되고, 딸들이 포로로 끌려가고, 궁전이 약탈되고, 말 못하는 손자들이 땅에 내던져지고, 며느리들이 끌려가는 꼴을 보아야 하겠느냐? 난 마지막에 날고기를 먹는 개들의 먹이로나 던져지겠지."

프리아모스가 머리를 쥐어뜯으며 말했지만 헥토르는 미동도 하지 않았다. 이번에는 어머니 헤카베가 젖가슴을 풀어헤치며 절규했다. 어린 시절 입에 물렸던 젖가슴을 기억한다면 자신을 불쌍하게 생각하고 제발 성 안으로 들어와 달라는 것이다. 그러나 그녀의 말도 헥토르의 마음을 움직일 수 없었다.

그는 똬리를 튼 채 독기를 잔뜩 품고 사람을 기다리는 독사처럼 아킬레우스를 기다렸다. 그는 성 안으로 들어가 도저히 백성들을 볼 낯이 없었다. 어제 저녁 성 안으로 들어가 지구전을 펴자는 폴리다마스의 말을 들었더라면 오늘의 대참패는 당하지 않았을 것 아닌가. 그는 아킬레우스와 맞서 싸워 그를 죽이든지 아니면 그의 손에 영광스럽게 죽는 도리밖에 없다고 생각했다.

그는 한순간 무기를 내려놓고 아킬레우스에게 다가가 협상할 생각도 해보았다. 그는 아킬레우스가 조용히 물러가 준다면 헬레네와 그녀가 가져온 보물에다 트로이에 있는 보물의 절반을 줄 용의가 있었다. 그러나 아킬레우스가 자신의 제안을 받아들일 리 만무했다. 그는 자신을 그 자리에서 죽일 것이 분명했다.

이런 생각을 하고 있는 사이 아킬레우스가 거대한 물푸레나무 창을 흔들며 그에게 달려왔다. 그의 무구가 마치 타오르는 불이나 떠오르는 햇빛처럼 번쩍거렸다. 헥토르는 그것을 보고 갑자기 겁에 질려 도망치기 시작했다. 아킬레우스가 그것을 보고 잽싸게 헥토르를 뒤쫓았다. 마치 날랜 매가 겁먹은 비둘기를 쫓는 것 같았다. 그들은 성벽을 따라 나 있는 전찻길을 따라 망대와 무화과나무 그리고 두 샘물 옆을 지나갔다.

두 샘물은 스카만드로스 강의 수원으로 하나에서는 김이 무럭무럭 나는 더운 물이, 다른 한 곳에서는 얼음처럼 차가운 물이 솟아나왔다. 그 옆에는 평화시에 트로이 여인들이 빨래를 하던 빨래터가 있었다. 그들은 그곳을 지나 쫓고 쫓기며 트로이 성벽을 세 바퀴나 돌았다. 그들을 하늘에서 조용히 지켜보던 신들 사이에서 제우스가 말을 꺼냈다.

"아아, 내가 사랑하는 인간 헥토르가 저렇게 쫓기는 것을 내 눈으로 보아야 하다니 슬프구나. 그는 이데 산의 꼭대기에서도, 트로이 성에서도 황소 고기를 내게 많이 태워 바치고도 저렇게 아킬레우스에게 쫓기며 성벽을 돌고 있구나. 자, 신들이여. 그대들이 신중하게 결정하시오. 우리가 그를 죽음에서 구할까요, 아니면 아킬레우스의 손에 쓰러지게 할까요?"

아테나가 제우스의 말을 듣고 무슨 말이냐고 펄쩍 뛰었다. 이미 오래전에 죽기로 예정된 인간을 살리려 하다니 말도 안 된다는 것이다. 모든 신들이 아테나의 말에 동조했다. 그러자 제우스가 진심이 아니었다고 변명하며 한 발 물러섰다. 그는 아테나에게 지상으로 내려가서 하고 싶은 대로 하고 오라고 말했다. 제우스의 말이 떨어지기가 무섭게 아테나는 기다렸다는 듯이 올림포스 산 정상에서 지상으로 훌쩍 뛰어내렸다.

아킬레우스는 헥토르를 계속해서 추격하고 있었다. 마치 개가 사슴새끼를 보금자리에서 몰아내어 계곡으로 쫓는 것 같았다. 헥토르가 혹시 아군이 성벽 위에서 자기를 위해 엄호해 주지 않을까 해서 스카이아이 문 탑 쪽으로 내달을라치면 아킬레우스는 그를 앞질러 들판 쪽으로 내쫓으며 자신이 성벽 쪽을 달렸다. 두 사람의 모습은 꿈속에서 서로 쫓고 쫓기는 자 같았다.

아킬레우스는 달려가 헥토르를 잡을 수 없었고, 헥토르는 아킬레우스의 추격을 피할 수 없었다. 그들이 그렇게 네 번째로 샘물가에 도달했을 때 제우스가 두 사람의 운명을 황금 저울에 올려 놓고 중간을 잡고 다니 헥토르의 운명이 지하로 떨어졌다. 이제 헥토르는 죽음의 운명을 피할 수 없었다. 지금까지 헥토르를 도와주던 아폴론도 그의 곁을 떠났다. 그러자 아테나가 아킬레우스 곁에 다가와 말했다.

"아킬레우스여, 이제 우리 둘이 헥토르를 죽이고 그리스 군에게 큰 영광을 가져다줄 때가 되었노라. 이제 헥토르는 더 이상 우리를 벗어나지 못할 것이다. 아폴론이 제우스 신께 아무리 애걸복걸을 해도 그렇게는 안 될 것이다. 그러니 너는 여기서 잠깐 숨을 돌리고 있어라. 나는 헥토르에게 가서 너와 맞서 싸우도록 꼬드길 것이다."

이렇게 말하며 아테나는 헥토르의 동생 데이포보스의 모습을 하고 헥토르에게 가서 자기가 곁에서 도와주겠으니 더 이상 도망가지 말고 아킬레우스와 단호히 맞서 싸우자고 부추겼다. 데이포보스는 부모님과 전우들이 성 밖으로 나가지 말라고 무척 말렸지만 고군분투하는 형님을 두고 그냥 보고만 있을 수 없었다며 앞장서 나갔다. 헥토르는 평소에 가장 사랑하는 동생이 힘을 보태겠다는 말을 들으니 용기가 솟아 그를 따라갔다. 아킬레우스와 가까워지자 헥토르가 먼저 말을 꺼냈다.

✢ 페테르 파울 루벤스, 〈헥토르를 죽이는 아킬레우스〉 1630경
라이벌은 운명이다. 동전의 양면이다. 서로가 있기에 그 존재의의를 지닌다. 상생의 관계이다. 헥토르가 없었다면 아킬레우스도 영웅으로서의 진면목을 드러낼 수 없었을 것이다.

"펠레우스의 아들이여, 내가 조금 전에는 너의 공격을 피해 우리 성을 세 바퀴나 돌았지만 이제는 더 이상 너를 피해 달아나지 않겠다. 지금 내 마음은 너를 죽이든 아니면 내가 죽든 너와 맞서 싸우라고 명령하고 있다. 그러니 우선 이리 와서 신들께 맹세하기로 하자. 만약 제우스 신께서 나에게 너보다 오래 버틸 수 있는 힘을 주어 내가 너의 목숨을 빼앗는다면 나는 너의 시신에 모욕을 가하지 않고 무구를 벗긴 다음 시신을 그대로 그리스 군에게 넘길 테니 너도 그렇게 하라."

아킬레우스는 헥토르의 말을 듣고 화가 치밀어 올랐다. 그는 헥토르를 죽여 그의 시신에 파트로클로스의 원한을 실컷 풀고 싶었다. 그는 헥토르에게 사자와 사람 사이에 맹약이 있을 수 없듯이 자신과 헥토르와는 친구가 될 수도 맹약이 있을 수도 없다고 외치며 창을 던졌다. 헥토르가 잽싸게 몸을 숙이자 창은 그의 위로 날아가 땅에 꽂혔다. 헥토르는 창이 빗나가자 기고만장했다. 그 틈에 아테나가 자신 몰래 그 창을 집어 아킬레우스에게 돌려주는 것을 보지 못했다. 이어 자신은 제우스 신의 보호를 받는 몸이라고 비아냥거리며 아킬레우스를 향해 창을 던졌다.

창은 아킬레우스의 방패 한가운데를 맞혔지만 멀리 튕겨져 나가고 말았다. 헥토르는 잠시 망연자실했으나 곧 데이포보스를 떠올리고 그에게 다른 창을 달라고 소리쳤다. 그러나 데이포보스는 사라진 지 이미 오래였다. 그제야 헥토르는 자신이 아테나 여신에게 속은 것을 깨달았다. 그는 이제 자신의 운명이 다했음을 직감했지만 그렇다고 싸워 보지도 않고 죽을 수는 없었다. 그는 재빨리 허리에 차고 있던 칼을 빼어들고 아킬레우스에게 덤벼들었다. 아킬레우스도 방패로 몸을 가리고 달려들었다. 투구가 흔들리자 황금술이 나풀거렸다. 아킬레우스는 마치 수많은 별들 사이에서 가장 멋지게 빛나는 금성 같았다.

아킬레우스의 오른손에 들고 있던 창이 번쩍이며 날더니 헥토르의 목을 관통했다. 다른 곳은 모두 아킬레우스의 친구 파트로클로스를 죽이고 빼앗은 무구로 가려 창이 비집고 들어갈 틈이 없었지만 목만은 드러나 있었다. 헥토르가 꼬꾸라지자 아킬레우스는 파트로클로스를 죽일 때 이런 날이 올 줄 몰랐냐며 개 떼나 새 떼의 밥으로 만들어 주겠다고 외쳤다. 비트적거리던 헥토르는 제발 몸값을 받고 시신을 트로이 성의 부모님께 돌려보내 달라고 사정했다. 그러나 아킬레우스가 대답했다.

"이 개같은 자식아, 나에게 애원하지 마라. 네가 한 짓을 생각하면 너무 분하고 괘씸해서 네 살을 날로 먹고 싶은 심정이다. 다른 사람의 열 배 혹은 스무 배의 몸값을 가져와도 너의 머리에서 개 떼와 새 떼를 쫓아 줄 사람은 아무도 없을 것이다. 비록 너의 아버지 프리아모스가 너의 몸무게만큼의 황금을 달아 준다고 해도 너의 어머니는 손수 낳은 자식인 너를 곁에 놓고 슬퍼하지 못할 것이며, 개 떼와 새 떼가 너를 모조리 뜯어먹게 될 것이다."

헥토르는 숨을 헐떡거리면서도 자신의 시신을 함부로 대하면 나중에 신들의 분노를 살 것이라고 경고하며 쓰러졌다. 아킬레우스는 그런 것은 걱정 말고 죽으라고 외치며 죽은 헥토르의 시신에서 창을 뽑았다. 아킬레우스가 피투성이가 된 그의 시신에서 무구를 벗기기 시작하자 그리스 군들이 몰려들었다. 그들은 헥토르의 우람한 체격에 감탄사를 연발하며 칼과 창으로 계속 시신을 찔러댔다.

아킬레우스는 헥토르의 벌거벗은 시신을 보자 죽은 파트로클로스가 더욱 생각이 났다. 그는 헥토르의 시신을 조용히 쳐다보며 어떻게 하면 파트로클로스의 한을 조금이라도 풀어 줄 수 있을까 고민하다가 기발한 생각을 해냈다. 그는 시신의 발뒤꿈치에 구멍을 뚫고 그 안에 헥토르의 혁대를 꿰어서 전차 뒤에 매단 다음 전차에 그의 시신에서 벗겨낸 무구를 싣고 함선을 향해 직접 말을 몰기 시작했다. 그 혁대는 바로 아이아스가 헥토르에게 선물한 것이었다. 헥토르의 검푸른 머리털이 땅바닥에 끌리며 먼지가 일더니 그토록 아름답던 그의 머리는 온통 헝클어지며 먼지로 뒤덮였다.

성벽의 탑 위에서 이를 지켜보던 헥토르의 어머니 헤카베는 머리를 쥐어뜯으며 오열했다. 그의 아버지 프리아모스와 군사들도 비명을 지르며 통곡했다. 군사들은 슬픔을 이기지 못해 성 밖으로 뛰쳐나가려는 프리아모스를 간신히 제지했다. 프리아모스는 땅바닥에 널브러진 채 발버둥치며 자신이 성 밖으로 나가도록 내버려 두라고 애원했다.

라이벌, 동전의 양면이자 상생의 관계

트로이 전쟁 동안 벌어진 라이벌 대결 중 아이아스와 헥토르의 일대일 대결이 돋보이는 것은 무슨 이유일까. 다른 일대일 대결은 거의 일방적으로 한쪽이 몰리지만 아이아스와 헥토르의 대결은 끝까지 평행선을 이루기 때문이다. 그들은 결국 싸움의 결판을 내지 못하고 어두워서야 비로소 어쩔 수 없이 대결을 중단한다. 이렇듯 이야기 속 두 라이벌은 같은 힘을 가져야 독자들에게 더 큰 긴장감을 준다. 그것은 체격이 똑같아야 한다는 의미는 아니다. 다윗과 골리앗처럼 키가 작은 사람은 상대 거인에게 지능과 꾀로 맞설 수 있다.

토비아스도《인간의 마음을 사로잡는 스무 가지 플롯》에서 라이벌을 모티프로 한 이야기의 핵심 요소를 이렇게 말하고 있다. "우선 같은 목적을 지닌 채 갈등하며 경쟁하는 두 등장인물을 정한다. 등장인물은 대등하게 맞서야 한다. 한 인물이 우월한 힘을 가지고 있다면 다른 인물은 이에 맞설 수 있는 다른 힘을 가져야 한다. …… 한 인물이 힘이 세다면 다른 인물은 더 영리하게 만든다. …… 어떤 경우에는 한 인물이 다른 인물을 앞선다. 다음 경우에는 다른 인물이 이긴다. 추는 양쪽 방향으로 흔들린다. 이는 긴장을 일으키고 독자로 하여금 누가 이길지 어리둥절하게 만든다."

라이벌은 운명이다. 동전의 양면 같은 사이이다. 서로가 있기에 그 존재의의를 지닌다. 상생의 관계이다. 헥토르가 없었다면 아킬레우스가 과연 영웅으로서의 자신의 진면목을 드러낼 수 있었을까? 메피스토펠레스가 없었다면 파우스트가 과연 영원히 노력하는 인간의 전형을 보일 수 있었을까? 아사다 마오가 없었다면 김연아는 과연 피겨 여왕이 될 수 있었을까?

부부의 사랑

一

사랑한다면
죽음도
두렵지 않다

견우직녀도 이날만은 만나게 하는 칠석날 / 나는 당신을 땅에 묻고 돌아오네 / 안개꽃 몇 송이 함께 묻고 돌아오네 / 살아평생 당신께 옷 한 벌 못해주고 / 당신 죽어 처음으로 베옷 한 벌 해 입혔네 / 당신 손수 베틀로 짠 옷가지 몇 벌 이웃께 나눠주고 / 옥수수 밭 옆에 당신을 묻고 돌아오네 / 은하건너 구름건너 한해 한 번 만나게 하는 이 밤 / 은핫물 동쪽 서쪽 그 멀고 먼 거리가 / 하늘과 땅의 거리인 걸 알게 하네 / 당신 나중 흙이 되고 내가 훗날 바람 되어 / 다시 만나지는 길임을 알게 하네 / 내 남아 밭 갈고 씨 뿌리고 땀 흘리며 살아야 / 한 해 한 번 당신 만나는 길임을 알게 하네

도종환, 〈옥수수밭 옆에 당신을 묻고〉

시인 도종환과 '접시꽃 당신'

마흔 넘은 대한민국 사람으로 1986년에 출간된 도종환 시인의 시집과 시《접시꽃 당신》을 모르는 사람이 있을까? 시인은 '애절한 사랑'이라는 접시꽃의 꽃말답게 그 시집에서 아내와의 지순한 사랑을 노래했다. 그는 암에 걸려 시한부 생을 살아가는 아내를 간호하며 "아침이면 머리맡에 흔적 없이 빠진 머리칼이 쌓이듯" 생명이 "우수수" 빠져나가는 아내의 여위어 가는 몸을 보며 아려 오는 가슴을 노래했다.

그는 "먹장구름"처럼 시시각각 아내를 덮쳐 오는 죽음의 그림자를 보고, "벌레 한 마리 함부로 죽일 줄 모르고, 악한 얼굴 한 번 짓지 않으며 살려" 했던 아내를 왜 데려가려느냐고 절규한다. "논두렁을 덮는 망촛대와 잡풀"도 아내와 함께 베어 내야 하고, 남아 있는 "묵정밭"도 아내와 함께 갈아엎어야 한다고 애원한다. 한때 그 시집은 전 국민의 심금을 울리며 초유의 베스트셀러가 되었고, 영화로까지 만들어졌다.

〈접시꽃 당신〉이 아내가 죽기 전의 애틋한 사랑 노래라면, 위에서 인용한 시는 저세상으로 먼저 떠난 아내를 묻고 돌아온 뒤의 쓰라린 회한이 묻어 있는 노래이다. 그는 "살아 평생 옷 한 벌 못해 주고" 마지막으로 "베옷 한 벌" 해 입힌 아내에게 한없는 미안함을 느끼고 용서를 구한다. 이어 이제는 만나기 힘든 아내와 자신을 1년에 겨우 한 번 만날 수 있는 견우직녀로 비유하며 안타까움과 그리움을 토로한다.

도종환 시인은 1991년 재혼했다. 많은 독자들이 실망감을 표시했지만 그건 어쩔 수 없는 선택이었던 것 같다. 그는 아내가 죽은 뒤 전교조에서 활발하게 활동하다가 투옥되었다. 그는 그 당시 재혼 배경에 대해 투옥된 뒤 아이들을 혼자 내버려 둘 수 없었다고 술회했다. 어쨌든 그가 재혼을 했다고 해서 시집 《접시꽃 당신》의 의미가 퇴색될 수는 없을 것이다. 작품은 작가의 손을 떠나는 순간 작가와는 독자적으로 작품 자체로서 존재의의를 갖기 때문이다.

지하세계로 죽은 아내를 찾아나선 오르페우스

그리스 신화에도 도종환 시인과 비슷한 인물이 있다. 직업도 비슷하다. 그 사람은 바로 트라키아 출신의 오르페우스이다. 오르페우스는 아폴론과 무사 여신 칼리오페의 아들이다. 태양 신 아폴론은 음악과 리라의 신이기도 했다. 무사 여신은 제우스와 기억의 여신 므네모시네의 딸들로 예술을 담당했던 9명의 여신을 말한다. 복수형은 '무사이'이고 영어식 표현은 '뮤즈'이다. 칼리오페는 그들 중 최고의 여신으로 서정시를 담당했다. 부모의 핏줄을 이어받은 오르페우스는 노래와 리라의 달인이었다.

그가 리라를 켜며 노래를 부르면 들짐승, 날짐승, 길짐승뿐 아니라 산천초목이 화답했다. 사자와 호랑이는 그 거친 성정을 눅였다. 나무도 선율에 맞추어 춤을 추듯 가지를 흔들었다. 생명이 없는 바위나 돌조차도 기뻐 날뛸 정도였다.

❖ 니콜라 푸생, 〈오르페우스와 에우리디케〉, 17세기 후반
사랑은 겉으론 연약해 보여도 모든 것을 가능하게 하는 강력한 힘을 지니고 있다. 아내 에우리디케를 잃은 오르페우스는 지하세계로 내려가 죽은 아내를 다시 찾아오려 한다.

 오르페우스가 숲의 요정 에우리디케와 결혼하여 신혼의 단꿈에 젖어 있을 때였다. 에우리디케가 샘의 요정들인 친구들과 트라키아의 풀밭에서 놀다가 우연히 꿀벌치기 아리스타이오스와 마주쳤다. 아리스타이오스는 에우리디케를 보고 그 미모에 반해 처녀인 줄 알고 그녀에게 수작을 걸었다. 잔뜩 겁을 집어먹은 에우리디케는 그를 피해 달아나다가 그만 풀숲에 숨어있는 있는 독사에 물려 즉사하고 말았다.
 졸지에 사랑하는 아내를 잃은 오르페우스는 절망했다. 식음을 전폐하고 서럽게 울기만 했다. 울면서도 그는 내내 아내를 다시 만날 수 있는 방도만을 생각했다. 며칠 뒤 마침내 오르페우스가 마음을 다잡고 일어섰다. 지하세계로 가서 아내를 찾아오기로 결심했기 때문이다. 오르페우스에게 다시 살아야 할 이유가 생긴 것이다. 그는 사람들에게 수소문한 끝에 지하세계로 들어가는 통로도 알아냈다. 그곳은 바로 펠로폰네소스 반도 끝자락에 있는 타이나론 곶의 동굴이었다.

그가 스틱스 강에 도착하자, 뱃사공 카론이 그를 가로막았다. 산 사람은 절대 지하세계에 들어갈 수 없다는 것이다. 그는 리라를 연주하고 노래를 부르며 사정을 했다. 그러자 카론은 마법에 걸린 듯 군말 없이 그를 강 저편으로 건네주었다. 이번에는 머리가 셋 달린 개 케르베로스가 나타나 그를 제지했다. 오르페우스는 마찬가지 방법으로 케르베로스를 감동시켜 허락을 얻어냈다. 마침내 하데스와 페르세포네 앞에 서자 오르페우스는 자신이 지하세계에 온 사연을 다시 리라를 연주하며 구슬프게 노래했다.

오르페우스의 절묘한 연주와 노랫소리가 울려 퍼지자 언제나 얼음장처럼 차갑기만 했던 하데스의 마음이 일순간 녹아내렸다. 그는 지금까지 한 번도 이렇게 마음속 깊은 곳에 진한 감동을 느껴 본 적이 없었다. 페르세포네도 마찬가지였다. 그녀의 얼굴은 금세 눈물로 범벅이 되었다. 오르페우스의 연주와 노래가 끝나자 하데스는 그에게 당장 아내를 데려가도 좋다고 허락했다. 그러나 전제조건이 하나 있었다. 지하세계의 문턱을 통과할 때까지는 뒤를 돌아보아서는 안 된다는 것이었다.

마침내 오르페우스가 앞장서고 에우리디케가 그 뒤를 따르는 지하세계 탈출이 시작되었다. 한참을 앞장서 가던 오르페우스는 갑자기 이상한 생각이 들었다. 아내의 발소리가 들리지 않았던 것이다. 에우리디케는 지하세계에 있는 동안은 아직 혼령이어서 중량감이 없었다. 그 이유를 알 턱이 없던 오르페우스는 점점 불안해졌다. 처음에는 큰 소리로 아내를 불러 자주 그 존재를 확인했지만 매번 그럴 수도 없는 노릇이었다. 그는 갈수록 아내와 자신 사이의 침묵을 견딜 수 없었다. 지하세계의 출구까지 왔을 때 그의 인내력은 마침내 바닥이 났다. 그가 막 출구의 문턱에 발을 딛는 순간 조급한 마음에 그만 뒤를 돌아보고 말았다. 그와 동시에 그의 뒤를 따라오던 아내 에우리디케는 비명을 지르며 엄청난 속도로 다시 지하세계로 빨려 들어갔다.

오르페우스는 다시 발걸음을 돌려 뱃사공 카론에게 사정을 해보았지만 아무 소용이 없었다. 한 번 속지 두 번 속겠냐는 투였다. 실의에 빠진 오르페우스는 고향 트라키아로 돌아와 길거리를 떠돌며 술독과 음악에 빠져 세월을 보냈다. 수많은 트라키아의 처녀들이 혼자가 된 그에게 구애를 했다. 그러나 그는 그들에게 눈길 한 번 주지 않았다. 그의 마음속에는 오직 아내 에우리디케 한 사람 뿐이었다.

그해 트라키아에서 디오니소스 축제가 벌어졌다. 트라키아의 처녀들도 포도주에 취해 광란의 춤을 추다가 멀리서 리라를 연주하며 노래를 부르던 오르페우스를 발견했다. 그들은 평소 자신들의 구애를 거절하던 오르페우스에게 앙심을 품고 있었다. 그들은 오르페우스에게 가까이 달려가 그를 향해 돌을 던졌다. 여자들은 마치 사냥감을 발견하고 달려드는 사냥개 같았다. 그러나 힘차게 날아가던

❖ 에밀 장 밥티스트 필리페 뱅, 〈오르페우스의 죽음〉 1874

사랑하는 아내를 잃은 오르페우스는 삶의 의미와 의지도 함께 잃었다. 수많은 트라키아 처녀들이 끈질기게 구애했지만 꿈쩍도 하지 않았다. 결국 자존심이 상한 처녀들은 그에게 끔찍한 보복을 가했다.

돌은 오르페우스 주변에서 힘없이 뚝 떨어졌다. 오르페우스의 리라 연주와 노래의 마력에 막혀 돌들이 더 이상 뻗어나가지 못했기 때문이다. 광분한 처녀들은 이번에는 한꺼번에 악다구니를 질러대며 다시 돌을 던졌다. 그러자 오르페우스의 음악은 처녀들의 악다구니 때문에 아무런 힘을 발휘하지 못했다.

오르페우스가 돌 세례를 맞고 쓰러지자 트라키아의 처녀들이 그에게 달려들더니 그의 몸을 갈기갈기 찢어 헤브로스 강에 버렸다. 오르페우스의 이모인 무사 여신들이 그의 조각난 시신을 찾아 모았지만 그의 머리와 리라는 행방을 알 수 없었다. 하는 수 없이 그들은 모은 시신 조각들만 오르페우스의 고향 트라키아에 묻어 주었다. 오르페우스의 머리와 리라는 강물을 따라 바다로 흘러들어 레스보스 섬에 도착했다. 레스보스 섬 주민들이 오르페우스의 머리를 발견하고는 정성들여 매장해 주었다. 무사 여신들은 조카 오르페우스를 영원히 기리기 위해 그의 리라를 하늘의 별자리로 박아 주었다.

남편을 위해 목숨을 던진 알케스티스

아드메토스와 알케스티스의 이야기도 오르페우스와 에우리디케의 이야기처럼 이상적인 부부간의 사랑 이야기를 보여 준다. 아드메토스는 테살리아에 있는 페라이의 왕이었다. 그는 페라이의 건설자 페레스와 미니아스의 딸 페리클리메네의 아들이었다. 그는 이아손이 장성하여 이웃나라 이올코스로 돌아와서 숙부에게 찬탈당한 아버지의 왕위를 돌려달라고 요구하자 그를 지원하기 위해 아버지와 함께 달려갔다. 이아손의 아버지 아이손과 그의 아버지 페레스는 형제였기 때문이다. 아드메토스와 이아손은 사촌인 셈이다. 두 사촌은 유명한 칼리돈의 멧돼지 사냥에 함께 참가하기도 했다.

페레스는 아들이 아주 젊었을 때 왕위를 물려주고 현역에서 은퇴했다. 아드메토스 왕은 어렸지만 신들에게 매우 경건했기 때문에 그 은총을 한 몸에 받았다. 그는 특히 아폴론의 총애를 받았다. 거기에는 그럴만한 이유가 있었다. 아폴론에게는 아스클레피오스라는 아들이 하나 있었다. 아스클레피오스는 스승 케이론으로부터 의술을 배워 명의로 명성을 날렸다. 그의 신기한 의술 덕택으로 죽는 인간이 거의 없을 정도였다. 결국 혼령들의 출입이 뜸해지자 지하세계는 더욱더 황폐해졌다. 그러자 지하세계의 왕 하데스가 제우스에게 거세게 항의했다. 제우스는 분노한 하데스를 달래며 당장 번개를 날려 아스클레피오스를 죽이고 세상의 질서를 바로잡았다.

아폴론은 아들의 죽음을 전해 듣고 분노했다. 그렇다고 무서운 아버지에게 대들 수도 없었다. 그의 분노의 화살은 엉뚱하게도 번개를 만든 키클로페스 삼형제에게 향했다. 그는 화살을 날려 그들을 모두 죽이고 말았다. 절대 마음의 평정을 잃지 않았던 아폴론이 자식 때문에 유일하게 무너지는 순간이었다. 제우스는 아폴론을 그냥 둘 수 없었다. 아폴론의 반항은 자신의 권위에 도전하는 일종의 역심이었다. 단단히 본때를 보여야 했다. 그는 아폴론에게 1년간 신의 지위를 박탈했다. 이어 그 기간 동안 인간의 모습으로 인간의 종노릇을 하라며 인간세상으로 추방했다. 이때 아폴론이 주인으로

택한 인간이 바로 아드메토스 왕이었다.

아드메토스 왕은 아폴론이 종노릇을 하겠다고 자처하며 찾아오자 그를 후하게 대접했다. 결코 같은 인간으로 대접하지 않고 예전과 마찬가지로 신으로 경건하게 대했다. 아폴론은 그의 겸손한 태도에 감동하며 아드메토스의 암소들이 출산할 때마다 쌍둥이를 낳게 했다. 한번은 아드메토스 왕이 이웃나라 이올코스의 왕 펠리아스의 딸 알케스티스에게 사랑에 빠진 적이 있었다. 알케스티스에게는 구혼자들이 많았다. 그녀는 펠리아스의 딸들 중 가장 아름답고 경건하다고 근방에 소문이 자자했기 때문이다. 펠리아스는 구혼자들 중 가장 용감한 사위를 고르기 위해 어려운 과업을 내걸었다. 사자와 멧돼지를 수레에 매어 끄는 사람에게 딸을 주겠다는 것이다. 아드메토스는 아폴론의 도움으로 이 과업을 쉽게 해내고 알케스티스를 아내로 맞이했다.

결혼식 날 아드메토스 왕은 실수로 아르테미스 여신에게 제사지내는 것을 깜박 잊어버렸다. 여신은 분노하여 신방에 뱀들을 가득 풀어 놓았다. 뱀을 치우고 무사히 첫날밤은 치렀지만 언제 또 다시 불행이 닥칠지 모를 일이었다. 아폴론은 걱정하는 아드메토스를 안심시키며 누나 아르테미스의 분노를 꼭 풀어 주겠다고 약속했고, 그것을 지켰다. 또 아폴론은 1년 동안의 형기를 마치고 하늘 궁전으로 돌아가면서 아드메토스에게 유한한 인간이 받을 수 있는 최고의 선물을 주었다. 운명의 신들에게 부탁하여 아드메토스 왕이 명이 다하여 죽는 날 만약 그를 대신하여 죽을 사람이 나타나면 다시 살 수 있도록 하겠다고 약속했기 때문이다.

❖ 폴 세잔, 〈지하세계에서 알케스티스를 데려오는 헤라클레스〉 1867
누군가의 죽음을 대신할 수 있을까? 사랑은 그것을 가능하게 한다. 사랑한다면 죽음도 두렵지 않다. 아드메토스의 아내 알케스티스는 남편을 위해 초개처럼 목숨을 던진다.

그러나 아드메토스가 막상 죽을 때가 되자 그를 대신해 죽겠다고 나서는 사람이 아무도 없었다. 평소 전쟁터에 나가기 전 자신을 위해 죽을 각오가 되어 있다고 맹세했던 장수들도 그렇게는 죽고 싶지 않다며 거절했다. 그것은 명예로운 죽음이 아니라는 것이다. 부모들도 얼마 남지 않은 삶을 포기하고 싶지 않다며 아들을 외면했다. 그걸 보고 아내 알케스티스가 남편 대신 죽겠다고 분연히 일어섰다. 그러자 죽어가던 아드메토스는 기적처럼 살아나고 대신 알케스티스가 시름시름 앓더니 죽고 말았다.

바로 이때 헤라클레스가 테살리아를 지나다가 아드메토스 왕의 궁전에 들렀다. 그는 에우리스테우스 왕의 명령으로 인육을 먹는 디오메데스의 암말을 잡으러 트라키아로 가던 중이었다. 예나 지금이나 손님은 야박하게 대하지 않는 게 세상 인심이었던 모양이다. 아드메토스 왕은 상중임에도 불구하고 하인들을 시켜 헤라클레스를 별채로 모시게 하고 극진하게 대접하게 했다.

헤라클레스는 아드메토스로부터 아무런 얘기를 듣진 못했지만 궁전의 공기가 왠지 침울한 것을 간파했다. 그는 조용히 하인 하나를 불러 그 이유를 물었다. 그간의 사정을 전해들은 헤라클레스는 알케스티스를 구하려 곧장 지하세계로 내려갔다. 그러나 죽음의 신 타나토스는 그에게 알케스티스를 거저 내주려고 하지 않았다. 결국 헤라클레스는 그와 씨름을 해서 이기고 그녀를 지상으로 도로 데려왔다.

전사한 남편을 그리다 산화한 라오다메이아

프로테실라오스는 필라케의 왕 이피클로스와 디오메데이아의 아들이다. 그는 이올코스의 왕 아카스토스의 딸 라오다메이아와 결혼했다. 결혼 직후 트로이 전쟁이 발발하자 그는 40척의 함선을 이끌고 참전했다. 그도 헬레네의 구혼자들 중 하나로 그녀의 신변에 이상이 생기면 도와주기로 맹세했기 때문이다.

그리스 군이 트로이 해안에 도착하여 상륙을 해야 했지만 감히 아무도 엄두를 내지 못했다. 신탁이 트로이 땅에 맨 처음 발을 딛는 자는 전사할 것이라고 경고했기 때문이다. 모두들 우물쭈물하고 있는 사이 프로테실라오스가 용감히 앞으로 나서며 뱃머리에서 트로이 해안으로 껑충 뛰어내렸다. 이것을 신호로 그리스 군은 모두 안심하고 상륙할 수 있었다. 그러나 프로테실라오스는 신탁대로 트로이의 명장 헥토르와의 일대일 대결에서 장렬하게 전사했다.

고국에서 남편의 전사 소식을 전해들은 프로테실라오스의 아내 라오다메이아는 울부짖으며 신들에게 단 세 시간만이라도 살아 있는 남편과 대면하게 해달라고 기도했다. 라오다메이아가 하도 애절하게 울며 간청하는지라 헤르메스가 감동하여 그녀에게 프로테실라오스를 지하세계에서 데려다 주었다. 그러나 부부가 눈물의 상봉을 하고 얼싸 안는 기쁨도 잠시, 시간은 속절없이 흘러갔다. 마침내 남편이 다시 지하세계로 돌아갈 시간이 되자 라오다메이아는 그의 품에서 자살했다.

이설에 따르면 라오다메이아는 단순하게 자살한 것이 아니었다. 그녀는 남편이 지하세계로 다시 돌아가자 나무로 그의 인형을 만들어 침실에 숨겨 놓고 쓸쓸한 마음을 달랬다. 그녀는 그 인형을 살아 있는 남편으로 상상하고 이야기도 하고 목을 안고 키스도 했다. 어느 날 하녀 하나가 우연히 침실 밖에서 라오다메이아가 인형과 이야기를 나누는 것을 엿들었다. 하녀는 인형을 그녀의 새 애인으로 오인하여 주인에게 보고했다. 아버지 아카스토스가 달려와 딸의 방을 샅샅이 뒤졌지만 딸의 새 애인이 아니라 인형만 발견했을 뿐이다. 사태를 파악한 그는 마당에 장작불을 피워 놓고 인형을 불 속에 던져 버렸다. 프로테실라오스의 모든 유품들도 모두 함께 불태웠다. 딸의 병을 고치려면 그 방법밖에 없다고 생각했다. 그러자 라오다메이아는 절망하며 불 속으로 뛰어들어 산 채로 불타 죽었다.

오르페우스와 에우리디케 이야기의 변주

부부의 사랑에 관한 세 가지 이야기 중 오르페우스의 이야기는 많은 시인들과 예술가들의 집중 조명을 받았다. 독일의 시인 릴케는 《오르페우스에게 바치는 소네트》에서 트라키아의 여인들에게 몸이 찢겼으면서도 결코 죽지 않는 오르페우스의 예술혼을 찬양했다. 그는 오르페우스의 머리와 리라는 정처 없이 강물을 흘러가면서도 노랫소리와 연주를 그치지 않았을 것이라고 상상했다. "그들이 아무리 엉겨 붙고 미쳐 날뛰어도 / 당신의 머리와 리라를 부수어 버릴 자 어디 있으랴 / 당신 가슴을 향해 던진 날카로운 돌멩이들도 / 당신 몸에 닿으면 모두가 부드러워지고 귀가 열리노라"

19세기 프랑스의 작곡가 오펜바흐도 오페레타 《지옥의 오르페》에서 오르페우스 이야기를 익살극으로 패러디했다. 그는 이 작품에서 에우리디케를 바람난 유부녀로, 제우스와 하데스를 여자들에게 군침을 흘리는 경박한 신들로 묘사했다. 오펜바흐는 이 작품을 통해 당시 프랑스 상류사회의 위선적이고 속물적인 분위기를 풍자했다.

오르페우스의 이야기는 영화로도 많이 제작되었다. 그중 가장 유명한 것은 1959년 칸느 영화제 그랑프리 수상작인 프랑스의 마르셀 카뮈 감독의 《흑인 오르페》이다. 무대는 광란의 카니발로 유명한

브라질의 리우. 약혼녀와 결혼을 앞둔 전차 운전수 오르페는 카니발을 구경 온 시골처녀 유리디스를 만나 첫눈에 사랑에 빠졌다. 유리디스도 기타를 연주하며 부르는 오르페의 노래에 마음을 열었다. 두 사람은 광란의 삼바 리듬에 맞춰 춤을 추며 사랑을 키워 갔다.

그러는 동안 유리디스에게 복면을 한 정체불명의 스토커가 따라붙었다. 유리디스는 카니발의 절정에서 스토커를 피해 달아나다가 실수로 전기에 감전되어 죽고 말았다. 오르페가 약속장소에서 유리디스를 기다렸지만 이미 죽은 그녀가 올 리 없었다. 오르페는 불안한 마음에 심령술사를 찾아갔다.

심령술사는 오르페에게 유리디스를 만나게 해줄 테니 절대로 뒤를 돌아보지 말라고 경고했다. 심령술사가 시킨 대로 오르페가 눈을 감고 기도하자 갑자기 뒤에서 유리디스의 목소리가 들려왔다. 깜짝 놀란 오르페는 심령술사의 경고를 잊은 채 그만 뒤를 돌아보고 말았다. 그러나 뒤에서는 유리디스의 모습은 보이지 않았다. 늙은 심령술사가 유리디스의 목소리로 흐느끼고 있을 뿐이었다.

오르페는 실망하여 심령술사의 집을 뛰쳐나와 거리를 헤맸다. 그는 보이지 않는 손에 이끌려 우연히 시체 안치소에 들렀다가 유리디스의 시신을 찾아냈다. 그는 비통한 마음이 되어 그녀의 시신을 안고 리우의 언덕을 올랐다. 바로 그때 격분한 오르페의 약혼녀 일행이 언덕 꼭대기에서 달려 내려오며 그를 향해 돌팔매질을 했다. 오르페는 돌 세례를 받고 유리디스의 시신을 안은 채 절벽 밑으로 떨어졌다.

시인과 예술가 들은 오르페우스에게 깊은 연민과 동감을 느꼈다. 오르페우스의 사랑을 진정한 사랑의 모범으로 찬양했다. 그러나 철학자 플라톤은 오르페우스의 긍정적인 평가에 이의를 제기했다. 그에 의하면 진정한 사랑은 죽음을 불사하는 사랑이어야 한다. 따라서 진정한 사랑을 실천한 사람은 오르페우스가 아니라 아드메토스의 아내 알케스티스였다. 플라톤은 《향연》에서 파이드로스의 입을 통해 말한다. "남자들은 물론이고 여자들도 마찬가지로, 사랑을 하는 순간에는 그 무엇을 위해 죽을 수 있는 법이라네. 펠리아스의 딸 알케스티스는 그러한 죽음의 실례를 그리스 인들에게 보여줌으로써, 우리가 지금 말하는 사랑을 증명해 준 셈이지."

파이드로스에 따르면 신들이 결국 헤라클레스의 힘을 빌려 알케스티스의 목숨을 살려준 것은 바로 그녀가 남편을 위해 기꺼이 자신을 희생하려고 했기 때문이다. 그러나 오르페우스는 달랐다. 그는 진정한 사랑의 필수조건인 자기희생을 감행하지 않았다. 신들이 오르페우스에게 아내를 다시 지상으로 데려오지 못하게 한 것도 그 때문이다. 파이드로스는 계속해서 말한다. "그 이유는 신들이 그를 리라 연주자로서, 알케스티스처럼 사랑을 위하여 목숨을 바치려고 한 것이 아니라, 자신의 목숨은 보전한 채 단지 지하세계로 들어가기 위해 온갖 수단을 모두 동원한 비겁한 자로 여겼기 때문이네! 바로 그런 이유 때문에 신들은 그에게 벌을 내려 여인들에 의해 죽임을 당하도록 만들었네!"

글루크의 오페라 《오르페우스와 에우리디케》

그러나 아무리 생각해도 파이드로스의 입을 빌어 피력한 오르페우스에 대한 플라톤의 평가는 받아들이기가 쉽지 않다. 오르페우스가 아내를 데리러 지하세계에 내려간 것 자체가 벌써 사랑을 위해 죽음을 무릅쓴 것은 아닐까? 18세기 오페라 작가 크리스토프 빌리발트 글루크도 아마 같은 생각이었던 것 같다. 1762년에 발표된 《오르페우스와 에우리디케》에서 플라톤에 의해 추락된 오르페우스의 명예를 회복시켜 주기 때문이다.

글루크의 작품은 총 3막으로 구성되어 있다. 제1막에서 오르페우스는 친구들과 함께 사랑하는 아내 에우리디케의 죽음을 슬퍼하고 있다. 그가 슬픔을 이기지 못하고 에우리디케의 이름을 부르며 신들에게 지하세계로 내려가 아내를 데려오게 해달라고 애절하게 기도하자 마침내 사랑의 신 아모르(에로스)가 나타나 그에게 기쁜 소식을 알려준다. 신들이 그의 정성에 감동하여 아내를 지하세계에서 데려올 수 있도록 허락했다는 것이다.

다만 거기에는 두 가지 전제조건이 있었다. 하나는 오르페우스가 직접 지하세계에 내려가 노래로 지하세계의 문지기들을 감동시켜야 한다는 것이고, 다른 하나는 에우리디케를 데리고 지상으로 돌아올 때 절대로 그녀를 바라봐서는 안 되며 이 금기 사항을 그녀에게 발설해도 안 된다는 것이었다. 아모르는 오르페우스에게 만일 이 사항을 어기면 에우리디케는 영원히 사라져 버릴 것이라고 경고했다. 오르페우스는 가혹한 조건에 전율하면서도 천둥과 번개가 치는 가운데 지하세계로 향한다.

제2막에서는 오르페우스가 지하세계로 통하는 아케론 강가에 도착하자 복수의 여신들이 그의 앞을 가로 막는다. 그 강은 지하세계로 들어가기 전에 모든 영혼들이 건너야 하는 강이다. 이 부분은 신화의 내용과 약간 차이가 있다. 신화에서 죽은 영혼이 건너는 강은 주로 스틱스 강으로 묘사된다. 그 강을 지키는 것도 뱃사공 카론과 머리가 셋 달린 케르베로스였다. 어쨌든 아케론 강의 길목을 지키는 복수의 여신들은 살아 있는 사람인 오르페우스를 처음엔 통과시켜 주지 않는다. 그러나 오르페우스의 아름다운 노래와 리라 연주에 감동한 그들은 결국 그에게 길을 열어 준다.

마침내 오르페우스가 에우리디케가 있는 지하세계의 엘리시온에 도착한다. 엘리시온은 축복받은 사람만이 죽어 들어갈 수 있는 지하세계 속 파라다이스이다. 엘리시온의 영혼들이 오르페우스를 반갑게 맞이하며 편히 쉬라고 한다. 오르페우스도 그곳을 천국 같은 곳이라고 칭찬한다. 그러나 아내 에우리디케가 없다면 그 어떤 축복의 땅도 의미가 없다며 아내를 빨리 데려다 달라고 조른다. 엘리시온의 영혼들은 그의 사랑에 감동하며 에우리디케를 그에게 넘겨준다.

제3막은 오르페우스와 에우리디케가 지상으로 함께 돌아오는 장면이다. 남편의 뒤를 따라오던 에우리디케가 갑자기 걸음을 멈추며 남편에게 왜 자기를 쳐다보지 않는지 묻는다. 오르페우스는 대답은 하지 않은 채 시간이 없다며 빨리 가자고 재촉만 한다. 에우리디케는 점점 불안해하며 애정이 식어 버린 것이 아니냐며 오르페우스를 채근한다. 그러나 오르페우스는 절대 그녀를 똑바로 볼 수 없다. 그는 괴로워하며 말 못할 이유가 있으니 따라오기만 하라고 달래 보지만 에우리디케는 점점 남편의 태도를 의심한다.

에우리디케는 오르페우스에게 자신을 사랑한다면 한 번만 자신의 얼굴을 보아 달라고 계속해서 간청한다. 그래도 아무런 반응이 없자 에우리디케는 그의 사랑을 잃은 거라면 차라리 죽어 버리겠다고 외친다. 바로 그 순간 오르페우스는 더 이상 참지 못하고 몸을 돌려 아내의 얼굴을 바라본다. 이와 동시에 에우리디케는 그 자리에서 죽고 만다.

결국 아내를 다시 잃은 오르페우스가 절망하여 스스로 목숨을 끊으려 한다. 아내와 영원히 하나가 되기 위해서이다. 그러나 그 순간 사랑의 신 아모르가 다시 나타나 그를 제지한다. 아모르는 지순한 사랑과 정절은 보답을 받아 마땅하다고 말하며 에우리디케를 다시 살려준다. 오르페우스와 에우리디케는 다시 감격의 해후를 하고 아모르에게 깊은 감사를 드린다. 아모르는 그들에게 이렇게 말한다. "더 이상 사랑의 힘을 의심하지 마라. 나는 이 음습한 장소에서 너희들을 데리고 나갈 것이다. 이제부터 사랑의 기쁨을 만끽하라."

다툼과 갈등이 있는 사랑이 더 아름답다

오르페우스와 에우리디케, 아드메토스와 알케스티스, 프로테실라오스와 라오다메이아 부부의 사랑은 애틋하고 애절하다. 그들은 결혼생활 내내 아마 한 번도 다투지 않았을 것이다. 날마다 신혼부부처럼 살았을 것이다. 그들의 사랑은 그야말로 모든 부부가 귀감으로 삼을 만하다. 몇 천 년이 지난 지금에도 숱한 시인이나 예술가들로부터 부부 사랑의 이상으로 칭송받아 마땅하다.

그리스 신화에는 물론 그들과 극과 극을 달리는 부부들도 있다. 바로 이아손과 메데이아, 아가멤논과 클리타임네스트라, 메넬라오스와 헬레네 부부이다. 그들은 한쪽의 결정적 과오로 결혼생활이 파탄에 이른다. 메데이아는 남편 이아손이 코린토스의 공주에게 정신이 팔려 자신을 배반하자 두 아들을 죽여 남편에게 복수한다. 클리타임네스트라는 정부 아이기스토스와 손을 잡고 남편 아가멤논을 살해한다. 헬레네는 남편 메넬라오스를 버리고 트로이의 왕자 파리스를 따라간다. 그들의 결혼생활은 결코 보통 부부들의 모범이 될 수 없다. 한낱 극복의 대상일 뿐이다.

오르페우스와 에우리디케, 아드메토스와 알케스티스, 프로테실라오스와 라오다메이아 부부의 사랑은 모든 부부 사랑의 표상인 것만은 분명하다. 그러나 너무 고매해서 보통의 부부로서는 도저히 흉내 낼 수 없다는 것도 사실이다. 그들의 사랑은 깊은 감동을 자아내지만 보통의 부부라면 도저히 오를 수 없는 산이다. 범접할 수 없는 성역이자 다다를 수 없는 심연이다. 그래서 그들의 이야기를 듣고 있노라면 마음 한구석이 허전해진다. 잔뜩 주눅이 들기 시작한다. 그들과 같지 못한 자신이 한없이 초라해 보이기까지 한다.

가끔 텔레비전 프로그램에 다양한 연령층의 부부들이 출연하여 결혼생활에 대해 이야기한다. 그런데 그들 중 최소한 한두 쌍은 서

✧ 피에르 나르시스 게랭, 〈잠자는 아가멤논을 죽이기 전 망설이는 클리타임네스트라〉 1817

클리타임네스트라는 원래 남편 아가멤논을 죽이는 데 전혀 망설이지 않았다. 또 그녀가 범행을 한 곳은 침대가 아니라 욕실이었다. 그녀는 남편이 귀환하자 성대하게 환영식을 베푼 뒤 남편을 목욕탕으로 안내했다. 이어 남편이 목욕을 끝내자 그에게 미리 소매를 꿰매 놓은 상의를 건넸고, 남편이 그것을 입느라 허우적대는 사이 그를 쉽게 죽일 수 있었다.

로 한 번도 갈등을 겪거나 다툰 적이 없다는 말로 진한 부부애를 과시하곤 한다. 과연 그들의 이야기를 들어보면 그들의 결혼생활은 모든 면에서 그야말로 완벽하다. 흠잡을 데가 하나도 없다. 그들은 마치 신화 속 오르페우스와 에우리디케, 아드메토스와 알케스티스, 프로테실라오스와 라오다메이아 부부와 같다. 그에 비해 대부분의 다른 출연자 부부들은 결혼생활 내내 갈등과 다툼이 그치지 않았다. 심지어 텔레비전에 출연해서도 다투는 듯하다. 그러나 자세히 들어보면 그들의 이야기에서는 원한과 독기라고는 전혀 찾아볼 수 없다. 서로에 대한 무한한 애정과 신뢰가 넘쳐흐른다. 그들은 다투면서 화합하고, 화합하면서 다투며 절묘한 조화의 합창곡을 만들어낸다.

결혼은 완전히 다른 환경에서 태어난 두 사람이 만나 한 가정을 꾸리는 것이다. 갈등과 다툼이 없을 수 없다. 처음부터 그런 갈등과 다툼에서 지혜롭게 멀리 비켜 선 사람들도 있겠지만 보통의 부부들은 그렇지 않다. 부부는 전생의 원수라고 하지 않았는가. 물론 갈등과 다툼이 없이 사는 부부들은 존경받을 만하다. 그들은 일찍부터 행복한 결혼생활의 가장 중요한 전제조건은 바로 서로를 인정하고 존중하는 것이라는 사실을 깨우쳤으리라. 그러나 그러지 못한 보통의 부부들은 더 존경받을 만하다. 그들은 갈등하고 다투면서 그것을 느리게 깨우친다. 그래서 그들에게서는 인간의 냄새가 더 물씬 풍긴다.

적과의 사랑

—
모두를 거는
사랑은
위험하다

여름 4월에 왕자 호동이 옥저를 유람했는데, 낙랑왕 최리가 밖에 나왔다가 그를 보고 물었다.
"그대의 얼굴을 보니 보통 사람이 아닌데 혹시 북국 신왕의 아들이 아닌가?"
드디어 함께 돌아가서 자기 딸을 그에게 시집보냈다. 그 후 호동이 자기 나라로 돌아와 몰래 사람을 보내어 최씨 딸에게 알렸다.
"그대가 만일 그대 나라 무기고에 들어가서 북과 나팔을 쪼개어 부순다면 내가 예절을 갖추어 맞이하겠고, 그렇지 않으면 맞이하지 않겠소."
이에 앞서 최씨의 딸은 날카로운 칼을 가지고 창고 안으로 몰래 들어가서, 북의 가죽과 나팔 주둥이를 쪼개 부숴버리고는 호동에게 알렸다. 호동은 왕에게 권하여 낙랑을 습격했다. 최리는 북과 나팔이 울지 않으므로 방비하지 않고 있다가, 우리 군사들이 갑자기 성 밑에 닥치자 북과 나팔이 모두 부서졌음을 알고 드디어, 그 딸을 죽이고 나와 항복했다.

김부식, 《삼국사기》

호동을 위해 나라를 배신한 낙랑공주

우리나라의 낙랑공주와 호동왕자 이야기는 위의 《삼국사기》 본을 원형으로 많은 이본이 있다. 역사가에 따라 내용이 약간 달라진다. 소설의 소재로 쓰이면서 내용이 상당히 달라지는 경우도 있다. 어떤 경우는 호동왕자가 예비 장인 최리의 개입 없이 낙랑공주와 사랑에 빠진다. 호동이 낙랑 성 안에 초대를 받아 들어가자 공주가 그 인물 됨을 보고 구애한다. 호동도 공주의 러브 콜에 즉시 응답한다. 또 다른 경우는 호동과 공주가 궁전 밖에서 만나 사랑을 불태운다. 이때 호동이 공주에게 의도적으로 접근하거나, 공주와 우연히 만난다.

그렇다면 낙랑공주와 호동왕자 이야기가 왜 많은 역사가나 작가의 관심을 끌었을까? 그건 결말이 비극적으로 끝나기 때문일 것이다. 역시 이야기는 비극이어야 매력이 있다. 《삼국사기》뿐 아니라 어느 판본을 봐도 호동이 낙랑공주에게 보인 태도는 애매모호하다. 전략적으로 접근했다는 의심을 지울 수 없다. 이에 비해 낙랑공주는 호동을 진정으로 사랑했고 모든 것을 아낌없이 주었다. 결국 그녀는 호동을 위해 자명고를 찢어 조국을 배반하지만 아버지의 손에 죽임을 당하고 만다.

호동의 운명도 비극적이다. 호동의 아버지는 유리왕의 셋째 아들 무휼이다. 무휼은 고구려의 3대 왕으로 대무신왕이라고 불렸다. 그는 고구려 인근 갈사국의 동맹제의를 받아들이면서 공주 연을 둘째 왕비로 받아들였다. 호동은 바로 대무신왕의 둘째 왕비 연의 아들이었다. 적자가 아니라 서자인 셈이다. 대무신왕은 잘 생기고 용감한 호동을 매우 사랑했다. 이름을 '좋아할 호好'에 '아이 동童' 자를 쓴 것도 그 때문이다.

그러나 왕비인 원비는 호동에게 심한 질투를 품었다. 호동이 자기가 낳은 적자를 제치고 태자가 될지 몰랐기 때문이다. 어느 날 왕비는 왕에게 거짓으로 고했다. "호동이 제가 혼자 있을 때 저를 겁탈하려 했습니다." 왕이 대답했다. "그대는 호동이 남이 낳은 자식이라고 미워하는가?" 왕비는 눈물을 흘리며 재차 아뢰었다. "만약 그런 일이 없었다면 제가 죄를 달게 받겠습니다."

그러자 왕은 왕비의 말을 믿고 아들을 불러 호되게 꾸짖었다. 호동이 한 마디 변명 없이 부왕의 질책을 듣고만 있자 측근이 그에게 말했다. "왕자님은 어찌 해명을 안 하십니까?" 호동이 대답했다. "내가 만약 이를 해명하면, 어머니의 죄악을 드러내 부왕에게 근심을 끼치게 하는 것이니, 어찌 효도라 할 수 있겠는가?" 호동은 이 말만을 남긴 채 한적한 숲속으로 들어가서는 멀찍감치 떨어진 곳에 칼을 거꾸로 세운 뒤 달려가서 그 위에 엎어져 자살했다. 호동은 아버지 때문에 사랑도 잃고 목숨도 잃은 셈이다. 호동이 낙랑공주에게 자명고를 찢어 달라고 한 것도 영토에 대한 욕심이 남달리 강했던 아버지 대무신왕의 계책이었다.

호동이 죽는 이유가 삼국사기와는 완전히 다른 판본도 있다. 시인 김정환 씨가 쓴 《한국사 오디세이》에는 호동을 모함하는 게 왕비가 아니라 계모이다. 모함하는 이유도 태자 자리 때문이 아니다. 호동에 대한 빗나간 사랑 때문이다. 그러나 호동은 계모의 잘못된 열정에 전혀 무관심했다. 그녀가 어렵게 사랑을 고백하자 단호하게 거절하며 아버지를 생각하라고 훈계까지 했다. 그러자 자존심이 상한 계모가 남편에게 거짓으로 고자질을 했다. 그리스 신화의 테세우스, 그의 아들 히폴리토스, 계모 파이드라의 관계를 보는 듯하다. 과연 시인다운 상상력이다.

크레타의 공주 아리아드네와 아테네의 왕자 테세우스

그리스 신화에서 크레타의 공주 아리아드네도 적을 사랑한 비운의 주인공이다. 그녀의 상대는 아테네의 왕자 테세우스였다. 테세우스는 트로이젠에서 홀어머니 아이트라 밑에서 장성한 후 아버지를 찾아 아테네로 출발했다. 그는 많은 노상강도들을 소탕하면서 마침내 아테네에 입성하여 아버지 아이게우스 왕을 만나 후계자로 인정받았다. 그런데 바로 그 즈음 아테네에서는 슬픈 일이 벌어지고 있었다. 크레타에 인신공양으로 보낼 처녀총각 7명씩을 선발하고 있었기 때문이다.

그 당시 크레타의 왕은 미노스였다. 미노스는 제우스가 황소로 변신하여 소아시아의 공주 에우로페를 크레타로 납치하여 낳은 자식 중 하나이다. 포세이돈 신의 도움으로 사르페돈과 라다만티스 등 형제들과의 권력투쟁에서 승리하여 왕위에 오른 인물이기도 하다. 그는 포세이돈 신에게 멋진 황소 한 마리를 보내 주면 그걸 이용하여 왕이 된 이후에 다시 제물로 바치겠다고 약속했다. 미노스는 형제들을 모아 놓고 자신은 포세이돈의 후원을 받고 있으며 기도를 하면 무엇이든 들어준다고 자랑했다. 이어 미노스가 바다를 향해 기도하자 엄청난 파도가 일더니 바다에서 과연 황소 한 마리가 튀어 나왔다. 형제들은 지레 겁을 집어먹고 왕위를 미노스에게 양보했다.

미노스는 왕위에 오르자 생각이 달라졌다. 탐스러운 포세이돈의 황소는 종우로 사용하기 위해 자신의 우리에 가두고 다른 황소를 잡아 포세이돈에게 바쳤다. 분노한 포세이돈은 미노스의 아내 파시파에가 그 황소를 사랑하게 만들었다. 얼마 후 파시파에는 황소와의 사이에서 아들 미노타우로스를 낳았다. 인간과 황소의 결합이었으니 아들은 정상일 리가 없었다. 그는 머리는 황소이고 나머지는 사람인 괴물이었다.

미노스는 백성들이 그 괴물을 볼까 봐 전전긍긍했다. 그는 마침 크레타에서 망명생활을 하고 있던 그리스 최고의 건축가 다이달로스에게 한번 들어가면 절대로 나올 수 없는 미로감옥을 만들게 하고 미노타우로스를 가두었다. 이어 괴물의 거친 성정을 달래기 위해 9년에 한 번 인육을 먹이로 주었다. 그런데 그는 그 인육을 자국 크레타가 아닌 아테네에서 조달했다. 아테네는 그 당시 크레타의 속국이었다. 테세우스가 아테네에 도착한 해는 마침 크레타로 보낼 처녀총각을 뽑는 해였다. 테세우스는 사정을 전해 듣고 바로 이 인질로 자원했다. 아버지 아이게우스가 말려도 소용없었다.

테세우스가 크레타에 도착하자 인질들을 위한 최후의 만찬이 벌어졌다. 며칠 간 운동경기도 벌어졌다. 이 자리에서 미노스의 딸 아리아드네는 준수하고 용감한 청년 테세우스에게 마음을 빼앗겼다.

❖ 에블린 드 모건, 〈낙소스 섬의 아리아드네〉 1877
이 그림은 테세우스에게 버림받아 낙심한 아리아드네의 쓰라린 심정을 아주 잘 표현하고 있다. 그녀의 얼굴에서는 아무런 삶의 의욕이 엿보이지 않는다. 고개를 푹 숙인 채 눈꺼풀도 축 처져 있으며 손에서도 생기를 느낄 수 없다. 신발도 신지 않은 상태이다.

그녀는 테세우스가 미로 감옥에 들어가면 괴물을 죽일 수는 있어도 다시 나오지 못할 것이 안타까웠다. 그는 테세우스를 찾아가 미로에서 나오는 방법을 알려줄 테니 자신을 아테네로 데려가 아내로 삼아 달라고 부탁했다. 테세우스가 동의하자 그녀는 미로를 설계한 다이달로스가 일러준 대로 그에게 실꾸리를 내밀며 방법을 알려주었다. 미로를 들어갈 때 실을 문설주에 묶고 풀면서 들어갔다가 괴물을 해치운 다음 다시 실을 따라 빠져나오라는 것이다.

테세우스는 마침내 괴물을 죽이고 무사히 미로를 탈출했다. 그는 크레타의 배들에 구멍을 뚫어 침몰시키고 아리아드네를 데리고 아테네로 가다가 낙소스 섬에 잠시 기항했다. 식수와 식량을 조달하기 위해서였다. 한참을 쉬는데 아리아드네가 피곤했는지 깊이 잠이 들었다. 테세우스는 기다렸다는 듯 부하들에게 급히 출항 준비를 서두르라고 지시한 후 해안에 잠들어 있는 아리아드네를 버리고 재빨리 낙소스 섬을 떠났다.

테세우스가 아리아드네를 버린 이유에 대해서는 몇 가지 설이 있다. 하나는 테세우스에게는 이미 아이글레라는 사랑하는 여자가 있었다는 설이다. 또 하나는 꿈에 낙소스 섬의 신 디오니소스가 나타나 아리아드네를 놓고 가라고 명령했다는 설이다. 마지막으로는 테세우스가 자신에게 너무 적극적으로 대시하는 아리아드네를 싫어했다는 설도 있다. 누구든 튕겨야 호기심이 생기는 법이다. 아무튼 두 번째 설보다는 첫 번째와 세 번째 설이 더 설득력이 있어 보인다.

콜키스의 공주 메데이아와 이올코스의 영웅 이아손

콜키스의 공주 메데이아도 적과 사랑에 빠진다. 그녀의 운명은 아리아드네와 아주 비슷하다. 남자에게 버림을 받는 것도 똑같다. 나중에 복수를 한다는 점만 소극적인 아리아드네와 다를 뿐이다. 메데이아의 상대는 이올코스 출신의 영웅 이아손이다. 이아손은 이올코스의 왕 아이손의 아들이었다. 아이손은 나이가 들어 정치에 염증을 느끼고 왕위를 의붓 동생 펠리아스에게 맡겼다. 아들 이아손이 너무 어렸기 때문이다. 그는 펠리아스에게 아들이 장성하면 왕위를 돌려주라고 부탁했다. 아들은 케이론이라는 현자에게 보내 왕자 수업을 받도록 했다.

세월이 흘러 이아손이 무예를 비롯하여 모든 교육을 마치고 헌헌장부가 되어 나타나 숙부 펠리아스에게 왕위를 돌려달라고 요구했다. 그러자 숙부는 흑해 연안의 콜키스에 있는 황금양피를 가져오면 왕의 능력이 있다고 인정하고 왕위를 물려주겠다고 약속했다. 그는 이아손이 콜키스를 오가다가 결국 풍랑이나 괴물들을 만나 죽을 것이라고 생각했다. 이아손은 전국에 파발을 띄워 영웅들을 모아 아르고 호의 원정대를 조직했다. 이때 모인 영웅들은 이아손까지 합쳐 총 55명이었다. 아르고 호라고 한 것은 배의 이름이 '빠르다' 라는 의미의 '아르고'였기 때문이다.

우여곡절 끝에 콜키스에 도착한 이아손은 아이에테스 왕을 찾아가 황금양피를 넘겨달라고 예를 갖추어 정중하게 부탁했다. 황금양피만 얻을 수 있다면 무엇이든 하겠다고 자원했다. 콜키스를 괴롭히는 이웃나라도 복속시키겠다고 제안했다. 그러나 아이에테스 왕이 이방인에게 순순히 국가의 보물을 내어줄 리 없었다. 그는 이아손에게 아주 어려운 전제조건을 제시했다. 자신이 키우고 있는 두 마리의 황소에 멍에를 매어 하루만에 4에이커의 밭을 매라는 것이다. 또 씨앗 대신 용의 이빨을 뿌려 거기서 솟아나는 전사들을 이삭을 베듯 모두 죽이라고 요구했다. 이 모든 임무를 완수하면 황금양피를 주겠다는 것이다.

그러나 아이에테스의 황소는 보통 황소가 아니었다. 녀석은 발굽이 청동이었고 입에서는 용처럼 시뻘건 불을 토해냈다. 발굽에 치이면 생명을 보장할 수 없었고, 내뿜는 불길은 무엇이든 녹여 버렸다. 이아손은 별 뾰족한 수가 없어 엉겁결에 약속을 하고 말았지만 어떻게 해야 될지 몰랐다. 바로 그때 그를 사랑스러운 눈길로 뚫어지게 쳐다보는 눈이 있었다. 바로 아버지 아이에테스 곁에 서 있던 메데이아 공주였다. 그녀는 이아손을 처음 본 순간부터 사랑의 열병을 앓았다.

그날 밤 메데이아는 깊은 갈등에 빠졌다. 방문을 나섰다가 다시 들어오기를 몇 번이나 되풀이했다. 마음속에서 조국과 아버지에 대한 양심의 가책이 사랑하는 사람을 죽게 내버려둘 수는 없다는 열정과 서로 싸웠다. 그러나 그녀는 결국 이아손을 찾아가 과업을 완수할 방도를 알려주고 말았다. 조건은 자신을 그리스로 데려가 아내로 삼아 달라는 것이었다. 그녀는 이아손에게 약물이 든 호리병을 하나 주며 과업을 시작하기 전에 온몸과 무기에 바르라고 지시했다. 그 약물은 하루 동안 황소의 잔인한 발굽이나 불로부터 그를

❖ 존 윌리엄 워터하우스, 〈이아손과 메데이아〉 1907

모든 것을 거는 사랑은 위험하다. 올인하는 사람은 쉽게 보일 수 있다. 메데이아가 이아손에게 버림받은 것도 바로 그 때문이 아닐까?

보호해 주는 약이었다. 이어 땅에서 전사들이 솟아나오면 일일이 대적할 생각을 말고 그들 한 가운데에 커다란 돌을 던지라고 귀띔해 주었다. 그러면 전사들은 저희들끼리 싸우다 전멸한다고 일러주었다.

이아손이 의외로 모든 과업을 완벽하게 해내자 아이에테스 왕은 단박에 딸의 개입을 눈치 챘다. 황소를 제어할 수 있는 마법의 약초를 아는 사람은 메데이아뿐이었기 때문이다. 메데이아는 헤카테 여신의 신전 사제이기도 했다. 아이에테스는 이아손에게 며칠 뒤 황금양피를 넘겨 주겠으니 기다리라고 하면서, 속으로는 이아손 일행을 몰살할 계획을 세웠다. 메데이아가 아버지의 속내를 알아차리고 그날 밤 다시 잰걸음으로 이아손을 찾아가 급박한 사정을 말해 주며 황금양피를 탈취해서 도망가자고 제안했다. 그녀는 앞장서서 이아손을 황금 양피가 있는 아레스의 숲으로 안내했다. 황금 양피는 숲 한 가운데 커다란 참나무 가지에 걸려 있고, 그 옆에는 절대로 잠들지 않는 용이 눈을 부릅뜬 채 지키고 있었다. 그러나 메데이아가 멀리서 주문을 외우며 마법의 향수를 뿌리자 용은 스르르 눈을 감았다. 이아손이 그 사이 참나무 가지에서 황금양피를 잽싸게 걷어냈다.

이아손과 메데이아는 그 길로 바로 아르고 호에 승선해서 서둘러 출항했다. 아르고 호는 다시 천신만고 끝에 그리스의 이올코스에 무사히 도착했다. 이아손은 약속대로 이올코스에서 메데이아와 결혼을 해서 아들 두 명을 낳았다. 그러나 숙부 펠리아스 왕은 황금양피를 받고도 이아손에게 온갖 구실을 대며 왕위를 물려주지 않았다.

메데이아는 사태를 더 이상 지켜보고 있을 수 없었다. 그는 보여줄 게 있다며 펠리아스의 딸들을 조용히 불렀다. 그녀는 그들에게 가마솥에 갖은 약초를 넣고 끓여 약물을 만든 뒤 늙은 양을 토막 내 집어넣고 새끼양이 튀어 나오는 시범을 보였다. 이어 깜짝 놀라는 펠리아스의 딸들에게 연로하신 아버지도 토막만 내서 시신을 가져오면 청춘을 돌려줄 수 있다고 부추겼다.

효심이 극진했던 두 딸은 당장 아버지에게 달려가서 다짜고짜 그를 죽인 다음 토막을 내 가져왔다. 그러나 메데이아는 그 사이 가마솥의 약물을 맹물로 바꿔 놓았다. 펠리아스의 딸들은 아무것도 모른 채 솥에 아버지의 시신을 넣고 기다렸지만 젊어진 아버지가 솥뚜껑을 열고 튀어나올 리 만무했다. 펠리아스가 죽었지만 메데이아의 생각대로 이아손은 왕권을 이어받지 못했다. 원로회의에서 펠리아스의 아들 아카스토스가 다음 왕으로 임명되었기 때문이다. 생명의 위협을 느낀 이아손은 가족과 측근들을 데리고 이웃 나라인 코린토스로 망명을 떠났다.

코린토스의 왕 크레온에게는 아들이 없었다. 그는 이아손을 자기 후계자로 삼기 위해 그에게 딸 글라우케를 아내로 주기로 결정했다. 이어 메데이아와 자식들에게는 코린토스에서 추방령을 내렸다. 그들이 코린토스에 남아 있는 한 앞으로 자기가 생각한 후계구도에 장애가 될 것이 뻔했기 때문이다. 이아손은 이때부터 새 결혼에만 정신이 팔린 채 추방 위기에 처해 있는 메데이아는 전혀 거들떠보지 않았다. 메데이아는 이아손을 찾아가 하소연도 하고 원망도 해보았지만 아무 소용이 없었다.

❖ 외젠 들라크루아, 〈메데이아〉 1862
이아손에게 배신당한 메데이아는 극단적인 선택을 한다. 그녀는 이아손과의 사이에서 태어난 두 아들을 살해한다.

막다른 골목에 이르자 메데이아는 이아손에게 처절하게 복수할 수 있는 길을 찾았다. 우선 남편의 약혼녀 글라우케에게는 독을 묻힌 결혼예복을 선물했다. 글라우케가 그 옷을 입자마자 몸에 불이 붙어 뜨거움을 호소했다. 그녀는 결국 비명을 지르며 밖으로 뛰쳐나가더니 몸을 식히려 우물 속으로 뛰어들어 죽고 말았다. 이어 그녀는 이아손과의 사이에서 태어난 두 아들을 죽인 뒤 아테네로 도망쳤다. 그녀는 남편 이아손을 직접 죽이는 것보다 그를 평생 더 고통스럽게 할 수 있는 방법을 택했다.

메가라의 공주 스킬레와 크레타의 왕 미노스

메가라의 공주 스킬레도 적국 크레타의 왕 미노스를 사랑했다. 미노스는 파시파에 왕비와의 사이에 안드로게오스라는 아들을 두었다. 왕자는 모든 운동에 뛰어난 능력을 보였다. 그는 아테네의 왕 아이게우스가 개최한 범 아테네 경기에 참가하여 모든 경쟁자들을 물리치고 종합우승을 차지한 적도 있었다. 아이게우스는 이를 시기했다. 그는 안드로게오스가 언제든지 자신의 정적이 될 수 있을 것이라고 생각했다. 잘못된 싹은 어렸을 때 잘라 버리는 게 좋았다.

그 당시 아테네 근처 마라톤에는 미친 황소 한 마리가 나타나서 사람들에게 많은 피해를 주었다. 그 황소는 다름 아닌 미노스가 왕위에 오르기 전 포세이돈에게서 선물로 받은 것이었다. 원래 이 황소는 헤라클레스가 에우리스테우스 왕의 명령에 따라 왕에게 잡아

준 것이었다. 그러자 에우리스테우스 왕은 황소를 다시 헤라 여신에게 바쳤다. 그러나 헤라 여신은 그것이 헤라클레스가 잡은 것임을 알고 괜히 짜증이 나 그냥 풀어 주고 말았다.

황소는 미쳐 날뛰면서 마라톤 지방으로 가더니 그곳을 황폐하게 만들었다. 수많은 불세출의 영웅들이 그 황소를 잡으려 했지만 모두 실패하고 목숨을 잃었다. 아이게우스는 안드로게우스에게 그 황소를 죽이라는 명령을 내렸다. 안드로게오스는 기꺼이 그 과업을 완수하러 떠났지만 황소와 싸우다가 그만 황소 뿔에 받혀 죽고 말았다. 이 황소는 후에 트로이젠에서 아테네로 아버지를 찾아온 영웅 테세우스가 처치할 때까지 마라톤에서 준동했다.

미노스는 아들이 억울하게 죽었다는 소식을 듣고 분기탱천하여 함대를 모아 아테네를 응징하러 왔다. 그는 우선 살라미스에 있는 아테네의 동맹국 메가라를 공격했다. 그러나 메가라는 아무리 공격해도 끄덕하지 않았다. 메가라의 왕 니소스에게는 황금 머리칼이 한 가닥 있었다. 니소스 왕은 그것이 있는 한 무적의 용사였다. 바로 이때 니소스의 딸 스킬레가 적장 미노스의 용감무쌍한 모습과 잘생긴 용모를 보고 사랑에 빠졌다.

잘못된 열정에 괴로워하던 스킬레는 어느 날 미노스 왕을 찾아가서 사랑을 고백했다. 그리고 아버지를 배신하면 결혼해 주겠다는 약속을 받아낸 뒤 잠든 아버지의 머리에서 황금색 머리칼을 베어 미노스에게 바쳤다. 미노스는 스킬레 덕분에 메가라를 차지했지만 그녀와 약속을 지키지 않았다. 그는 스킬레가 한 일에 갑자기 혐오감을 느끼며 그녀를 배의 이물에 매달았다가 바다에 떨어뜨려 죽이고 말았다. 혹자는 스킬레는 미노스가 자신을 거절하자 바다에 몸을 던져 자살했다고 한다. 이를 불쌍하게 여긴 신들이 그녀를 백로로 만들어 주었다. 그러자 그녀의 아버지 니소스는 바다 독수리로 변해 그 백로를 쫓았다.

사랑을 지키려면 사랑하되 모두 주지는 마라

사랑은 무어라 한 마디로 정의할 수 없는 불가사의한 것이다. 잡으려면 멀어지고, 멀어지면 다가와 도무지 그 속내를 종잡을 수 없다. 그리스 신화에서 사랑의 신 에로스가 다루기 힘든 변덕스러운 장난꾸러기로 묘사되는 것도 바로 그 때문이다. 또 사랑은 야누스의 얼굴을 가졌다. 어떤 때는 아름다운 결말을 맺지만, 다른 때는 가끔 일간신문을 장식하는 치정 살인극처럼 비극적인 결말을 초래한다. 그리스 신화의 사랑의 신 아프로디테가 한눈을 판 대상 중 가장 깊은 관계였던 신은 전쟁의 신 아레스였다. 그것은 사랑이 달콤한 행복뿐 아니라 죽음이나 폭력과도 깊은 관련을 맺고 있다는 것을 상징적으로 보여 준다.

그리스 신화의 아리아드네, 메데이아, 스킬레는 바로 이런 수수께끼 같은 사랑이 파놓은 그물에 단단히 걸려든 인물들이다. 그들이 적과 사랑에 빠졌다고 비난할 수 있는 사람은 아무도 없다. 조국과 가족을 배반했다고 단죄할 수 있는 사람도 아무도 없다. 사랑은 한번 타오르면 요원의 불길처럼 타올라 제어할 수가 없다. 사랑은 논리나 상식이 아니다. 감정이고 직관이다. 끈끈이 주걱이다. 한번 빠지면 좀처럼 헤어날 수 없다. 사랑은 원래 그런 것이다.

아리아드네, 메데이아, 스킬레의 이야기는 우리에게 사랑에 대해 중요한 진실 하나를 말해 준다. 그것은 사랑은 절대 강요할 수 없다는 사실이다. 사랑은 물 흐르듯 자연스러워야 한다. 일방적이어서는 안 된다. 그들이 모두 사랑에 실패한 것은 상대에게 도움을 주고 그 대가로 사랑을 기대했기 때문이다. 그들의 행동은 사랑하는 사람으로서 당연했다고 생각할 수도 있다. 그러나 그들은 자신들이 상대를 위해 한 일에 너무 의존했다. 사랑이 이루어지려면 서로의 마음과 마음이 맞닿아야 한다. 사랑은 무엇을 해주면 저절로 얻어지는 것이 결코 아니다.

로마의 시인 오비디우스는 아리아드네, 메데이아, 스킬레 등 세 사람의 러브 스토리를 예로 들어 독특한 사랑의 기술을 피력한다. 그에 의하면 그들이 상대로부터 버림을 받은 것은 상대의 사랑을 얻기 위해 가장 필요한 속도 조절에 실패했기 때문이다. 그들의 사랑은 한꺼번에 모든 것을 걸었기 때문에 필연적으로 실패할 수밖에 없었다는 뜻이다. 사랑을 지키려면 갖고 있는 것을 조금씩 천천히 주어야 한다. 오비디우스는 자신이 피력하는 사랑의 "기술의 핵심"을 이렇게 말한다.

"네가 그녀에게 모든 것을 주었다면 그녀가 너를 떠나는 것은 당연하다. 그녀는 받은 것을 챙겨 갖고 가니 잃어 버릴 게 하나도 없다. 그러나 그녀가 아직 받지 못한 것이 있다면 그것을 항상 자신이 앞으로 받아야 할 선물처럼 생각하는 법이다. 농부가 비옥하지 않은 땅에 계속 씨를 뿌리며 속는 것과 같은 이치이다. 노름꾼들도 돈을 딸 수 있다는 희망 때문에 노름을 그만 두지 못한다. 그래서 그들은 계속해서 탐욕을 이기지 못하고 주사위를 던진다. 그러니 먼저 재미를 보고 그다음에 선물을 주어라! 그게 바로 내 기술의 핵심이다! 그러면 여자는 자신이 이미 준 것이 허사가 되지 않기 위해 계속해서 줄 것이다."

비관적으로 보일지 모르겠지만 필자도 오비디우스의 생각에 전적으로 동의한다. 사랑하는 사람에게 모든 것을 주고도 감당할 수 있다면 다 주어도 괜찮다. 그 후 사랑하는 사람이 떠나가도 그 사람을 계속 사랑할 수 있다면 괜찮다. 그건 이미 세속적인 사랑이 아니라 초월적인 사랑으로 넘어선 상태이다. 독일의 시인 릴케는《말테의 수기》에서 엘레노라 두제나 베티나 폰 아르님처럼 자신을 버린 애인을 계속 사랑하여 이별의 고통을 숭고한 사랑으로 승화시킨 여인들을 성녀로 찬양한다. 또 떠나갈 것을 알면서도 준다면 맘껏 퍼주어도 좋다. 그건 이미 떠나갈 사람보다 몇 수 앞선 행동이다. 그러나 그런 내공을 아직 쌓지 못한 사람은 사랑에 빠졌다고 무턱대고 올인해서는 안 된다. 그게 습관이 되고 트라우마가 되어 평생 고통을 당할 게 뻔하기 때문이다.

동성애

천형인가,
아니면
사랑인가?

아프로디테 여신과 에로스가 서로 불가분의 관계를 유지함은 모든 사람들이 다 알고 있는 사실이네. 따라서 만약에 아프로디테 여신이 하나라면, 에로스도 하나일 수밖에 없게 되는 셈이지. 그런데 아프로디테 여신은 둘이므로, 에로스도 필연적으로 둘일 수밖에 없지 않겠나?
아프로디테가 둘임을 어찌 부정할 수 있겠는가? 내가 생각하기에 그 둘 중 하나는 연장자이고, 어머니 없이 우라노스가 직접 낳은 딸이어서 우리는 그녀를 우라니아―천상의 아프로디테―라 부르고, 제우스와 디오네의 딸인 또 다른 나이 어린 아프로디테는 판데모스―세속적 아프로디테―라 부른다네. …… 그런데 세속적 아프로디테에게서 나온 사랑은 정말로 세속적이어서 아무 대상이나 닥치는 대로 사랑을 한다네. 이러한 사랑은 가장 비천한 사람들이 하는 사랑이라 할 수 있지. 그 같은 사람들은 첫째로 소년들 못지않게 여자들을 사랑하고, 그다음에 자기들이 사랑하는 사람들의 영혼보다는 육체를 사랑하고, 마지막으로 가능한 한 가장 비이성적인 사람들을 사랑한다네.
그들은 사랑의 목표에 도달하는 것에만 주의를 기울이고 사랑이 아름답게 실천되는지 여부에 대해서는 전혀 관심을 기울이지 않는다네. 그 결과 그들은 어떠한 대상이든, 그것이 좋은 것이든 나쁜 것이든 가리지 않고, 닥치는 대로 사랑을 쟁취하려고만 든다네. 그러한 사랑은 사실 천상의 아프로디테 여신보다도 훨씬 젊고, 여성적 요소와 남성적 요소를 모두 지니고 태어난 지상의 아프로디테 여신으로부터 나온 것이라네.
반면에 천상의 아프로디테와 상관된 사랑은 첫째로 여성적 요소는 갖지 않고, 오직 남성적 요소만 갖고 있으며―이것이 바로 소년에 대한 사랑이네―둘째로 두 여신 중에서 더 나이가 많고 정도를 넘어서는 격정은 전혀 갖고 있지 않은 여신으로부터 나온 사랑이라네! 이러한 사랑에 의해 영감을 받은 사람들은 본성상 더 강인하고 이성적 요소를 더 많이 간직하고 있는 사람을 좋아하기 때문에 남성에게로 마음이 향하게 된다네. 우리는 소년에 대한 사랑에서조차도 그러한 에로스에 고무되어 가장 순수하게 사랑하는 사람들을 구별해낼 수 있다네.

플라톤, 《향연》

두 명의 아프로디테와 에로스

그리스 어로 '향연'이라는 뜻을 지닌 '심포시온Symposion'은 원래 '함께 먹고 마신다'라는 의미이다. 그러나 고대 그리스 인들은 향연을 벌이면서 단순히 먹고 마시는 것에만 그치지 않았다. 진수성찬을 차려 놓고 포도주를 마시면서도 그날의 주제를 정해 철학적인 토론을 즐겼다. 오늘날 심포시온에서 파생된 단어 '심포지엄 Symposium'을 '학술대회'라는 의미로 쓰는 것도 바로 그 때문이다.

소크라테스의 제자들 중 아가톤이 비극 경연대회에서 대상을 받은 적이 있었다. 제자들은 그것을 축하하기 위해 아가톤의 집에서 축하연을 벌였다. 그들은 논의 끝에 이번에는 사랑에 대해서 토론해 보기로 했다. 지금까지 다른 신들에 대해서는 많은 찬가나 송가를 지었지만 사랑의 신 에로스에 대해서는 찬양하는 노래를 전혀 만들지 않았다는 이유에서이다. 《향연》은 플라톤이 그들의 토론을 대화 형식으로 정리한 것이다. 책의 부제도 그 내용에 걸맞게 '사랑에 관하여'이다.

그들은 시계 반대방향으로 돌아가면서 사랑에 대해 이야기하기 시작했다. 위 인용문은 파이드로스를 이어 두 번째로 발언권을 잡은 파우사니아스가 한 이야기이다. 그런데 그의 이야기는 몇 가지 의문점을 불러일으킨다. 우선 아프로디테와 에로스가 각각 두 명씩이라는 사실부터 해명해 보자.

헤시오도스는 《신통기》에서 태초에 카오스의 뒤를 이어 에로스와 가이아와 타르타로스가 동시에 존재했다고 주장한다. 사랑이 없

❖ 산드로 보티첼리, 〈비너스의 탄생〉 1485

그림 왼쪽에서 입으로 바람을 일으켜 아프로디테 여신이 타고 있는 조개 배를 밀어 주고 있는 신은 서풍의 신 제피로스이고, 그가 가슴에 안고 있는 여자는 그의 아내이자 로마에서는 플로라로 불리는 꽃의 여신 클로리스이다. 그림 오른쪽에 있는 여신은 계절의 여신 호라이 세자매 중 하나로 키프로스 해안에서 아프로디테를 두 팔 벌려 환영하고 있다.

이 어떻게 무엇이 생겨날 수 있느냐는 논리이다. 카오스에서 가이아가 나온 것이나 가이아 혼자 아들 우라노스를 낳은 것도 태초에 벌써 사랑의 신 에로스가 있었기 때문에 가능했다는 뜻이다. 헤시오도스에 의하면 아프로디테도 태초에 생겨났다. 우라노스의 막내아들 크로노스가 커다란 낫으로 어머니를 괴롭히는 아버지를 거세하여 살점을 바다에 버렸다. 그러자 바닷속에서 거품이 일면서 아프로디테 여신이 조개를 타고 솟아올랐다. 헤시오도스의 에로스와 아프로디테는 혈연관계도 없다. 헤시오도스는 아프로디테가 태어나자 에로스가 그녀를 졸졸 따라다니기 시작했다고 적고 있다. 가재는 게 편이라고 하지 않았는가?

호메로스의 설명은 이와는 사뭇 다르다. 그에 의하면 제우스는 티탄 신족들을 제압하고 권력을 잡은 뒤 수많은 염문을 뿌려 자식들을 생산했다. 그는 그중 바다의 요정 디오네와 사랑을 나눠 미의 여신 아프로디테를 낳았다. 그 후 아프로디테는 신들의 여왕 헤라 여신의 강요에 못 이겨 신들 중 가장 못생긴 대장장이신 헤파이스토스의 아내가 되었다. 그녀는 남편에게 불만이 많았다. 헤파이스토스는 만날 대장간에 처박혀 일밖에 몰랐기 때문이다. 게다가 그녀는 주체할 수 없는 사랑의 감정 때문에 제우스 못지않게 숱한 염문을 뿌렸다. 사랑의 여신답게 그녀는 신이든 인간이든 가리지 않고 사랑을 나누었다. 그중 그녀가 가장 좋아했던 사랑의 대상이 바로 아레스였다. 호메로스에 의하면 사랑의 신 에로스는 아레스와 아프로디테의 불륜으로 생긴 아들이다.

파우사니아스는 두 명의 아프로디테를 각각 "천상의urania" 아프로디테와 "세속적pandemos" 아프로디테로 구분했다. 두 명의 에로스도 마찬가지이다. 직접 그 명칭을 붙이지만 않았을 뿐이다. 파우사니아스에 의하면 천상의 아프로디테는 정신적인 사랑을 담당하고 세속적인 아프로디테는 육체적인 사랑을 담당한다. 그는 한술 더 떠 천상의 아프로디테는 "남성적 요소만 갖고" 있어서 "소년에 대한 사랑"을 지향한다고 주장한다. 우리의 두 번째 의문점은 바로 "소년에 대한 사랑"이 무엇을 의미할까 하는 점이다.

소년에 대한 사랑과 소크라테스의 일화

고대 그리스에서 소년에 대한 사랑은 일종의 관습이었다. 전해 내려오는 도자기 그림 등을 보면 물론 소년에 대한 사랑에는 육체적인 접촉도 있었다. 따라서 소년에 대한 사랑은 넓은 의미에서 일종의 남성간 동성애였다. 다만 명망 있는 학자가 장래가 촉망되는 어린 소년을 데려다 교육시킨다는 의도가 강했다. 소년에 대한 사랑에는 몇 가지 꼭 지켜야 할 원칙이 있었다. 첫째, 소년을 사랑하는 사람은 반드시 결혼한 성인 남자여야 했다. 둘째, 소년은 육체적 접촉에서 적극성을 보이면 안 되었다. 셋째, 소년이 성인이 되면 집으로 돌려보내야 했다.

《향연》을 보면 잔치 막바지에 알키비아데스라는 인물이 술이 거나하게 취해 소크라테스 일행에 합류한다. 그는 동료들에게 큰소리로 전에 소크라테스와 있었던 일화를 소개한다.

"나는 이분과 단둘이만 있게 되었기 때문에, 이분이 마치 사랑하는 사람이 자신의 연인과 외딴 곳에서 나눔직한 대화를 나와 나눌 것이라고 기대하며 즐거워하고 있었다네. 그러나 기대했던 일은 일어나지 않았고, 오히려 보통 때와 마찬가지로 이분은 나와 대화를 나누고 하루를 함께 지낸 다음 집으로 되돌아 가셨다네. 이러한 일이 있고 난 다음에 나는 이분을 레슬링 연습에 초대했었고, 그가 초대에 응하자 나는 이번에야말로 어떤 성과를 얻을 것이라고 기대하면서 이분과 함께 연습했었다네."

고대 그리스의 레슬링은 알몸으로 하는 경기였다. 그는 소크라테스와 스킨십 이상을 원했던 것 같다. 그렇다고 어린 그가 적극성을 보일 수는 없었다. 알키비아데스는 제자였기 때문에 당연히 소크라테스보다 나이가 훨씬 어렸다. 그러나 이번에도 "기대했던 일"이 일어나지 않자 알키비아데스는 더 노골적인 태도를 보였다. 그는 어느 날 소크라테스를 저녁식사에 초대했다. 밤이 이슥하여 소크라테스가 자리에서 일어나려고 하자 자고 가라며 그를 만류했다. 소크라테스는 그의 성화에 못 이겨 마침내 그날 밤 그와 동침했다. 그러나 이번에도 알키비아데스가 "기대했던 일"이 일어나지 않았다. 알키비아데스는 동료들에게 이때의 일을 자세히 설명하며 외적인 것에 전혀 흔들리지 않는 소크라테스의 인품을 치켜세웠다.

그리스 신화 속 영웅들과 그들의 남자

그리스 신화에는 소년에 대한 사랑임을 짐작케 해주는 일화가 다수 등장한다. 제우스와 미소년 가니메데스의 관계도 그중 하나이다. 바람둥이 제왕 제우스에게는 남자도 예외가 아니었다. 그는 트로이의 왕자 가니메데스의 미모에 반해 그를 납치했다. 자신의 독수리를 보냈다고도 하며 자신이 독수리로 변신해 데려왔다고도 한다. 그는 그 대가로 가니메데스의 아버지 라오메돈 왕에게 헤르메스를 보내 신마 암말 한 쌍을 주며 위로했다. 그는 가니메데스에게 신들의 잔치 때 자신의 잔에 술을 따르도록 했다. 짤막한 얘기지만 제우스와 가니메데스의 관계는 소년에 대한 사랑이 고대 그리스에 널리 퍼져 있었음을 암시한다.

테베의 왕이자 오이디푸스의 아버지 라이오스도 한때 소년에 대한 사랑에 빠진 적이 있었다. 라이오스가 아주 어린 나이에 아버지 라브다코스가 죽자 리코스라는 인물이 그의 섭정을 맡았다. 리코스는 라이오스의 외할아버지 닉테우스의 형제였다. 그는 한때 쌍둥이 형제 영웅 제토스와 암피온의 어머니 안티오페를 몹시 학대한 적이 있었다. 장성한 제토스와 암피온이 어머니의 원수를 갚기 위해 그를 공격해서 테베를 점령했다. 라이오스는 화를 면하기 위해 측근들과 함께 펠롭스에게로 달아났다. 그는 그곳에 머물면서 펠롭스의 아들인 어린 크리시포스의 미모에 반해 그만 그와 사랑에 빠지고 말았다. 급기야 그는 크리시포스를 납치하여 펠롭스의 저주를 샀다. 그의 아들 오이디푸스가 '아비를 죽이고 어미와 결혼한다'는 끔찍한 신탁을 받은 것은 그 저주 때문이었다.

헤라클레스에게도 항상 그를 따라다녔던 미소년이 있었다. 우선

✢ 렘브란트, 〈가니메데스의 납치〉 1635
제우스와 가니메데스의 관계는 소년에 대한 사랑이 고대 그리스에 널리 퍼져 있었음을 상징적으로 보여 준다.

✣ 존 윌리엄 워터하우스, 〈힐라스와 요정들〉 1896
그리스 신화 최고의 영웅 헤라클레스에게도 매력적인 남성 연인 힐라스가 있었다. 그러나 힐라스는 헤라클레스가 마실 물을 긷다가 그의 미모에 반한 샘물의 요정들에 의해 샘물 속으로 납치당한다.

이올라오스가 있다. 이올라오스는 헤라클레스의 동생 이피클레스의 아들이다. 이올라오스는 헤라클레스가 모험을 벌일 때 거의 항상 그의 옆에서 그를 도왔다. 그가 없었더라면 헤라클레스는 괴물 뱀 히드라를 죽일 수 없었을 것이다. 미소년 힐라스도 헤라클레스의 연인이었다. 헤라클레스는 어린 그를 대동하고 아르고 호의 모험에 동참했다. 아르고 호가 잠시 미시아에 정박했을 때 헤라클레스는 힐라스와 함께 배에서 내려 숲으로 들어갔다. 헤라클레스는 부러진 노를 만들 나무를 구하려 했고 힐라스는 헤라클레스에게 줄 물을 길으려 했다. 힐라스가 헤라클레스와 떨어져 샘물을 찾아 통에 물을 길으려고 고개를 숙이려 했을 때였다. 샘물의 요정들이 그의 미모에 반해 갑자기 목을 끌어 당겨 그를 샘물 속으로 데려가고 말았다. 헤라클레스는 숲 속에 같이 들어갔던 폴리페모스로부터 힐라스가 비명 소리만을 남긴 채 흔적도 없이 사라졌다는 소식을 듣고 미친 듯이 힐라스를 찾아다녔다. 아르고 호는 결국 헤라클레스를 그곳에 놔두고 떠날 수밖에 없었다. 대체 힐라스는 헤라클레스에게 어떤 존재였기에 그 좋아하던 모험도 내팽개쳤을까?

트로이 전쟁의 영웅 아킬레우스와 파트로클로스의 관계도 소년에 대한 사랑으로 보는 게 지배적이다. 2004년에 개봉한 〈트로이〉라는 영화를 보라. 필자의 눈앞엔 아직도 아킬레우스와 파트로클로스가 연인들처럼 유희하며 검술 연습을 하는 장면이 아른거린다. 볼프강 페터슨 감독도 호메로스의 《일리아스》에서 엿볼 수 있는 이 두 사람의 관계를 염두에 두었던 것 같다. 그는 소년에 대한 사랑을 암시하고 싶었는지 파트로클로스를 아킬레우스보다 훨씬 어리게 묘사했다. 중세 교회는 호메로스의 《일리아스》를 불온서적으로 분류했다. 아킬레우스와 파트로클로스의 관계를 동성애로 규정했기 때문이다.

여자들은 동성애로부터 자유로웠을까?

그리스 신화에는 이처럼 남자들 사이의 동성애를 짐작하게 하는 일화들이 산재해 있다. 그에 비해 여자들 사이의 동성애를 직접적으로 암시하는 일화는 없다. 이것은 아마 고대 그리스의 가부장적 분위기의 소산으로 보아야 할 것이다. 아마 당대의 가부장적 이데올로기는 여자들 사이의 동성애를 야만적이라고 터부시했을 것이다. 아예 여자들을 사랑의 주체로 생각하는 것마저 꺼렸을 것이다. 그래서 그리스 신화에서 여자들 사이의 동성애를 추론하려면 고도의 상상력이 필요하다. 가령 여인왕국 아마존 족에서 레즈비언의 흔적을 찾는 것은 지나친 비약일까?

❖ 안젤름 포이어바흐, 〈아마존 족의 전투〉 1873
아마존 족은 인간의 원초적 욕망인 성적인 충동을 어떻게 해소했을까? 혹시 동성애를 통해 그 욕구를 해결한 것은 아니었을까?

✣ 핸드리크 판 발렌, 〈악타이온을 사슴으로 변신시키는 아르테미스〉 1605
아마존 족의 수호신이자 사냥의 여신 아르테미스는 평생 남자를 멀리했다. 심지어 우연히 자신의 목욕 장면을 본 악타이온을 사슴으로 변신시켜 사냥개들의 먹이로 만들 정도였다.

그들이 비록 남자들을 혐오하고 싫어했더라도 성적인 충동은 어떤 식으로든 풀어야 했을 것이다. 그들은 과연 인간의 그 원초적 욕망을 어떻게 해소했을까? 혹시 동성애를 통해 그 욕구를 해결하지 않았을까? 그러나 잔인한 여전사라는 개념 아래 아마존 족의 동성애에 관한 흔적이 교묘하게 지워지고 은폐된 것은 아마 당대 가부장적 사회가 여성에 대해 품고 있었던 편견과 선입관 때문이 아니었을까?

아마존 족이 숭배했던 여신은 사냥의 여신 아르테미스였다. 그녀는 아마존 족처럼 남녀 간의 사랑을 모르는 차가운 여신이었다. 그녀는 자신을 수행하는 숲의 요정들에게도 순결을 강요했고, 그것을 어긴 요정들은 가차 없이 내쳤다. 따라서 우리는 숲의 요정들하고만 어울려 지냈던 아르테미스에게서도 동성애와 관련한 또 하나의 가설을 세울 수 있다. 혹시 여신은 아마존 족처럼 요정들과의 동성애를 선호했던 것은 아닐까? 그녀를 따르는 요정들도 혹시 레즈비언이 아니었을까?

그리스 신화에는 탐노스 섬, 렘노스 섬, 레스보스 섬 등 일시적으로 여자들만 살았던 섬들이 몇 나온다. 탐노스 섬의 여인들은 그들이 섬기는 아르테미스 여신에게 해안에 상륙한 이국 남자들을 잡아 제물로 바쳤다. 렘노스 섬의 여인들은 자신들과의 잠자리를 거부한 남편들에게 분노하여 어느 날 그들을 한꺼번에 몰살했다. 레스보스 섬은 고대 그리스의 유명한 여류시인 사포가 남편과 사별한 후 소녀들만 모아 그 섬으로 이주해서 살았던 곳이다. 따라서 우리는 이 섬들이 한때 레즈비언의 천국이었음을 추론할 수 있다. 특히 '레즈비언'이라는 말은 레스보스 섬 이름에서 유래했다.

아리스토파네스의 세 가지 성에 관한 이야기

《향연》에서 아리스토파네스는 네 번째로 발언권을 잡아 사랑에 관해 말한다. 그의 얘기는 희극작가답게 웃음을 자아낸다. 그에 의하면 태초에는 인간의 성은 남성과 여성뿐 아니라 제3의 성인 자웅동성이 있었다. 또 원래 인간은 두 사람씩 등이 붙어 있었다. 남성은 남성 둘이, 여성은 여성 둘이, 자웅동체인 남여성은 남자와 여자가 등을 맞대고 붙어 있었다는 것이다.

"그들은 네 개의 손과 네 개의 다리를 지니고 있고 완벽하게 둥그런 목 바로 위에 완전히 똑같은 두 개의 얼굴이 반대로 놓여 있고 그 위에 하나의 머리가 붙어 있다네. 그들의 귀는 네 개이고 수치스러운 부분도 두개인데, 그 나머지 것들은 모두 지금까지 살펴본 것들로부터 상상할 수 있을 것이네. 걸음걸이로 보자면, 그들은 지금처럼 자신들이 원하는 방향이면 어디로든지 똑바르게 갈 수도 있고, 빨리 달려가고 싶을 때에는 마치 지상 회전을 하는 사람들처럼 다리를 원모양으로 회전하며 앞으로 곧장 갈 수도 있다네."

이들은 조상들의 모습을 이어받아 원형을 띠고 있었다. 남성은 태양, 여성은 지구, 남여성은 달의 자식이었기 때문이다. 또 대단한 힘과 능력을 갖고 있었다. 네 개의 손과 발을 갖고 있을 뿐 아니라, 머리는 하나지만 현재보다 용량이 컸기 때문이다. 그래서 그들은 점점 오만해지더니 급기야 신들의 자리를 넘보고 위협하기 시작했다.

어느 날 신들이 모여서 대책을 강구했지만 별 뾰족한 수가 나오지 않았다. 그렇다고 인간들을 멸망시킬 수도 없었다. 인간들이 사라지면 누가 자신들에게 제물을 바치겠는가. 골똘히 생각에 잠겨 있던 제우스가 마침내 무릎을 탁 치며 기발한 아이디어를 내놓았다.

"나는 인간들이 지금보다 약해져서 더 이상 오만하지 않도록 만드는 방법을 발견했노라! 나는 이제 인간들 각각을 둘로 나누겠다. 그러면 인간들은 더 약해질 것이고 또한 동시에 그 숫자가 늘어나니 우리 신들에게는 더 유익하게 될 것이다. 그럼에도 불구하고 만약에 인간들이 또 불손하게 굴고 소요를 일으키려 할 때에는 나는 그들을 다시 둘로 나누어서 외발로 뛰어다닐 수밖에 없도록 하겠다."

제우스는 이렇게 말하며 팽팽한 실로 삶은 계란을 자르듯이 번개로 인간을 모두 둘로 나누었다. 또 아폴론을 시켜 얼굴과 목의 반쪽을 잘려나간 쪽으로 돌려놓게 한 다음 잘린 부분도 치료하도록 했다. 아폴론은 목과 얼굴을 돌려 놓고 잘라진 피부를 모아 염낭을 묶듯이 배 중앙에 묶어 배꼽을 만들었다. 목과 얼굴을 돌려놓은 것은 상처를 기억하고 다시는 오만을 떨지 못하게 하기 위해서였다.

아리스토파네스에 의하면 이때부터 인간은 자신으로부터 떨어져 나간 또 다른 반쪽을 끊임없이 찾게 되었다. 자웅동성은 잃어버린 이성을, 여성은 잃어버린 또 다른 여성을, 남성은 잃어버린 또 다른 남성을 찾는다. 아리스토파네스의 태초의 세 성에 관한 이야기는 우리에게 동성애가 천형이 아니라 사랑이라는 사실에 논리적 근거를 제시한다.

동성애는 천형天刑이 아니라 사랑이다

동성애는 이 세상에서 이루어질 수 있는 여러 가지 사랑의 형태 중 하나에 불과하다. 결코 야만적이거나 병적인 것이 아니라 지극히 정상적인 행동이다. 누군가 선천적으로 같은 성을 찾는 유전인자를 갖고 태어났다면 그것을 인정해야 한다. 태어날 때부터 그런 피를 갖고 태어났다면 운명이나 숙명으로 받아들여야 한다. 동성애자들은 우리와 다르고 차이가 있을 뿐이다. 소수라는 이유 때문에 억압

받거나 차별당할 이유가 전혀 없다.

한국 영화에는 언제부터인지 동성애를 모티프로 한 영화가 흥행을 몰고 다닌다. 광대 공길과 연산군의 동성애를 그린 〈왕의 남자〉는 관객 1200만 명을 돌파했다. 또 고려 말 공민왕과 그의 호위부대 건룡위의 수장 홍림의 동성애를 다룬 〈쌍화점〉도 대단한 인기를 끌었다. 그러나 그런 영화가 관객의 사랑을 많이 받는 만큼 정말 성적 소수자인 동성애자에 대한 이해도 깊어진 걸까?

최근 동성애를 다룬 김수현 작가의 TV 드라마 〈인생은 아름다워〉가 세간의 화제가 되고 있다. 아마 영화에서처럼 역사적 사실을 빗대서가 아니라 우리가 살고 있는 현실 속의 동성애를 이야기하고 있기 때문에 신선한 충격을 주었을 것이다. 이 드라마의 무대는 상처한 양병태(김영철)와 이혼한 김민재(김혜숙)가 재혼하여 꾸려 가는 제주도의 3대에 걸친 가족이다. 주제는 물론 가족 드라마에서 연상할 수 있는 가족 간의 끈끈한 사랑이다. 그러나 이 드라마의 묘미는 오히려 각각의 가족 구성원들이 엮어 가는 러브 스토리에 있다.

이 드라마에는 가정의 중심축인 며느리 김민재와 아들 양병태 사이의 곰삭은 사랑, 타고 난 바람기 때문에 여든이 넘어서야 집으로 돌아온 시아버지(최정훈)와 시어머니(김용림) 사이의 애증 어린 사랑, 김민재가 전남편 사이에서 낳은 양지혜(우희진)와 이수일(이민우) 부부의 알콩달콩한 사랑, 양병태와 김민재가 재혼 후 낳은 양호섭(이상윤)과 양초롱(남규리)이 벌이는 젊고 풋풋한 사랑, 양병태의 동생 양병준(김상중)과 조아라(장미희)의 로맨틱한 늦깎이 사랑, 양병태의 또 다른 동생인 노총각 양병걸(윤다훈)이 벌이는 어수룩

한 사랑 등 갖가지 사랑 이야기가 서로 교차하고 있다. 이 사랑의 풍경화에 양병태의 사별한 아내가 낳은 양태섭(송창의)과 그의 친구 경수(이상우)의 동성애도 한 자리 차지하고 있다.

〈인생은 아름다워〉에서 동성애는 결코 중심 테마가 아니다. 여러 가지 사랑의 방식 중 하나일 뿐이다. 작가는 동성애를 요란하게 구호로 내세우지 않는다. 동성애자들을 강력하게 변호하지도 않는다. 우리 사회에 엄연히 존재하는 삶의 양식을 외면하지 않고 조용히 인정할 뿐이다. 동성애를 우리 삶의 한 부분으로 긍정하고 그저 담담하게 그려 갈 뿐이다. 그래서 이 드라마는 2003년에 개봉한 리처드 커티스 감독의 〈러브 액츄얼리〉를 연상시킨다. 두 작품 모두 우리 인생에서 일어날 수 있는 다채로운 사랑의 풍경화를 그리고 있기 때문이다. 다만 〈러브 액츄얼리〉는 서로 다른 몇 개의 독립된 이야기로 구성된 옴니버스 형식이지만, 〈인생은 아름다워〉는 각각의 이야기가 끊어지지 않고 연결되는 연속극 형식이다.

〈인생은 아름다워〉가 방영되고 얼마 지나지 않아 어느 보수단체가 일간지에 그 방송을 중지하라고 낸 성명서를 읽고 씁쓸해한 적이 있다. 보수단체의 취지는 이 드라마가 동성애를 다루고 있어 도덕과 미풍양속을 해친다는 것이다. 그러나 도덕과 미풍양속을 심각하게 해치고 있는 것은 오히려 주말이나 아침저녁으로 TV를 점령하다시피 하고 있는 막장 드라마와 불륜 드라마가 아닐까? 온몸을 드러내놓고 경쟁하듯 섹시 댄스를 추어대는 오락 프로그램이 아닐까?

정신적 스승

―
하늘은
스스로 돕는 자를
돕는다

정신적 스승의 기능은 영웅으로 하여금 미지의 것에 대면하도록 하는 데 있다. 정신적 스승은 조언을 해줄 수도, 안내를 할 수도, 또는 신비로운 도구를 내려줄 수도 있다. 〈스타워즈〉의 오비완은 루크에게, 그가 포스의 악의 세력과 싸우게 될 때 필요한, 그의 아버지가 사용했던 광선검을 준다. 《오즈의 마법사》에서 선한 마녀 글린다는 도로시에게 그녀가 집으로 돌아가는 데 결정적으로 도움이 되는 빨간 구두를 선사하고 인도를 해준다.

그러나 정신적 스승은 여기까지만 영웅과 동행할 수 있다. 결국, 영웅은 미지의 것에 홀로 대적해야만 한다. 정신적 스승은 열의나 노력을 보이지 않는 영웅에게 적시에 질책을 함으로써 모험을 계속하도록 하는 데 필요하기도 하다.

크리스토퍼 보글러, 《신화, 영웅 그리고 시나리오 쓰기》

영웅의 그림자, 정신적 스승

정신적 스승은 신화, 동화 등 모든 스토리에서 영웅이나 주인공을 가르치고 보호하는 인물이다. 아더 왕에게 바른 길을 안내하는 마법사 멀린, 신데렐라를 도와주는 노파 등이 바로 정신적 스승이다. 악한도 정신적 스승이 될 수 있다. 우리나라의 영화 〈투캅스〉에서 신참 경찰을 범죄조직과의 커넥션에 끌어들이는 고참 경찰 등이 이에 속한다. 정신적 스승은 한 스토리에서 한 명이 여러 번 등장할 수도 있다. 《일리아스》를 보면 아테나 여신은 그리스 영웅들이 위기에 처할 때마다 등장해 그들을 도와준다.

또한 정신적 스승은 한 스토리에서 여러 명이 등장할 수 있다. 영웅 헤라클레스의 스승이 바로 그 경우이다. 헤라클레스는 고향 테베에서 다양한 교육을 받았다. 명목상의 아버지 암피트리온은 그에게 전차 모는 법을, 천부적인 도둑 아우톨리코스는 그에게 레슬링을 가르쳤다. 오이칼리아의 왕 에우리토스는 활 쏘는 법을, 카스토르는 무기 다루는 법을 가르쳤다. 헤르메스는 그에게 칼을, 아폴론은 활과 화살을, 헤파이스토스는 황금 갑옷을, 아테나는 외투를 주었다. 심지어 오르페우스의 동생 리노스는 그의 음악선생이었다.

정신적 스승은 보통 '멘터Mentor'라고 불린다. 멘터라는 단어는 그리스 신화의 《오디세이아》에 등장하는 '멘토르Mentor'라는 인물에서 유래했다. '멘터'와 '멘토르'는 발음만 다른 셈이다. 멘토르는 오디세우스의 절친한 친구였다. 오디세우스는 트로이로 떠나면서 멘토르에게 집안일과 아들 텔레마코스를 돌보아 달라고 부탁했다. 멘토르가 구체적으로 오디세우스 집안을 위해 무엇을 했는지는 정확하게 나타나 있지는 않다. 그는 《오디세이아》에서 딱 한 번 등장해 오디세우스의 아들 텔레마코스를 변호해 줄 뿐이다.

트로이 전쟁에서 다른 장수들은 모두 돌아왔는데 오디세우스는 15년이 지나도 귀향하지 않았다. 그러자 100여 명이 넘는 구혼자들이 오디세우스의 아내 페넬로페를 괴롭혔다. 그 당시 텔레마코스는 15세 전후쯤 되었을 것이다. 텔레마코스가 갓난아기 때 오디세우스가 떠났기 때문이다. 구혼자들은 오디세우스의 집에 난입해서 잔치를 벌이며 무례하게 페넬로페에게 결혼을 강요했지만 처음에는 어린 텔레마코스가 할 수 있는 것은 아무것도 없었다. 그가 어떻게 100여 명이 넘는 어른들을 상대할 수 있었겠는가.

세월이 흘러 텔레마코스가 20세의 헌헌장부로 성장하자 그도 이제 가만히 있지 않았다. 그는 어느 날 구혼자들과 이타케 백성들을 광장에 불러 모아 놓고 구혼자들을 신랄하게 비난했다. 아마 구혼자들의 양심에 호소하고 무엇보다도 백성들의 힘을 믿었던 것 같다. 그는 이렇게 말했다. "법의 여신 테미스의 이름으로 구혼자 여러분들에게 간청합니다. 제발 우리 아버지가 여러분들에게 베푼 선행을 생각하시고 이 모든 짓을 그만두고 떠나가시오. 우리 가족을 제발 혼자 내버려두란 말이오."

그러나 구혼자들은 적반하장으로 오히려 텔레마코스를 위협했고 백성들도 구혼자들이 무서워 아무도 그를 옹호하지 않았다. 이에 멘토르가 용감히 일어서서 백성들의 태도를 나무랐다. "이타케의 백성들이여, 정말 안타까운 일이오. 오디세우스는 여러분들에게 아버지 같은 존재였건만 여러분들 중 그를 기억하는 사람은 하나도 없으니 말이오. 지금 나를 화나게 하는 건 오디세우스의 가산을 축내는 구혼자들이 아니오. 오히려 수적으로도 훨씬 우세한 데도 얼마 안 되는 구혼자들이 무서워 벌벌 떨고 있는 당신들이 더 원망스럽소." 물론 멘토르의 질책도 아무런 효력이 없었다. 멘토르는 구혼자들의 위협을 받고 즉각 제지당했고 백성들은 뿔뿔이 헤어졌다.

이후 《오디세이아》에서 멘토르는 더 이상 직접 등장하지 않는다. 아테나 여신이 그의 모습을 빌어 나타날 뿐이다. 아테나 여신은 텔레마코스가 필로스와 스파르타로 아버지의 행방을 물으러 갈 때 멘토르의 모습을 하고 그와 동행하여 그의 용기를 북돋운다. 또 오디세우스가 마침내 귀환하여 구혼자들을 처단할 때도 멘토르의 모습을 하고 나타나 친구를 독려한다.

이 사실을 놓고 보면 비록 자세한 행적은 나와 있지 않지만 오디세우스가 떠난 뒤 멘토르가 얼마나 텔레마코스와 오디세우스의 집안에 신경을 썼는지 알 수 있다. 또 오디세우스에게도 친구 이상으로 정신적 지주였을 것으로 짐작이 간다. 텔레마코스와 오디세우스는 아무리 힘든 상황에서도 멘토르만 있으면 힘이 솟았을 것이다. 크리스토퍼 보글러는 정신적 스승의 특징을 "영웅에게 동기를 부여해서 두려움을 떨쳐내도록 돕는 것"이라고 했는데 멘토르가 텔레마코스와 오디세우스에게 그런 역할을 했을 것이다.

최고의 정신적 스승 테이레시아스

그리스 신화에는 멘토르 이외에 테이레시아스, 칼카스 등과 같은 정신적 스승이 몇 존재한다. 현대에는 '멘터'가 정신적 스승의 고유명사처럼 되어 버렸지만 오히려 정신적 스승으로서의 활약이나 면모는 그들이 더 많이 보여 준다.

테이레시아스는 단연 그리스 신화 최고의 예언자로, 요정 카리클로와 에우에레스의 아들이다. 청년 시절 그는 테베 근처의 키타이론 산 속을 지나다가 교미하고 있는 두 마리의 뱀을 보고 지팡이로 암컷을 때려죽였다. 바로 그 순간 그는 갑자기 여자로 변신하여 유명한 창녀가 되었다. 7년 뒤 그는 똑같은 장소를 지나다가 교미하고 있는 두 마리의 뱀을 보고 이번에는 수컷을 발로 밟아 죽였다. 그러자 그는 즉시 다시 남자로 돌아왔다.

어느 날 헤라는 기회만 있으면 한눈을 파는 제우스를 호되게 비난했다. 그러자 제우스는 사랑을 나눌 때는 남자보다 여자가 훨씬 더 많은 기쁨을 느낀다고 주장하며 자신의 외도를 변호했다. 제우스는 이렇게 고함을 쳤다. "당연히 여자들은 섹스를 할 때 남자들보다 훨씬 더 큰 쾌락을 느끼는 법이오." "무슨 헛소릴!" 헤라가 외쳤다. "정반대요. 당신도 이미 수많은 경험을 해보지 않았소."

아무리 해도 결론이 나지 않자 그들은 심판관으로 테이레시아스를 부르기로 했다. 그들은 테이레시아스가 객관적으로 판단할 수 있을 것이라고 생각했다. 테이레시아스는 지구상에서 유일하게 두 가지 성을 모두 살아 본 사람이었기 때문이다. 그들의 질문에 테이

❖ 요한 하인리히 퓌슬리, 〈제물을 바치는 오디세우스 앞에 나타난 테이레시아스〉 1780~1785
테이레시아스는 죽어서도 산 사람처럼 이성을 소유할 수 있었다. 그는 바다를 방랑하던 오디세우스가 지하세계로 자신을 찾아오자 정신적 스승으로서 충고를 아끼지 않았다.

레시아스가 대답했다. "사랑에서 느끼는 즐거움을 10으로 가정할 수 있다면, 여자들은 9를 얻지만, 남자들에게는 1만 돌아갑니다." 제우스가 승리감에 젖어 비아냥거리자 화가 치민 헤라가 테이레시아스의 눈을 멀게 했다. 그러나 제우스는 그에게 예언의 능력과 긴 수명을 주어 그가 당한 손실을 보상해 주었다.

테이레시아스가 눈이 먼 것에 대해 칼리마코스는 《아테나 여신의 목욕》이라는 찬가에서 다른 이유를 대고 있다. 그에 의하면 테이레시아스는 우연히 아테나 여신이 목욕하는 장면을 보고는 여신의 분노를 사 눈이 멀었다. 테이레시아스의 어머니 카리클로가 여신에게 용서를 빌었다. 카리클로는 아테나 여신이 가장 좋아하는 요정 중 하나였다. 그러자 여신은 그에게 시력을 돌려주는 대신 예언하는 능력과 긴 수명을 주었다. 또 죽은 뒤 하데스가 다스리는 지하세계에 가서도 산 사람처럼 이성을 소유할 수 있는 특별한 은총을 내렸다.

아폴로도로스에 의하면 아테나 여신은 카리클로의 간청을 듣고 아이기스의 방패에서 에리크토니오스라는 뱀을 빼내 이렇게 명령했다. "예언하는 새의 말을 이해할 수 있도록 너의 혀로 테이레시아스의 귀를 깨끗하게 씻어 줘라!" 이어 테이레시아스에게 산수유나무로 만든 지팡이를 주어 마치 두 눈이 멀쩡한 보통 사람처럼 걸어 다닐 수 있도록 했다. 또 다른 설에 의하면 그가 눈이 먼 것은 인간에게 신들의 비밀을 너무 많이 알려주어 신들의 분노를 샀기 때문이다.

어쨌든 테이레시아스는 일곱 세대를 살면서 수많은 예언을 했다. 그는 맨 먼저 테베의 왕 펜테우스에게 디오니소스 신을 배척하지 말라고 충고했다. 왕은 그의 경고를 듣지 않고 디오니소스에게 대항했다가 광기에 빠진 디오니소스 신의 신도이자 어머니인 아가우에의 손에 비참하게 죽임을 당했다. 나르키소스가 태어났을 때 그의 운명을 예언한 것도 테이레시아스였다. 그는 나르키소스의 부모에게 아들이 자신의 얼굴을 보지 않아야 오래 살 것이라고 했다. 결국 나르키소스는 우연히 샘물에 비친 자신의 얼굴을 본 뒤 샘물의 요정으로 오인하고 상사병에 걸렸다. 그는 식음을 전폐하고 물가에서 애를 태우다가 결국 수선화로 변했다.

테이레시아스는 이밖에도 에레크테우스 치하 아테네와 엘레우시스 사이에 전쟁이 일어나자 아테네의 승리를 예언했고, 암피트리온에게 그가 없는 사이 제우스와 그의 아내 알크메네 사이에 무슨 일이 있었는지 알려주기도 했다. 제우스는 암피트리온을 전쟁터로 보낸 다음 그의 모습을 하고 그의 아내 알크메네와 사랑을 나누었다. 그 결과 후에 헤라클레스가 태어났다.

테베 시절의 오이디푸스와 테이레시아스

테이레시아스가 가장 왕성하게 활동했던 때는 오이디푸스가 테베를 다스리던 시절이다. 오이디푸스는 '아버지를 죽이고 어머니와 결혼할 것'이라는 신탁을 받은 비운의 주인공이다. 바로 그 때문에 갓난아기 때 버려지지만, 지나가던 코린토스 양치기의 눈에 띄어 극적으로 목숨을 건진다. 그리고 마침 후사가 없는 코린토스 왕 폴리보스의 왕자로 자란다.

헌헌장부로 장성한 오이디푸스는 방랑을 하다가 우연히 테베의 골칫거리 괴물 스핑크스를 죽이고, 그 공로로 공석인 테베의 왕위와 왕비를 차지했다. 그가 왕위에 오른 뒤 한동안 태평성대를 구가하던 테베에 갑자기 역병이 퍼졌다.

오이디푸스는 델포이의 아폴론 신전으로 처남 크레온을 파견하여 그 이유를 물었다. 그러자 테베에 아버지를 죽이고 어머니와 결혼한 자가 활개를 치고 있으니 그를 찾아내 추방하면 역병이 물러갈 것이라는 신탁이 내렸다.

오이디푸스는 즉시 예언자 테이레시아스를 불러 그 범인이 누군지 물었다. 그러자 그는 '그 패륜아는 바로 당신 오이디푸스 왕'이라고 말했다. 오이디푸스가 방랑 도중 길거리에서 시비가 붙어 홧김에 죽인 노인이 바로 그의 친아버지 라이오스였던 것이다.

그러나 오이디푸스는 테이레시아스의 말을 믿지 않고 그가 역모를 품고 있다고 의심했다. 그는 테이레시아스를 옥에 가두고 싶었지만 그럴 수도 없었다. 테이레시아스가 백성들로부터 깊은 존경을 받았기 때문이다. 그는 결국 앞을 보지 못하는 늙은이가 무엇을 제대로 알겠냐고 비아냥거리면서 테이레시아스를 궁에서 쫓아냈다.

그러나 오이디푸스는 수사 결과 결국 자신이 선왕 라이오스를 죽이고 어머니 이오카스테와 결혼한 패륜아임을 밝혀낸다. 절망한 어머니 이오카스테는 자살하고, 아들이자 남편인 오이디푸스는 어머니의 가슴에서 브로치를 풀러 두 눈을 찔러 실명시켰다. 이어 테베의 왕위를 버리고 거지 차림으로 탁발승처럼 참회를 하며 그리스 전역을 방랑했다.

그 후 오이디푸스의 두 아들 폴리네이케스와 에테오클레스가 테베의 왕위를 놓고 권력투쟁을 벌였다. 그들은 격론 끝에 한 명이 한 해씩 번갈아 가면서 통치하기로 합의하였다. 먼저 동생 에테오클레스가 왕이 되었지만 1년이 지나도 왕위를 물려주지 않았다. 그러자 형 폴리네이케스가 이웃 나라 아르고스로 망명을 갔다. 그는 한참 후에 아르고스의 왕 아드라스토스 등 6명의 영웅을 포섭하여 군사를 이끌고 테베를 공격했다. 이때 테이레시아스가 오이디푸스의 처남이자 삼촌인 크레온에게 충고했다. 아들을 아레스에게 바치면 테베가 승리한다는 것이다. 크레온의 아들 메노이케우스가 우연히 이 말을 듣고 테베의 성벽에서 아래로 장렬하게 몸을 던졌다. 그러자 전쟁은 신기하게도 테베의 승리로 돌아갔다. 폴리네이케스 등 7명의 장수는 아르고스의 왕 아드라스토스만 제외하고 모두 전사했다. 폴리네이케스와 에테오클레스 형제도 서로 일대일 대결을 벌이다가 모두 전사했다.

이제 테베의 왕위는 크레온이 이어받았다. 그는 외국 군대를 끌고 온 폴리네이케스를 증오했다. 그는 그의 시신을 저잣거리에 방치하여 짐승의 먹이가 되게 했다. 이어 포고령을 내려 그의 시신을 거두는 자는 사형에 처하겠다고 엄명을 내렸다. 이때 테이레시아스가 나섰다. 그는 가족인 폴리네이케스의 장례를 치러 주지 않는 것은 신성을 모독하는 죄이며, 불행을 자초할 것이라고 경고했다. 크레온이 고집을 굽히지 않자 정말 불행한 사태가 일어났다. 그의 아내 에우리디케와 아들 하이몬이 자살한 것이다.

한 세대가 지나고 테베를 공격한 장수의 아들들이 아버지의 원수를 갚기 위해 다시 테베를 공격해 왔다. 그러자 테이레시아스는 그 당시 왕 라오다마스에게 테베가 몰락할 것이니 테베 시민들을 공격 전날 밤에 피신시키라고 경고했다. 테베 시민이 모두 짐을 싸서 피신했다. 테이레시아스도 그들과 함께 피난을 떠났다가 할리아르토스 근처 텔푸사라는 샘물에서 물을 마시다 갑자기 죽었다. 너무 급히 물을 마시다가 사래가 들어 숨이 막혀 죽었다는 설도 있고 물이 너무 차가워 심장마비를 일으켰다는 설도 있다.

테이레시아스의 딸 만토도 아버지를 따라 피난을 갔었다. 그러나 그녀는 아버지의 장례를 치르면서 잠시 지체하다가 불행하게도 추격한 아르고스 군대의 포로가 되었다. 아르고스 인들은 그녀를 델포이의 아폴론 신전에 제물로 보냈다. 전쟁 전 아폴론 신에게 전리품 중 가장 아름다운 여인을 바치기로 맹세했기 때문이다. 만토는 아폴론 신전에서 여사제 역할을 하면서 예언하는 능력을 기른 다음 신탁에 따라 소아시아로 건너가 클라로스 시를 건설했다. 그녀는 그곳에서 크레타 사람 라키오스와 결혼하여 몹소스를 낳았다. 몹소스도 외할아버지와 어머니의 피를 이어받아 유명한 예언자가 되었다.

트로이 전쟁의 예언자 칼카스

칼카스는 트로이 전쟁 당시 그리스 군의 대표 예언자였다. 그는 전쟁 전부터 예언자로서 이름을 날렸다. 아가멤논이 메가라에 살고 있는 그를 찾아가 트로이에 같이 가달라고 부탁할 정도였다. 그는 우선 영웅 아킬레우스가 아홉 살이었을 때 그가 전쟁에 참여하지 않으면 트로이를 점령할 수 없다고 예언했다.

한번은 아울리스 항에서 전쟁 준비를 하는 동안 그리스 장수들이 샘물가에서 신들에게 성대한 제물을 바치고 있었다. 그런데 갑자기 제단 밑에서 등이 검붉은 뱀 한 마리가 기어 나왔다. 녀석은 물가에 솟은 높다란 플라타너스 나무 위로 스멀스멀 기어오르더니 참새 둥지를 찾아 들어가 어미와 8마리의 새끼를 잡아먹어 버렸다. 칼카스는 그것을 트로이 군과 9년 동안 공방전을 벌이다가 10년째에 트로이를 정복할 전조라고 해석했다.

드디어 출발 준비가 끝나고 그리스 함선이 출발하려고 했지만

✧ 〈이피게네이아의 희생〉 폼페이 비극시인의 집 프레스코 AD 62

그림 가운데 남자 두 명이 붙잡고 있는 여인이 이피게네이아이고, 오른쪽 키가 큰 사람이 예언자 칼카스이다. 왼쪽 코트를 둘러쓰고 손으로 눈을 가린 채 슬퍼하고 있는 사람은 이피게네이아의 아버지 아가멤논이다. 하늘에서는 아르테미스 여신이 이피게네이아를 대신할 암사슴을 갖고 내려오고 있다.

바람이 불지 않았다. 아무리 기다려도 좀처럼 바람이 불 조짐이 보이지 않았다. 그러자 예언자 칼카스가 나서서 바람이 불지 않는 이유는 아르테미스 여신의 분노 때문이라고 알려 주었다. 예전에 아가멤논이 근처 산에서 사냥을 할 때 사슴 한 마리를 잡은 적이 있었다. 그런데 그 사슴이 바로 아르테미스 여신이 아끼는 사슴이었던 것이다. 결국 아가멤논은 칼카스의 충고대로 여신의 분노를 달래기 위해 큰딸 이피게네이아를 여신에게 바쳐야 했다.

그러나 칼카스는 뇌물에는 약했던 것 같았다. 그는 오디세우스의 부탁으로 팔라메데스를 모함하여 죽이는 데 깊이 관여했다. 이 과정에서 금품이 오갔을 가능성이 아주 크다. 뇌물을 받아 신통력을 잃은 탓이었을까? 그는 이미 자신보다 더 뛰어난 예언자를 만나면 죽을 운명이라는 것을 알고 있었지만 그 시기를 예측할 수 없었다. 그래서 그리스 군의 운명을 손에 넣고 쥐락펴락했던 그가 죽는 장면은 정말 추했다.

칼카스는 아테나 신의 분노 때문에 수많은 그리스 함선이 귀향하다가 침몰할 것이라는 사실을 알았다. 아이아스가 아테나 여신의 신전에 숨은 트로이의 공주 카산드라를 머리채를 잡고 끌어내 겁탈했기 때문이다. 그래서 그는 해로로 가지 않고 포달레이리오스와 암필로코스와 함께 육로로 소아시아의 콜로폰에 도착했다. 그는 그곳에서 아폴론과 테이레시아스의 딸 만토의 아들이자 예언자인 몹소스를 만났다.

콜로폰에는 열매가 주렁주렁 달린 야생 무화과나무 한 그루가 있었다. 칼카스는 창피를 주려고 몹소스에게 이 무화과나무에서 열매를 몇 개나 딸 수 있는지 정확하게 말할 수 있느냐고 물었다. 어림짐작으로 계산하는 것보다 자신의 투시력을 믿었던 몹소스는 눈을 지그시 감더니 이렇게 대답했다. "우선 1만 개의 열매에다, 1부셸, 더 정확하게 얘기하면 그러고도 하나가 남네." 칼카스는 한 개가 남는다는 몹소스의 말을 염두에 두고 그를 조롱하며 비웃었다. 그러나 나무에서 열매를 다 따보니 몹소스의 예언은 한 치의 오차도 없었다.

"여보게, 이제 그렇다면 천 단위보다 더 작은 단위로 내려가서 한번 시합을 해보세." 몹소스는 씁쓸한 미소를 지으면서 말했다. "저기 새끼를 밴 암퇘지의 배에는 도대체 몇 마리의 새끼가 들어 있는지 말할 수 있겠나? 암수는 어떻게 되겠나? 그리고 언제 낳겠나?"

"어미의 배 안에는 모두 여덟 마리가 들어 있네. 모두 수컷이고, 9일 안에 낳을 것이네."

칼카스는 생각나는 대로 아무렇게나 대답하고 자신의 추측이 틀렸다는 것이 드러나기 전에 얼른 그곳을 떠나려고 했다. 그러나 몹소스가 다시 눈을 감으며 대답했다. "나는 다른 생각이네. 새끼는 모두 세 마리이고 그중 한 마리만 수컷이네. 그리고 출산 시기는 바로 내일 정오네. 아마 1분도 더 빠르지도 않고 더 늦지도 않을 걸세." 결과를 보니 다시 몹소스 말이 옳았다. 너무 분한 칼카스가 신탁대로 갑자기 죽자 그의 동료들이 그를 노티온에 묻어 주었다.

영웅들의 스승 켄타우로스족 케이론

예언자 테이레시아스와 칼카스에 이어 그리스 신화의 현자 케이론도 정신적 스승의 원형이다. 케이론은 상체는 사람, 하체는 말인 켄타우로스 족이다. 조앤 롤링의 《해리포터와 마법사의 돌》에도 켄타우로스가 등장한다. 해그리드는 학교 벌칙을 어긴 해리와 헤르미온느에게 벌을 준다는 빌미로 그들을 데리고 숲 속으로 들어간다. 숲 속에서 핏자국을 발견한 그들은 상처 입은 유니콘의 피라고 짐작하고 그 유니콘을 구하기 위해 추적하다 켄타우로스 로넌과 그의 동료 베인을 만나 유니콘의 행방을 묻는다.

그러나 그들은 정확한 대답을 하지 않은 채 "오늘밤은 화성이 밝군"이라는 모호한 말만 할 뿐이다. 그러자 해그리드가 그들과 헤어진 뒤 화를 내며 켄타우로스 족은 별이나 보는 몽상가이며 많은 것을 알고 있지만 속 시원히 말을 해주지 않는다며 불평을 한다. 롤링이 자신의 작품에 켄타우로스를 집어넣은 것은 아마도 그리스 신화를 보고 영감을 얻은 것이리라.

켄타우로스 족의 출신에 대해서는 두 가지 설이 있다. 하나는 아폴론의 아들 켄타우로스와 스틸베의 후손이라는 설이고, 다른 하나는 정설로 받아들여지고 있는 익시온과 구름과의 사이에서 태어난 출신이라는 설이다.

익시온은 테살리아의 왕으로 에이오네우스의 딸 디아와 결혼했다. 그는 결혼 전 장인에게 많은 지참금을 약속했지만 결혼 후에도 그것을 지불하지 않았다. 기다리다 지친 장인은 익시온의 암말들을 담보물로 가져갔다. 익시온은 흉계를 꾸며 놓고 장인을 집으로 불렀다. 가져간 암말들을 갖다 주면 약속한 지참금을 모두 주겠다는 것이다. 장인이 아무것도 눈치 채지 못한 채 찾아오자 익시온은 그를 석탄이 발갛게 이글이글 타고 있는 구덩이에 밀어 넣어 죽였다.

익시온의 범죄는 최초의 근친살해였다. 인간이든 신이든 누구도 끔찍한 죄를 범한 그를 정화시켜 주려고 하지 않았다. 결국 제우스가 나서 이 일을 떠맡았다. 그는 익시온의 죄를 씻어 주고 올림포스로 초대하기까지 했다. 그러나 파렴치한 익시온은 제우스의 호의를 또 다른 범죄로 갚았다. 그는 자꾸만 한눈을 파는 남편 제우스 때문에 헤라 여신이 외로울 것이라고 오해하고 그녀를 유혹했다. 정숙한 가정의 신 헤라는 기가 막혔다. 그녀는 그 사실을 당장 남편 제우스에게 알렸다.

제우스는 아내의 말을 믿지 못했다. 그는 익시온을 시험하기 위해 구름으로 헤라의 모양을 만들어 익시온의 침대에 밀어 넣었다. 익시온은 마침내 자신의 유혹이 성공했다고 믿고 헤라와 동침했다. 그러나 구름과 사랑을 나눈 탓이었을까? 그들 사이에서는 온전한 사람이 태어나지 않고, 상체는 인간 하체는 말인 켄타우로스 족이 태어났다. 제우스는 배은망덕한 익시온의 행동에 분노했다. 그는 익시온을 지하세계에 가두고 끊임없이 돌아가는 불 마차 바퀴에 묶어 고통을 당하게 했다.

그러나 케이론은 익시온의 후손은 아니었다. 그는 티탄 신족의 왕이자 제우스의 아버지 크로노스와 메가라의 왕 필라스의 딸 필리라의 아들이었다. 크로노스는 아내 레아가 숨긴 아들 제우스를 찾

❖ 제임스 베리, 〈아킬레우스의 교육〉 1772
반인반마 케이론의 제자로는 이아손, 아스클레피오스, 악타이온, 헤라클레스, 아킬레우스 등을 들 수 있다. 케이론이 아킬레우스에게 리라를 가르치고 있다.

아다니면서 레아의 눈을 속이기 위해 말의 모습을 하고 있었다. 그때 크로노스는 필리라를 만나 사랑을 나누어 반인반마의 케이론을 낳았던 것이다.

출신성분 때문이었을까. 익시온의 후손인 켄타우로스 족은 폭력적이고 거칠었던 반면에 케이론은 이 세상에서 가장 현명하고 선했으며 일찍부터 정신적 스승으로 이름을 날렸다. 수많은 그리스의 영웅들이 그의 명성을 듣고 가르침을 받기 위해 펠리온 산의 그의 동굴로 찾아왔다. 그들 중 유명한 자로는 이아손, 아스클레피오스,

악타이온, 헤라클레스, 아킬레우스 등을 들 수 있다. 아폴론 신도 케이론에게서 가르침을 받을 정도였다. 그는 영웅들에게 전술, 사냥술, 음악, 윤리 등을 가르쳤다. 특히 그는 의학에 천부적인 소질을 갖고 있어서 아폴론의 아들 아스클레피오스에게 의학을 가르쳤다. 아스클레피오스는 결국 사후에 의술의 신으로 등극한다.

케이론의 명성을 듣고 모든 켄타우로스 족이 펠리온 산으로 몰려들어 핏줄은 달랐지만 그를 정신적 지주로 생각하고 나라를 이루어 살았다. 그들의 이웃에는 라피타이 족이 살았다. 두 종족은 틈만 나면 서로 싸웠다. 결국 켄타우로스 족이 펠리온 산에서 추방되어 펠로폰네소스 반도 남쪽 말레아 산으로 피신했다. 이곳에서 그들은 한참을 평화롭게 살았다.

그러던 어느 날 동료이자 포도주 관리자였던 폴로스가 다른 켄타우로스 족의 동의를 구하지 않고 어떤 이방인에게 공동의 재산인 포도주를 대접했다. 폴로스도 케이론처럼 익시온의 자손이 아니었다. 그는 실레노스와 물푸레나무의 요정 사이에서 태어났다. 그는 다른 켄타우로스 족과는 달리 천성이 착하고 이방인에게 친절했다. 그들은 포도주 냄새를 맡고 동료 폴로스를 혼내주기 위해 그를 찾아왔다. 그런데 아뿔싸. 그 이방인은 다름 아닌 헤라클레스가 아닌가. 그는 마침 에리만토스에서 멧돼지를 잡고 나서 목이 말라 우연히 폴로스 집에 들어가 포도주를 부탁했던 것이다.

켄타우로스 족은 헤라클레스의 공격을 받고 많은 수가 전사하고 다시 그곳에서 추방되었다. 폴로스는 동료들의 무덤을 만들어 주면서 시신에서 헤라클레스가 쏜 화살을 뽑다 실수로 그것을 발등에 떨어뜨려 상처를 입고 죽고 말았다. 헤라클레스는 화살촉에 자신이 죽인 괴물 뱀 히드라의 독을 묻혀 사용했었다. 케이론 역시 이때 불행하게도 헤라클레스가 쏜 화살을 맞고 괴로워하다 죽었다. 케이론은 심정적으로는 헤라클레스 편이었을 것이다. 헤라클레스도 그를 알아보았더라면 화살을 날리지 않았을 것이다.

하늘은 스스로 돕는 자를 돕는다

보글러에 의하면 정신적 스승은 스토리의 주인공에게 직접 나타나지 않고 그의 마음속에 내면화되어 있을 수 있다. 그런 주인공은 "정신적 스승이나 안내자가 필요 없을 정도로 경험이 많고 강인한 캐릭터이다." 그는 모험을 하면서 정신적 스승을 만나지 않아도 스스로에게 내면화된 도덕, 윤리, 이상, 지혜 등을 행동의 기준으로 삼는다. 그는 위험에 처해 있을 때 내면화된 정신적 스승의 가르침을 떠올리며 그것을 헤쳐 나간다.

보글러는 말한다. "정신적 스승은 영웅에게 여행에 필요한 동기, 영감, 길잡이, 훈련, 권능을 제공한다. 모든 영웅은 무언가에 의해 인도되며, 이러한 에너지에 대한 인식이 없는 스토리는 불완전하다. 실제적인 캐릭터로 표현되었건 또는 내면화된 행위의 준칙으로서 구현되었건 간에, 정신적 스승의 원형은 작가가 구사할 수 있는 강력한 도구이다."

그러나 스토리에서 정신적 스승은 아무에게나 저절로 나타나지 않는다. 블라지미르 쁘로쁘는 《민담형태론》에서 정신적 스승을 "증여자", 혹은 "공급자"로 표현한다. 주인공에게 난관을 극복할 수 있는 능력이나 도구 혹은 아이디어를 제공하기 때문이다. 쁘로쁘에 의하면 정신적 스승은 우선 주인공을 시험하고, 심문하고, 공격한 뒤 그가 그것을 모두 극복을 했을 때에야 권능을 부여한다. 또 정신적 스승은 주인공을 끝까지 따라가지 않는다. 마지막 여정은 주인공 혼자 가야 한다.

우리 시대의 정신적 스승 김수환 추기경

어느 시대, 어느 나라에나 정신적 스승이 존재하기 마련이다. 우리나라의 정신적 스승은 과연 누구일까? 혹시 작년 초에 선종한 김수환 추기경이 그중 한 분이 아니었을까? 언론은 그를 "우리 시대의 목자"이자 "시대의 예언자"로 기렸다. 그의 발자취는 진정 그리스 신화의 '예언자'를 떠올리게 한다. 그리스 신화에서 인간은 힘들고 어려운 일이 생길 때마다 예언자를 찾았다. 왕들도 예외가 아니었다.

한국의 저잣거리 사람들도 고단하고 지칠 때마다 김수환 추기경을 찾아가 위안을 받았다. 의도는 달랐겠지만 역대 대통령을 비롯한 정치인들도 위기에 부닥칠 때마다 그에게 해법을 묻곤 했다.

김수환 추기경은 그리스 신화의 예언가들 중 특히 테이레시아스를 닮았다. 그도 테이레시아스가 오이디푸스에게 그런 것처럼 직언을 서슴지 않았다. 그는 추기경으로 임명된 지 2년 후인 1971년 12월 24일 자정미사에서 뜻밖에도 정부와 여당을 향해 "비상대권을 대통령에게 주는 것이 나라를 위해서 유익한 일입니까?"라고 물었다.

1972년 '10월 유신'이 단행되자 "10월 유신 같은 초헌법적 철권통치는 우리나라를 큰 불행에 빠뜨릴 것이라고 단언합니다. 정권욕에 눈이 먼 박 대통령 자신도 결국 불행하게 끝날 것입니다"라고 말했다.

1980년 12월 12일 쿠데타를 성공시키고 나서 자신을 찾아온 전두환 소장에게는 이렇게 말했다. "서부활극을 보는 것 같았습니다. 서부영화를 보면 총을 먼저 빼든 사람이 이기잖아요."

2009년 김수환 추기경의 시신이 명동성당에 안치되자 수많은 사람들이 그를 마지막으로 보기 위해 줄을 섰다. 강추위도 아랑곳하지 않고 몇 시간씩 기다렸다. 그는 그야말로 우리 시대의 "정신적 스승"이었다. 우리 시대의 "큰 스승" 멘토르였다. 그가 선종한지 2년째가 되는 지금 우리는 다시 묻는다. 우리는 과연 그동안 그의 말을 진지하게 귀담아 들었는가? 혹시 귓등으로 모두 흘려버린 것은 아닌가? 그렇다면 이제라도 그의 말을 하나씩 마음에 새기고 실천에 옮겨야 한다. 나라가 어려울 때마다 쓴소리를 마다하지 않는 우리 시대의 다른 정신적 스승들의 충고에도 진정성을 갖고 대해야 한다. 그게 바로 진정한 '소통'이자 위기극복의 길일 것이다.

분노

―
무조건
참아야만
하는가?

세상의 모든 성현들이 분노하지 말라고 가르친 데에는 다 그만한 이유가 있다. 화를 다스리지 못하면 사람이 다친다. 그러나, 그럼에도 불구하고, 어쩔 수 없이, 분노해야 할 때가 있다. 아무리 참으려 해도 참아지지 않을 때, 온몸에 찬물을 뒤집어쓰고 냉철해진 머리로 생각을 해도 그 분노가 정당한 분노일 때, 불의와 부패와 부도덕이 인내의 한계를 넘었다고 머리가 아니라 몸이 비명지를 때, 그럴 때 우리는 분노해야 한다. 때로는 인내가 아니라 분노가 우리의 도덕률이 될 때가 있다. 불의와 부패와 부도덕이라는 이름의 탱크들이 보무도 당당하게 행진할 때, 약하디 약한 살과 피만 가진 인간이 그 앞을 막아설 수 있는 힘은 분노뿐이다.

조병준, 〈정당한 분노〉

분노의 책, 호메로스의 《일리아스》

로버트 A. F. 서먼의 《화》는 화를 대하는 두 가지 극단적인 관점을 소개한다. '화에 순응하기'와 '화를 극복하기'이다. 전자를 주장하는 사람은 "화는 신이 내린 것이고, 우리 모두는 화를 내고, 화는 건강한 것이다. 잘못된 것을 바로 잡고 사회적 악을 뒤엎고 압제에 반항하기 위해서는 분노가 필요하다. 단 분노가 지나치게 과도하거나 자기 파괴적인 경우에는 옳지 못하다"고 생각한다.

반면 후자를 주장하는 사람은 "화를 무조건적으로 죽음의 벌을 받아 마땅한 죄라고 본다. 화는 철저히 파괴적이고 어떠한 상황에서도 정당화될 수 없으니 우리는 화가 일어나지 않도록 철저히 자신을 다스려야 한다"는 것이다. "화는 불과 같아서 우리를 태울 뿐이고 그 불을 끌 때 우리는 열반에 도달하고 신의 경지에 닿으며 완벽을 얻게 된다"는 것이다.

위 인용문의 필자는 이 두 가지 관점에서 전자를 지지한다. 그는 천안문 사태가 일어났을 때 탱크를 막아선 어떤 중국인의 사진을 보며 그의 '정당한 분노'에 경의를 보낸다. 나도 감히 이 견해에 한 표를 던진다. 분노를 표시할 때는 해야 한다. 오히려 분노를 하지 않을 때 그것은 병이 된다. 병은 개인을 넘어서 사회적인 것이 될 수도 있다. 개인적으로 분노를 표출하지 못하니 속으로 곪아 터져 병이 될 것이 뻔하고, 사회적으로도 불의가 활개를 치니 부패할 수밖에 없기 때문이다.

신화는 솔직 담백하다. 여운을 남기지 않는다. 거칠고 투박하다.

분노를 보는 눈도 마찬가지이다. 분노를 표시할 때는 연막을 치거나 여러 말을 하지 않는다. 앞뒤 재지 않는다. 분노가 일어날 때 그냥 표시하면 그만이다. 인간뿐 아니라 신들도 거침없이 분노를 쏟아낸다. 신화는 그래서 더 매력적이다.

신화학자들은 호메로스의 《일리아스》를 "분노의 책"이라고 말한다. 《일리아스》는 아킬레우스와 아가멤논의 불화에서 시작한다. 그러나 더 엄밀히 말하자면 아가멤논에 대한 아킬레우스의 분노에서 시작한다. 아니, 《일리아스》는 아킬레우스의 분노에서 시작하여 그의 분노로 끝난다. 오죽했으면 호메로스가 《일리아스》의 서두에서 무사 여신에게 "아킬레우스의 분노"를 노래하게 해달라고 간청했을까? 아킬레우스가 분노하게 된 내막은 이렇다.

아킬레우스와 아가멤논의 불화

트로이 전쟁이 발발한 지 어언 10년째. 그리스 군의 총사령관 아가멤논의 막사에 트로이 해안 근처 크리세 섬에 있는 아폴론 신전의 신관 크리세스가 찾아왔다. 그는 아가멤논에게 포로로 잡혀 온 딸 크리세이스를 돌려줄 것을 정중하게 부탁했다. 딸의 몸값으로 아주 많은 보물도 제시했다. 그러나 아가멤논은 일언지하에 그의 요구를 거절했다. 그것도 모자라 노 신관에게 면박까지 주었다. "조용히 꺼지시오. 몸 성히 돌아가고 싶다면 내 화를 돋우지 마시오. 다시 한번 내 눈에 띄는 날이면 가만 두지 않을 것이오."

크리세스는 겁에 질려 집으로 돌아가면서 분노했다. 자식뻘인 아가멤논에게 당한 것에 심한 모욕을 느꼈다. 그는 하늘을 우러러 보며 자신이 모시는 아폴론 신에게 눈물로 하소연했다. "크리세를 다스리시는 위대한 아폴론 신이시여, 제가 지어드린 신전이 마음에 드셨다면, 그동안 제가 드린 제사가 불경스럽지 않았다면, 저를 불쌍히 여겨 그리스 군에게 제 눈물 값을 치르게 하소서!" 아폴론은 평소 아끼던 신관의 기도를 듣고 분노했다. 그는 활과 전통을 메더니 올림포스의 정상에서 트로이로 훌쩍 뛰어내렸다. 이어 그리스 군의 함선 근처에 자리를 잡고 진중으로 역병의 화살을 날리기 시작했다.

아폴론의 화살은 9일 동안이나 그리스 군의 진중을 휘젓고 다녔다. 수많은 군마와 개와 가축들이 죽어 나갔다. 군사들의 시체도 산더미처럼 쌓여 갔다. 열흘째 되는 날 아킬레우스가 장수회의를 소집해 대책을 강구했다. 모두들 아무 말이 없자 예언가 칼카스가 용기를 내 일어나 발언했다. "진중에 역병이 나도는 것은 아폴론 신의 분노 때문입니다. 아폴론 신은 지금 자신의 사제 크리세스 일로 무척 화가 나 있습니다. 아가멤논 왕이 몸값을 받고 그의 딸을 돌려주지 않고, 그를 모욕하여 돌려보냈기 때문입니다."

그 말을 들은 아가멤논은 분기탱천하며 칼카스를 "재앙의 예언자"라고 비난했다. 칼카스가 여태껏 자신에게 좋은 일은 한 번도 예언하지 않았다는 것이다. 그러나 신의 뜻이라는데 어쩌겠는가. 아가멤논은 좌중을 둘러보며 크리세이스를 돌려보낼 테니 그에 합당한 보상을 해달라고 요구했다. 이번에는 아킬레우스가 나서서 그를 설득했다. 이미 전리품은 모두 분배해서 동이 난 상태이니 트로이를 함락한 이후에 세 배, 네 배 보상을 해주겠다는 것이다.

아가멤논의 분노가 다시 폭발했다. 그는 평소 자신을 유달리 까칠하게 대하는 아킬레우스에게 불만이 많았다. 이번 기회에 아킬레우스에게 한번 위엄을 보여야겠다고 생각했다. 자신은 그리스 군 총사령관이 아닌가. "달콤한 말로 얼렁뚱땅해서 넘어가려고 하지 마시오. 당신들은 전리품을 그대로 갖고 있는데 왜 나만 포기해야 하오? 내 분명히 말해 두겠소. 만약 보상이 이루어지지 않으면, 그 대신 당신의 것이든, 아이아스의 것이든, 오디세우스의 것이든 전리품을 대신 가져가겠소."

이 말을 듣고 아킬레우스도 가만히 있을 리 없었다. 그도 평소 전횡을 일삼는 아가멤논에게 할 말이 많았다. 그는 아가멤논에게 그동안 마음속에 쌓아 두었던 분노를 터뜨리며 대꾸했다. "이래서야 어찌 우리가 당신 명령에 따를 수 있겠소? 우리가 이 전쟁에 참여한 것은 트로이 인 때문이 아니었소. 그들은 우리 가축을 약탈해 간 적도 없소. 우리가 이곳에 온 이유는 오직 하나. 헬레네를 납치해 간 트로이 인을 응징하여 당신과 당신의 동생이자 헬레네의 남편인 메넬라오스를 기쁘게 하기 위해서였소. 난 그동안 트로이의 동맹 도시를 함락시킬 때마다 혁혁한 전공을 세웠지만 당신과 동등한 전리품을 받아 본 적이 없소. 그런데 당신은 그것도 모자라 동료의 전리품을 빼앗아 가겠다고 위협하다니! 좋소! 이럴 바에야 내 군사들을 데리고 고향으로 돌아가는 게 낫겠소."

아킬레우스의 말이 끝나기가 무섭게 아가멤논이 그를 조롱하듯

❖ 지오반니 바티스타 티에폴로, 〈아킬레우스의 분노〉 1757
아가멤논의 처사에 분노한 아킬레우스는 허리춤의 칼집에 손을 대고 칼을 뽑아 아가멤논을 죽이려고 하지만 아테나 여신이 뒤에서 그의 머리채를 잡고 제지한다.

대꾸했다. "트로이 인들이 그렇게 무섭다면 제발 도망가시오. 나도 굳이 말릴 생각 없소이다. 내 옆에는 당신이 아니라도 나를 위해 목숨을 걸고 싸워 줄 장수들이 얼마든지 있소. 오히려 잘 됐소. 나는 크리세이스를 아버지에게 보낸 뒤 당신 막사로 가서 당신의 전리품 브리세이스를 데려올 것이오. 군대는 상하가 분명한 법이오. 감히 총사령관인 내게 맞설 생각은 말았어야 하오." 아킬레우스는 아가멤논의 오만한 말을 듣고 거의 이성을 잃었다. 그는 순간적으로 자리에서 일어나 허리춤의 칼집에 손을 대고 칼을 뽑아 아가멤논을 쳐 죽일 것인가, 아니면 분노를 삭이고 참을 것인가 망설였다.

아킬레우스가 마침내 마음을 정하고 막 칼을 뽑으려는 순간 뒤에서 누군가가 그의 금발을 뒤로 잡아당겼다. 아킬레우스가 반사적으로 뒤돌아보니 아테나 여신이 눈을 부릅뜨고 서 있었다. 물론 여신의 모습은 아킬레우스의 눈에만 보였다. 그가 깜짝 놀라 무슨 일이시냐고 묻자 여신이 대답했다. "나는 너의 분노를 진정시키려 하늘에서 급히 내려왔다. 자, 칼을 빼지 말고 아가멤논과의 싸움을 중지해라. 내가 너에게 분명히 약속하겠다. 너는 앞으로 오늘 당한 모욕을 아가멤논에게 세 배로 갚아 줄 것이다."

아킬레우스가 칼집에서 황급히 손을 거두며 그녀의 말에 따르겠다고 하자 아테나 여신은 안심한 듯 올림포스로 다시 돌아갔다. 그러나 아킬레우스의 분노는 아직 다 풀린 것이 아니었다. 그는 일어선 김에 할 말은 마저 해야겠다고 생각하고, 아가멤논을 향해 이렇게 말했다. "당신이 언제 우리 장수들처럼 완전무장한 채 최전방에 나가 싸운 적이 있었나요? 하기야 후방에 남아 당신에게 반대하는 장수의 전리품이나 빼앗느라 바빴겠지요. 그러나 겁쟁이 아가멤논이여, 당신의 횡포도 이번이 마지막이 될 것이오. 당신이 이 아킬레우스를 아쉬워할 날이 반드시 올 것이기 때문이오. 다시 한번 내가 쥐고 있는 이 홀에 대고 맹세하오. 당신은 우리 그리스 군사들이 헥토르의 손에 맥없이 쓰러질 때 발을 동동 구르며 구경만 하며, 나를 모욕한 것을 두고두고 후회할 것이오."

아킬레우스가 이렇게 말하고 홀을 땅바닥에 내던지며 자리에 앉자 아가멤논의 얼굴이 심하게 일그러졌다. 바로 그때 필로스의 왕이자 장수들 중에서 가장 나이가 많은 네스토르가 나섰다. 그는 모든 그리스 병사들의 존경을 한 몸에 받았다. 그는 두 사람을 그대로 뒀다가는 사태가 걷잡을 수 없게 될지 모른다고 생각해 일어나 말했다. "정말 불행한 일이오. 우리 그리스 군에서 제일 용감한 두 분 사이에 불화가 있다는 것이 알려지면 트로이 군이 얼마나 기뻐하겠소. 두 분은 제발 내 말을 경청해 주시오. 아가멤논이여, 비록 당신이 총사령관이기는 하지만 아킬레우스의 여자를 빼앗지 마시오. 그 여자는 처음부터 그에게 할당된 것이니 그대로 두시오. 그리고 아킬레우스여, 당신은 비록 무적의 용사이고 어머니가 여신일지라도 힘으로 아가멤논에게 대들지 마시오. 그가 더 많은 사람들을 다스리니 더 위대하오."

아가멤논의 얼굴에 희색이 돌았다. 그는 똥 묻은 개가 겨 묻은 개를 나무라듯 네스토르의 말 중 자신에게 유리한 부분만 잘라 아킬레우스를 비난했다. 그가 모든 사람들 위에 군림하고, 모든 사람을 지배하고, 모든 사람에게 명령하려 들며, 그것도 모자라 총사령관인 자신에게 함부로 욕설까지 내뱉었다는 것이다. 아킬레우스는 아가멤논과 더 이상 말할 필요를 느끼지 못했다. 그는 아가멤논의 말을 가로 막으며 말했다. "분명히 해둘게 있소. 나는 앞으로 다시는 당신 명령에 따르지 않을 것이오. 만약 그런 일이 벌어진다면 나를 겁쟁이라 불러도 좋소. 자, 나는 브리세이스 때문에 완력을 쓰진 않겠소. 그러나 내 막사나 함선에서 그 여인 이외에 다른 것을 가져간다면 쓰라린 내 창 맛을 보고 말 것이오." 말을 마친 아킬레우스가 부관 파트로클로스를 데리고 자신의 막사로 돌아가 버리자 회의는 자연스럽게 끝이 났다.

아가멤논을 향한 아킬레우스의 분노

아가멤논은 우선 오디세우스를 시켜 크리세이스를 아버지에게 돌려보냈다. 이어 목욕재계하고 측근들과 함께 아폴론에게 성대한 제물을 바치며 자신의 잘못을 빌었다. 또 탈티비오스와 에우리바테스를 아킬레우스의 막사로 보내 브리세이스를 데려오도록 했다. 그들은 아킬레우스의 막사에 도착했지만 아킬레우스가 무서워 차마 아무 말도 꺼내지 못하고 그냥 서 있기만 했다. 그러자 아킬레우스가 부관 파트로클로스를 시켜 그들에게 브리세이스를 내어주도록 했다.

아킬레우스는 마지못해 끌려가는 브리세이스를 보고 가슴이 아팠다. 끓어오르는 분노를 주체할 수 없었다. 그는 쓸쓸한 마음을 달래려 바닷가로 가서 어머니인 바다의 여신 테티스를 부르며 울분을 토로했다. "어머니, 어머니께서는 저를 단명하게 낳으셨으니, 제우스 신께서는 제게 명예만이라도 주셨어야 했습니다. 그러나 제우스 신은 제게 그럴 생각이 없으신 모양입니다. 아가멤논이 저를 모욕하고 제 전리품을 빼앗아 갔으니 말입니다."

바다 깊은 곳에서 아들의 울음소리를 듣고 테티스가 바닷가로 올라왔다. 그녀가 아들에게 슬피 우는 까닭을 묻자 그가 사건의 자초지종을 말해 주며 자신의 명예를 회복시켜 달라고 애원했다. 그녀는 눈물을 흘리며 대답했다. "아, 내 아들아. 이런 불행을 당하게 하려고 내가 너를 낳았단 말이냐? 명도 짧은 네가 이런 모욕을 당하다니 정말 슬프구나. 앞으로는 절대 회의나 전투에는 관여하지 마라. 지금 당장이라도 제우스 신을 만나 너의 일을 부탁하고 싶다만 지금 제우스 신은 다른 신들을 대동하고 에티오피아에 가셨다. 앞으로 12일 후에나 돌아오실 것이다. 그때 내가 직접 제우스 신을 찾아뵙고 너의 모욕을 갚아 줄 방도를 찾아 보겠다."

그 사이 크리세 섬에 도착한 오디세우스는 크리세이스를 아버지 크리세스에게 인도한 다음 그곳에서도 아폴론을 위해 성대한 제사를 지냈다. 그들이 그리스 군의 진지로 돌아오자 거짓말처럼 역병이 물러갔다. 그러나 아킬레우스는 여전히 막사에 틀어박혀 분노를 삭이고 있었다. 그는 어머니가 시킨 대로 회의장에도 싸움터에도 나타나지 않았다.

어느 덧 12일이 지나 제우스가 신들과 함께 올림포스로 돌아오자 테티스가 급히 그를 찾아가 무릎을 꿇고 애원했다. "제우스 신이시여, 제 소원을 들어주소서. 제 아들 아킬레우스는 그리스 장수들 중 가장 먼저 요절할 운명을 갖고 태어났습니다. 그러나 아가멤논이 그를 모욕하고 그의 전리품을 빼앗아 갔습니다. 그의 명예를 회복해 주십시오. 아가멤논이 그에게 전보다 큰 존경심을 표할 때까지 트로이 군에 승리를 내려주소서." 제우스가 테티스의 말을 듣고도 아무 대꾸가 없자 그녀는 애가 닳았다. 그녀는 그에게 더욱 바싹 다가가 무릎을 부여잡고 제발 자신의 부탁을 들어 달라고 매달렸다. 그래도 아무 반응이 없자 쿠데타가 일어나 위기에 몰린 제우스를 자신이 도와준 일을 상기시켰다.

헤라가 아폴론과 포세이돈을 부추겨 남편이자 신들의 왕 제우스에게 반기를 든 적이 있었다. 그들은 침대에 누워 있는 제우스를 급

❖ 장 오귀스트 도미니크 앵그르, 〈아가멤논의 사절단을 맞는 아킬레우스〉 19세기
아가멤논은 아킬레우스를 달래기 위해 오디세우스를 단장으로 하는 화해의 사절단을 그의 막사로 보내지만 아킬레우스의 분노는 사그라들 줄 몰랐다.

습하여 제압하고 100개의 매듭을 지어 묶었다. 제우스는 졸지에 옴짝달싹 못하는 신세가 되고 말았다. 쿠데타는 거의 성공하는 듯했다. 그들은 제우스를 동굴에 가두고 권력배분 문제로 회의를 벌이고 있었다. 그러나 서로가 신들의 왕의 자리에 욕심을 내는 터라 결론이 나지 않았다. 그들이 언성을 높이며 옥신각신하는 사이 회의장 곁을 지나가던 테티스가 그들의 얘기를 엿들었다. 그녀는 재빨리 타르타로스로 내려가 티탄 신들을 지키고 있는 헤카톤케이레스 삼형제를 찾았다. 그들 중 브리아레오스가 테티스를 따라와 제우스가 갇혀 있는 동굴로 가서 제우스의 몸을 감고 있는 포승줄을 단숨에 풀어 버렸다. 헤카톤케이레스가 누구였는가. 손이 100개 달린 거인이 아니었던가. 제우스가 자유의 몸이 되어 찾아갔을 때도 헤라, 포세이돈, 아폴론은 여전히 다투고 있었다.

제우스는 테티스가 이렇게 쿠데타가 일어났을 때 자신이 세운 공적을 내세우며 재차 하소연하자 비로소 머리를 끄덕이며 대답했다. "그 일이라면 내가 잘 알아서 이루어지도록 하겠소. 자, 이제 내가 머리를 끄덕인 이상 그대는 믿어도 좋소."

이후 그리스 군은 트로이 군과 전쟁을 벌일 때마다 연전연패했다. 그리스 군은 모두 그게 아킬레우스가 전투에서 발을 뺐기 때문이라고 생각했다. 또다시 네스토르가 나섰다. 그는 아가멤논의 잘못을 지적하며 아킬레우스를 달래 보라고 권유했다. 그동안 전투에서 입은 손실이 너무 컸던지라 아가멤논도 자신의 잘못을 시인하며 말했다. "네스토르여, 당신은 나의 실수를 사실대로 지적해 주었소. 내가 어리석었음을 부인하지 않겠소. 내가 거만한 마음에 어리석은 짓을 저질렀으니 이를 바로잡기 위해 무엇이라도 아끼지 않겠소."

아가멤논은 이렇게 말하며 아킬레우스에게 브리세이스를 돌려줄 뿐 아니라 많은 보상금을 지불하겠다고 약속했다. 그는 보상금으로 한 번도 쓰지 않은 세발솥 7개, 황금 10탈란톤, 가마솥 20개, 힘센 말 12필, 수공예에 능한 여인 7명, 트로이 여인 20명을 제시했다. 그는 브리세이스를 손끝 하나 건드리지 않았다는 말도 덧붙였다. 오디세우스, 아이아스, 포이닉스가 화해 사절단이 되어 아킬레우스를 찾아갔다.

아킬레우스는 자꾸만 자신을 설득하려는 오디세우스에게 냉랭하게 말했다. "불필요한 오해가 일어나지 않도록 분명히 말하겠소. 아가멤논은 결코 내 맘을 돌릴 수 없을 것이오. 그는 내가 아무리 죽도록 싸워 보았자 고맙게 여기지 않을 것이기 때문이오. 후방에서 놀고 있는 자나 전방에서 열심히 싸우는 자나 똑같은 전리품을 받고, 비겁한 자나 용감한 자나 똑같은 명예를 누리고 있는 현실이 안타까울 뿐이오. 아가멤논은 후방에서 놀면서 막대한 전리품을 챙기는 것도 모자라서 내 전리품도 빼앗은 파렴치한 자요. 내가 어찌 그를 위해 싸워야 한다는 말이오. 난 곧 제우스 신께 제물을 바치고 부하들을 데리고 고향으로 떠날 참이오."

결국 아가멤논의 화해 사절단은 아킬레우스의 분노를 풀지 못한 채 빈손으로 돌아왔다. 그리스 군은 계속되는 전투에서 트로이 군의 파상 공격을 막아내지 못하고 쩔쩔맸다. 해안에 올려 놓은 함선을 둘러싼 방벽이 뚫려 함선이 불에 탈 정도였다. 절대 위기의 순간에 다시 네스토르가 나섰다. 그는 급히 아킬레우스의 절친한 친구 파트로클로스를 불러 부탁했다. 마지막으로 아킬레우스를 설득해서 싸움터로 불러내거나 아니면 그의 무구를 빌려 입고 잠깐만이라도 전세를 뒤집어 한숨을 돌려 반격할 시간을 벌게 해달라는 것이다.

파트로클로스가 울며 애원하자 마침내 아킬레우스의 얼어붙은 마음이 서서히 풀리기 시작했다. 그러나 그는 자신이 직접 전투에 참여할 생각은 없다는 점을 분명히 했다. 대신 파트로클로스에게 자신의 무구와 군사를 내주며 이렇게 말했다. "나는 내 함선이 공격을 받지 않는 한 내 분노를 풀 생각이 절대 없네. 그러나 절친한 자네의 부탁을 듣고 보니 가만히 있을 수만은 없네. 자, 내 무구를 받아 입고, 내 부하들을 이끌고 나가 트로이 군을 방벽에서 몰아내게. 그러나 명심하게. 트로이 성벽 가까이 적진 너무 깊숙이 가지 말게. 방벽에서 적들을 몰아내고 함선을 구하는 대로 즉시 막사로 돌아오게."

파트로클로스가 아킬레우스의 무구를 걸치자 영락없는 아킬레우스였다. 트로이 군은 아킬레우스가 갑자기 군사들을 이끌고 나타나자 혼란에 빠졌다. 그들은 혼비백산하여 트로이 성을 향해 줄행랑을 치기에 바빴다. 파트로클로스는 그걸 보고 신이 났다. 그는 아킬레우스의 경고도 잊은 채 그들을 쫓아 부하들과도 떨어져 적진 깊숙이 들어갔다가 그만 트로이의 맹장 헥토르와 마주치고 말았다. 그는 후퇴하려했지만 이미 퇴로는 막혀 있었다. 진퇴양난에 빠진 파트로클로스가 용감하게 헥토르에게 달려들었다. 그러나 그는 헥토르의 적수가 되지 못했다. 그는 몇 합 싸우지도 못하고 헥토르의 칼에 목숨을 잃고 말았다.

트로이 군의 사기가 다시 충천했다. 그리스 군이 총공세를 펼쳐 간신히 파트로클로스의 시신을 탈환해 왔지만 아킬레우스의 무구는 이미 사라진 채였다. 헥토르가 미리 전리품으로 챙겨 트로이 성 안으로 후송했기 때문이다. 아킬레우스는 파트로클로스의 시신을 보고 엄청난 분노에 사로잡혔다. 이전에 그의 분노는 아가멤논을 향한 것이었다. 그러나 이제 그 분노는 봄눈처럼 사라졌다. 그 대신 이전 것보다 몇 배 더 강한 새로운 분노가 불타올랐다. 그건 바로 친구를 죽인 헥토르에 대한 분노였다.

헥토르를 향한 아킬레우스의 분노

그날 저녁 아킬레우스는 다시 바닷가로 가서 죽은 친구를 생각하며 대성통곡을 했다. 너무 고통스러운 나머지 어머니의 포근한 품속이 그리웠던 것이다. 그의 포효하는 울음소리를 듣고 다시 어머니 테티스가 나타났다. 그는 아들의 머리를 쓰다듬으며 말했다. "친구의 원수를 갚는 것은 참 아름다운 일이다. 그러나 잠깐만 기다려라. 너의 무구는 지금 헥토르의 손에 있다. 그러니 내일 아침 동이 틀 때까지 헤파이스토스에게 부탁하여 무구를 만들어 오겠다."

이튿날 아침 아킬레우스는 아가멤논에게는 미리 아무 조건 없이 전투에 복귀하겠다고 통고했다. 이어 어머니 테티스가 새벽녘에 갖다 준 무구를 걸친 다음 군사들을 이끌고 트로이 군에게 파상공세를 펼치기 시작했다. 그리스 군 방벽 근처에서 주둔해 있던 트로이 군은 아킬레우스를 보자 허겁지겁 뒤로 도망치기에 바빴다. 트로이 군은 많은 사상자를 내고 성 안으로 모두 몸을 숨겼지만 헥토르는 성문 앞에 말을 타고 버티고 서서 아킬레우스를 기다렸다. 성문 위에서는 아버지 프리아모스와 어머니 헤카베 그리고 아내 안드로마케가 그를 향해 빨리 성 안으로 들어오라고 아우성을 쳤지만 헥토르는 꿈적도 하지 않았다.

멀리서 아킬레우스가 혼자 말을 몰고 그에게 다가왔다. 헥토르는 아킬레우스를 기다리는 동안 온갖 상념에 사로잡혔다. 어떤 때는 용기백배하여 자신감으로 불타올랐다가도, 다른 때는 성 안으로 숨을 생각도 해보았다. 그러나 겁쟁이라는 말을 듣기는 죽기보다

싫었다. 아킬레우스가 창을 휘두르며 점점 가까이 다가왔다. 두 사람 사이의 간격이 얼굴을 식별할 정도로 좁혀졌다. 헥토르는 갑자기 겁이 났다. 그는 본능적으로 달아나기 시작했다. 아킬레우스가 그의 뒤를 쫓아 왔다. 그들은 쫓고 쫓기는 추격전을 벌이며 트로이 성을 세 바퀴나 돌고서야 멈추어 섰다.

헥토르가 죽음을 예감한 것일까? 그는 일대일 대결을 벌이기 전 아킬레우스에게 제안을 하나 했다. 누구든지 승리하는 자는 패배한 자의 무구를 벗긴 다음 시신은 욕보이지 않은 채 상대방 진영에 넘기자는 것이다. 그러자 아킬레우스가 헥토르를 노려보며 대답했다. "헥토르여, 내 친구를 죽인 당신이 어떻게 내게 약속 운운할 수 있는가? 사자와 사람 사이에 맹약이 있을 수 없듯이, 늑대와 새끼 양이 서로 어울려 지낼 수 없듯이, 당신과 나는 친구가 될 수 없으며 맹약을 맺을 수 없다. 둘 중 하나가 쓰러져 죽을 때까지 싸울 뿐이다."

아킬레우스가 이렇게 말하며 헥토르를 향해 창을 던졌다. 헥토르가 말 위에서 잽싸게 몸을 앞으로 숙이자 창은 헥토르의 머리 위를 지나 땅에 꽂혔다. 아테나 여신이 헥토르 몰래 땅에서 얼른 창을 뽑아 아킬레우스에게 슬며시 건네주었다. 그 순간 헥토르의 창이 날아와 아킬레우스의 방패 한 복판을 맞혔지만 창은 방패를 뚫지 못하고 튕겨 나왔다. 실망한 헥토르가 칼을 뽑아 휘두르며 아킬레우스에게 덤벼들었다. 아킬레우스도 창을 들고 맞은편에서 그를 향해 달려왔다.

두 사람이 말을 타고 잽싸게 스치고 지나갔다. 순간 헥토르의 칼은 허공을 가로질렀지만 아킬레우스의 창은 헥토르의 목덜미를 정확하게 관통했다. 헥토르가 맥없이 땅에 떨어져 널브러졌다. 그는 금방이라도 숨이 넘어갈 듯 헐떡거리면서도 사력을 다해 아킬레우스에게 자신의 시신을 가족에게 보내 달라고 간청했다. 그러나 아직도 분노가 풀리지 않은 아킬레우스가 그를 무섭게 노려보며 대답했다. "이 개자식아, 넌 내게 부탁할 자격이 없다. 네 소행을 생각하면 분하고 괘씸해서 네 살을 오독오독 날로 씹어 먹고 싶은 심정이다. 난 네 시신을 개 떼나 새 떼의 먹이로 던져 줄 참이다. 네 아버지 프리아모스가 몸값으로 네 몸무게만큼의 황금을 가져와도 네 시신은 절대 돌려주지 않을 것이다."

아킬레우스가 말을 채 끝내기도 전에 헥토르는 이미 고개를 떨어뜨리고 숨을 거두었다. 아킬레우스는 기다렸다는 듯이 얼른 헥토르의 목에 꽂혀 있는 창을 뽑아 곁에 놓고, 피투성이가 된 그의 무

✣ 프란츠 마츠, 〈트로이 성문 앞에서 헥토르의 시신을 끌고 가는 아킬레우스〉 1892
친구를 잃은 아킬레우스의 분노의 화살은 헥토르를 겨누었다. 아킬레우스는 헥토르를 죽이고도 분노를 억누르지 못하고 그의 시신을 욕보인다.

구를 벗겨낸 다음 몰려든 부하들에게 외쳤다. "그리스 병사들이여, 마침내 트로이의 자존심 헥토르가 쓰러졌다. 이제 트로이는 함락된 것이나 다름없다. 자, 승전가를 높이 부르며 진지로 돌아가자!"

그 순간 헥토르에게 치욕적인 일이 될만 한 생각이 아킬레우스의 뇌리를 스치고 지나갔다. 그는 갑자기 헥토르의 시신 옆에 퍼질러 앉더니 헥토르의 혁대를 풀어 시신의 두 발을 묶은 다음 전차 뒤에 매달았다. 이어 헥토르의 무구를 전차 위에 올려 놓은 다음 자신도 올라 말에 채찍질을 했다. 헥토르의 시신이 끌려가자 곱던 그의 머리는 먼지투성이가 되었고, 단정하기만 했던 검푸른 머리칼은 산발한 채 사방으로 휘날렸다. 트로이 성에서 그 광경을 지켜보던 가족들은 오열하기 시작했다. 헥토르의 어머니 헤카베는 머리칼을 쥐어뜯으며 통곡했고, 아버지 프리아모스는 애써 그 장면을 외면했으며, 나중에야 남편의 전사 소식을 듣고 급히 성루로 올라온 아내 안드로마케는 혼절했다. 성 안의 백성들도 그 소식을 듣고 모두 비명을 지르며 울부짖었다.

프리아모스가 아킬레우스를 찾아가다

헥토르의 시신을 질질 끌고 막사로 돌아온 아킬레우스는 그제야 파트로클로스의 장례를 성대하게 치러 주었다. 그러나 아직 아킬레우스의 분노가 모두 풀린 것은 아니었다. 그는 친구가 그리워 잠을 못 이룰 때면 한참을 울다가 밖으로 뛰쳐나갔다. 이어 헥토르의 시신을 전차 뒤에 매달고 친구의 무덤 주위를 세 바퀴 돌고나서야 직성이 풀렸다.

아킬레우스가 헥토르의 시신을 욕보이는 것을 보고 아폴론 신은 안타까웠다. 그는 트로이에 호감을 갖고 있었다. 자신이 트로이 성벽을 쌓은 장본인이었기 때문이다. 헤라의 쿠데타가 진압된 후 그는 제우스에 의해 포세이돈과 함께 트로이로 귀양을 갔다. 신의 지위를 잃고 인간의 몸으로 1년 동안 라오메돈 왕에게 봉사하기 위해서였다. 그때 그들은 라오메돈 왕을 위해 트로이 성벽을 쌓아 주었던 것이다. 그래서 그는 트로이에 강한 애착을 갖고 있을 수밖에 없었다. 그는 아킬레우스가 헥토르의 시신을 끌고 다녀도 전혀 훼손되지 않게 조처했다.

그러나 12일 동안이나 헥토르의 시신이 모욕을 당하자 아폴론은 더 이상 참을 수 없었다. 그는 신들의 회의를 소집하여 불편한 심기를 노골적으로 드러냈다. "신들이시여, 정말 무정도 하십니다. 헥토르가 언제 당신들에게 제물 바치는 것을 게을리 한 적이 있었나요? 왜 당신들은 헥토르의 가족들이 그의 장례를 치를 수 있도록 허락하지 않는 거죠? 그건 죽은 자가 마땅히 받아야 하는 예우 아닌가요?"

아폴론의 항의를 듣고서야 비로소 제우스가 나섰다. 그는 무지개 여신 이리스를 보내 테티스를 불러 아들을 달래 헥토르의 시신을 가족에게 돌려 보내도록 하라고 주문했다. 또 헤르메스를 헥토르의 아버지 프리아모스에게 보내 충고했다. 몸값을 갖고 아킬레우스를 찾아가 아들의 시신을 돌려달라고 간청하라는 것이다. 제우스의 전갈을 들은 프리아모스는 많은 보물을 마차에 싣고 아킬레우스의 막사에 무사히 도착했다. 그는 헤르메스의 도움으로 전혀 그리스 군의 제지를 받지 않았다.

프리아모스가 갑자기 찾아오자 아킬레우스는 무척 놀랐다. 프리아모스가 사정을 설명하며 무릎을 꿇고 아킬레우스의 무릎을 부여잡았다. 그는 아들을 죽인 그의 손에 입을 맞추며 애원했다. "고귀한 아킬레우스여, 나와 동년배인 당신의 아버지를 생각해 나를 불쌍하게 생각해 주시오. 그분은 아무리 힘들어도 희망이 있소. 트로이에서 돌아올 아들 당신이 있으니까 말이오. 그러나 나는 정말 불행한 사람이오. 내겐 많은 아들들이 있었지만 모두 잃고 마지막 남은 헥토르마저 최근에 당신 손에 죽고 말았소. 그러니 아킬레우스여, 당신 아버지를 생각하여 나를 제발 동정해 주시오. 아들을 죽인 사람 앞에 무릎을 꿇고 그의 손에 입을 맞추는 아버지의 심정을 좀 헤아려 주시오."

프리아모스의 간절한 부탁에 아킬레우스의 마음도 움직였다. 그는 먼저 파트로클로스의 무덤을 찾아가 헥토르의 시신을 아버지에게 내주어도 원망하지 말아 달라고 기도했다. 이어 헥토르의 시신을 깨끗하게 씻고 기름을 바른 다음 프리아모스에게 넘겨주었다. 그는 12일 동안 휴전을 선포하여 헥토르의 장례를 도왔다.

❖ 알렉산드 안드레예비치 이바노프, 〈아킬레우스에게 헥토르의 시신을 돌려달라고 간청하는 프리아모스〉 1824

헥토르의 아버지 프리아모스는 죽음을 각오하고 아킬레우스를 찾아가 아들의 시신을 돌려달라고 간청한다. 그제야 아킬레우스는 분노를 누그러뜨리고 헥토르의 시신을 돌려주고 그의 장례를 위해 12일간의 휴전을 선포한다.

분노해야 할 때 분노해야 한다

《일리아스》에는 아킬레우스의 분노뿐 아니라 딸을 빼앗긴 아폴론 신전의 사제 크리세스의 분노, 아폴론의 분노, 아가멤논의 분노, 아들을 잃은 헥토르 가족의 분노 등 온갖 분노가 서로 교차하고 있다. 그러나 그중 단연 백미는 아킬레우스의 분노이다. 나는 《일리아스》를 읽을 때마다 아킬레우스의 분노에 박수갈채를 보낸다. 그의 분노는 타협을 모르고 솔직담백하기 때문이다.

아킬레우스는 아가멤논이 크리세이스를 아버지에게 돌려보내는 대신 자신이나 아이아스, 오디세우스의 전리품을 가져가겠다고 하자 즉각 분노를 표시하며 이의를 제기한다. 오디세우스와 아이아스는 아무 말도 하지 못하고 있을 뿐이다. 또 절친한 친구 파트로클로스가 헥토르의 손에 죽자 그의 분노는 헥토르에게로 향한다. 그는 친구를 위해 아가멤논에 대한 분노를 바람결에 날려 버린다. 대의를 위해 소의를 버린 것이다.

볼프강 페터슨 감독의 영화 〈트로이〉는 이런 아킬레우스의 분노를 더욱 클로즈업하고 있다. 아킬레우스는 파트로클로스가 전사하자 즉시 마부도 없이 단신으로 마차를 몰고 트로이 성문 앞으로 나가 헥토르를 부른다. 걸어 잠근 성문 밖에 정적만이 흐르고 있는 가운데 트로이 성 안으로 분노에 찬 그의 고함소리가 섬뜩하게 들려온다. "헥토르! 헥토르!" 고함소리가 얼마나 크게 울리는지 성안의 모든 병사들이 몸서리를 칠 정도이다. 마치 싸움을 앞둔 사자가 포효하는 것 같다. 그의 고함소리는 헥토르가 성밖으로 나올 때까지 트로이 성을 공포로 몰아넣는다.

김광규 시인이 쓴 〈희미한 옛사랑의 그림자〉라는 시가 있다. 이 시는 학생시절 4.19민주화운동을 맞아 학생운동을 하며 불의에 맞서 싸우던 친구들이 18년 만에 만나 느끼는 회한을 담고 있다. 시인은 그 시절 "불도 없는 차가운 방에 앉아", "혜화동 로타리에서 대포를 마시며" "결론 없는" "열띤 토론을 벌이며" "때 묻지 않은 고민을 했던" 시절을 생각한다. 그 당시 친구들은 "아무도 귀 기울이지 않는" 운동가요를 부르며 "그 무엇인가를 위해서 살리라 믿었던 것이다."

그러나 18년이 지나고 만난 친구들의 모습은 어떠한가. "이젠 아무도 노래를 부르지 않았다." "회비를 만원씩 내고 / 처자식들의 안부를 나누고 / 월급이 얼마인가 서로 물었다 / 치솟는 물가를 걱정하며 / 즐겁게 세상을 개탄하고 / 익숙하게 목소리를 낮추어 / 떠도는 이야기를 주고받았다" 그렇게 친구들은 "적잖은 술과 비싼 안주를 남긴 채" "달라진 전화번호를 적고 헤어졌다 / 몇이서는 포커를 하러 갔고 / 몇이서는 허전하게 동숭동 길을 걸었다"

이렇게 변해 버린 친구들의 모습을 회상하며 시인은 두 번이나 "부끄럽지 아니한가"를 되까린다. 시인이 부끄러워한 것은 무엇이었을까? 혹시 분노해야 할 때 분노하지 못하는 무딘 존재로 변해 버린 자신의 모습이 부끄러웠던 것은 아닐까? 정당한 분노조차도 느낄 수 없는 무감각한 생활기계로 전락해 버린 자신의 모습이 부끄러웠던 것은 아닐까?

광기

—
창조적
에너지의
원천

넉 달 동안 헨델은 힘없이 살았다. 힘은 그의 생명이었다. 그의 몸 오른쪽은 마비되어 있었다. 걸을 수도 쓸 수도 없었고, 오른손으로는 피아노 건반을 두드려봤자 소리 내는 것조차 불가능했다. 말도 할 수 없었다. 전신이 일그러져 있었고 입술 또한 무섭도록 일그러져 차라리 비스듬히 매달려 있다고 하는 편이 맞았다. …… 의사는 마침내 - 음악가는 분명히 치료 불능으로 보였다 - 환자를 아헨의 뜨거운 온천지로 보낼 것을 권했다. 어쩌면 온천욕이 약간의 차도를 가져올지도 모른다는 것이었다. ……

아헨에서 의사들은 온천수에 세 시간 이상 몸을 담그고 있으면 안 된다고 강력하게 경고했다. 심장이 견딜 수 없을 것이라고, 어쩌면 죽을지 모른다고 경고했다. 그러나 의지력은 삶을 위해, 삶의 가장 거친 열망, 치유를 위해 죽음을 맞섰다. 헨델은 매일매일 아홉 시간씩 온천수 속에 들어가 있었다. 의사들은 놀라 기겁을 했지만, 의지력과 더불어 체력도 점점 강해졌다. 1주일이 지나자 비록 끄는 정도였지만 헨델은 다시 걸을 수 있게 되었다. 2주가 지나자 팔도 움직일 수 있게 되었다. 의지력과 자신감의 승리였다.

슈테판 츠바이크, 《광기와 우연의 역사》

광기, 창조적 에너지의 원천

헨델이 중풍으로 쓰러진 것은 그의 나이 쉰둘 때였다. 갑자기 몸 오른쪽 기능이 모두 마비되었다. 반신불수가 된 것이다. 모두들 그가 치료될 것이라고는 생각하지 않았다. 이제 그는 끝났다고 생각했다. 그러나 그는 온천욕 치료로 기적적으로 다시 일어섰다. 말끔히 예전의 건강을 회복했다. 아니, 다시 "건강해진 헨델은 폭발적인 열정과 두 배나 강해진 광포한 열광으로 즉시 작업에 덤벼들었다." "오랫동안 막혀 있던 샘에서 한꺼번에 샘물이 터져 나오듯" 끝없는 "창조적 열광"에 사로잡혔다. 이때 작곡한 것이 바로 불멸의 작품 〈메시아〉이다.

어디 중풍이 쉽게 회복될 수 있는 병인가? 그것도 의학이 발달하지 못한 18세기에 말이다. 무엇이 그를 자신의 말대로 "지옥"에서 살아 나오게 만들었을까? 그건 상식으로는 이해할 수 없다. 오직 "창조적 열광"으로만 설명할 수 있을 뿐이다. "창조적 열광"은 무엇인가. 다른 사람들이 모두 불가능하다고 포기하는 일을 밀고 나가는 그야말로 광적인 힘이다. 미친 짓이라고 비난해도 굽히지 않는 불굴의 의지이다. 불가능에서 가능성을 만들어 내는 '창조적 광기'이다. 헨델을 보라. 보통 사람이 세 시간 동안 앉아 있으면 지쳐 나가는 온천에 무려 아홉 시간이나 버티고 있지 않았는가! 아홉 시간 동안 그는 무슨 생각을 했을까? 죽음의 신 타나토스와 내내 사투를 벌이다가 승리한 것은 아닐까?

헨델의 이야기를 읽고 있노라면 정민의 《미쳐야 미친다》에 나오는 구절이 생각난다. "불광불급不狂不及이라고 했다. 미치지 않으면 미치지 못한다는 말이다. 남이 미치지 못할 경지에 도달하려면 미치지 않고는 안 된다. 미쳐야 미친다. 미치려면[及] 미쳐라[狂]. 지켜보는 이에게 광기狂氣로 비칠 만큼 정신의 뼈대를 하얗게 세우고, 미친 듯이 몰두하지 않고는 결코 남들보다 우뚝한 보람을 나타낼 수 없다." 그리스 신화에도 헨델처럼 "창조적 열광"에 휩싸인 채 불광불급의 정신을 실천한 사람이 있다. 바로 조각가 피그말리온이다.

조각상에 생명을 불어넣은 피그말리온

피그말리온은 독신으로 살기로 결심한 조각가이다. 여성에게는 결점이 너무 많다고 생각했기 때문이다. 그 대신 그는 상아로 아름다운 여인상을 조각했다. 작품은 완벽했다. 살아 있다는 착각을 일으킬 정도로 정교하고 생동감이 넘쳤다. 피그말리온은 날마다 아름다운 조각상을 보며 감탄하다가 그만 그녀와 사랑에 빠지고 말았다.

그는 조각상을 연인으로 생각하여 틈만 나면 어루만지며 사랑의 감정을 키워 갔다. 때로는 바닷가에서 조개껍질을 주워 선물했으며, 예쁜 꽃을 한아름 안겨주기도 했다. 그런가 하면 멋진 옷을 입혀 주고, 손가락에 금반지를 끼워 주고, 목에 금목걸이를 걸어 주기도 했다. 밤이 되면 피그말리온은 그녀에게 팔베개를 해주며 정답게 말을 건넸다. 그러나 열릴 듯한 그녀의 입술은 여전히 굳게 닫혀 있었고, 살결은 차디찬 상아에 불과했다. 그래서 그는 언제나 마음이 허전하고 쓸쓸했다.

그러던 어느 날 사랑의 여신 아프로디테를 기념하는 축제가 벌어졌다. 사람들은 여신의 신전에 온갖 제물을 바치고 소원을 빌었다. 피그말리온도 정성껏 마련한 제물을 드리고 여신께 이렇게 간절하게 기도했다. "여신이여, 바라건대 저 상아 처녀를 제 아내가 되게 하소서."

집으로 돌아온 피그말리온은 여느 때처럼 조각상에 다가가 볼에 키스를 했다. 그런데 차가웠던 살결에서 따뜻한 온기가 느껴지는 게 아닌가! 깜짝 놀라 눈을 들어 얼굴을 바라보니 여인의 양 볼이 수줍은 듯 빨갛게 물들어 있었다. 피그말리온의 간절한 기도가 아프로디테의 마음을 움직인 것이다. 여신의 축복 속에 피그말리온은

✤ 장-예론 제옴, 〈피그말리온과 갈라테이아〉 1890
사람의 마음은 기적을 이룰 수 있는 엄청난 에너지를 갖고 있다. 조각가 피그말리온이 혼이 없는 조각상에 생명을 불러일으켰듯이 간절한 기대는 반드시 현실로 이루어진다.

인간이 된 여인 갈라테이아와 부부로 맺어졌다.

'피그말리온 효과'라는 게 있다. 조각가 피그말리온이 혼이 없는 조각상에 생명을 불러일으켰듯이 간절한 기대는 반드시 현실로 이루어진다는 뜻이다. 사람의 마음은 기적을 이룰 수 있는 엄청난 에너지를 갖고 있다. 피그말리온처럼 애틋하게 피를 말리듯 갈구하면 불가능한 것도 가능하게 만들 수 있다.

미국의 심리학자 로젠탈과 교육학자 제이콥슨은 이 이론을 학교 교실에 적용했다. 그들이 집필한 《피그말리온 효과》에 의하면 교사의 간절한 기대와 믿음은 학생의 자신감과 성적향상에 큰 영향을 준다. "교사는 교실 안의 피그말리온"이라는 것이다. "칭찬은 고래도 춤추게 만든다"는 구절을 생각나게 하는 말이다.

작품으로 승화된 노 괴테의 광적인 사랑

슈테판 츠바이크는 《광기와 우연의 역사》에서 창조적 광기에 사로잡힌 6명 역사적 인물의 삶을 추적하고 있다. 헨델을 비롯하여 동로마제국 비잔티움을 정복한 마호메트 2세, 태평양을 발견한 발보아, 《마리엔바트 비가》를 작곡한 괴테, 최초로 미국과 영국을 잇는 대서양 횡단 해저 케이블을 설치한 미국의 사업가 사이러스 필드, 아문센에 이어 두 번째로 남극을 정복한 스콧이 바로 그들이다. 모두들 신에 버금가는 엄청난 추진력을 갖고 있던 인물들이다. 이 책은 총 12명을 다루고 있지만 나머지 6명은 우연과 관계된 인물들이다.

늙은 괴테가 경험한 마지막 사랑도 창조적 광기에 대한 좋은 예이다. 그러나 그 성격이 헨델을 비롯한 나머지 사람들과는 사뭇 다르다. 다른 사람들은 불굴의 의지와 믿음을 강조했다면 괴테는 위험스런 사랑의 광기를 예술작품으로 승화시켰다.

늙은 괴테는 마리엔바트라는 도시에서 74세의 나이에 19세의 울리케라는 소녀를 사랑하게 되었다. "15년 전의 그는 울리케의 어머니를 사랑하고 숭배했다. 불과 1년 전만 해도 울리케는 그에게 있어 '꼬마'였다. 그는 아버지 같은 말투로 그녀를 놀리곤 했었다. 그런데 이제 애착이 정열로 변해 스스로를 사로잡았다." 지금까지 한 번도 이런 정열에 사로잡힌 적이 없었다. 그건 바로 사랑이란 이름의 광기였다. 괴테는 "산책로에서 깔깔거리는 그녀의 목소리를 듣기만 해도 하던 일을 팽개친 채 모자도 지팡이도 없이, 그 명랑한 아가씨에게로 달려갔다."

사랑의 열정으로 고통스러워하던 괴테는 마침내 오랜 친구 대大공작에게 중매를 부탁했다. 그러나 둘이 어디 맺어질 수 있는 나이인가? 시간을 두고 생각해 보자는 말만 전해질 뿐 울리케 어머니의 정확한 대답은 알 수 없다. 그녀는 괴테가 노망이 들었다고 생각했을 것이다. 다만 대문호 괴테의 위신을 생각해서 완곡하게 거절한 것이리라. 그 후 울리케의 어머니는 거처를 조용히 카알스바트로 옮겼다. 그래도 괴테는 미련을 버리지 못하고 카알스바트로 사랑하는 사람을 쫓아갔다. 그러나 여기서도 괴테는 그녀의 확실한 대답을 얻지 못했다.

한참 뒤 괴테는 드디어 울리케의 작별 키스를 받고서야 회한에 젖었다. 집안 식구들은 나를 뭐라고 할까? 세상 사람들은? 그리고 작별 키스는 연인으로 해준 것일까, 아니면 딸로서 해준 것일까? 울리케는 나를 조금이라도 사랑한 것일까? 그녀와 맺어진다 해도 내년에 다시 볼 수 있었을까? 스스로에게 수많은 질문을 하면서 괴테는 이별의 고통에 몸서리쳤다.

바로 그 순간 괴테의 머릿속에 갑자기 시적 영감이 떠올랐다. 그건 바로 울리케에 대한 질풍노도 같은 사랑의 감정이었다. 그것은 거절당했다고 해서 금세 사라져 버릴 성질의 것이 아니었다. 그는 바이마르로 가는 마차 안에서 생각나는 대로 떠오르는 영감을 적어갔다. 바이마르로 도착한 뒤에도 그는 계속 원고에 매달려 드디어 《마리엔바트 비가》를 완성했다. 그러자 사랑과 이별의 아픔이 거짓말처럼 말끔하게 치유되었다. 괴테는 사랑의 광기를 문학작품으로 승화시킨 것이다. 사랑의 광기가 부정적인 방향으로 흐를 수 있는 가능성은 얼마든지 있다. 괴테가 질풍노도 시절에 쓴 《젊은 베르테르의 슬픔》을 보라. 주인공 베르테르는 로테와의 이룰 수 없는 사랑에 절망하여 권총으로 자살하지 않는가?

광기의 주인이 될 것인가, 노예가 될 것인가

그리스 신화에도 괴테처럼 광기를 창조적으로 승화시킨 영웅이 있다. 바로 헤라클레스이다. 그는 어렸을 적부터 광기에 시달렸다. 한마디로 넘쳐흐르는 힘을 주체할 수 없었다. 그는 학생 시절에는 음정이 틀릴 때마다 자신을 꾸짖기만 하던 음악선생 리노스를 리라로 때려죽였다. 또 결혼해서는 갑자기 광기에 빠져 아내 메가라는 사자로, 아들 둘은 하이에나로 보이자 그들을 모두 목 졸라 죽였다. 이렇듯 그를 광기로 몰아넣은 것은 질투심에 휩싸인 헤라였다. 그러나 그는 결코 광기에 몸을 내맡기지 않았다. 그는 리노스를 죽인 벌로 키타이론 산에 있는 아버지의 농장에서 1년 동안 머슴노릇을 묵묵히 치러냈다.

가족을 죽인 뒤 제정신이 든 헤라클레스는 자신이 저지른 범죄에 경악했다. 그는 스스로 고향 테베를 떠나 델피의 아폴론 신전으로 가 살인죄를 씻으려면 어떻게 해야 할지 신탁을 물었다. 그러자 여사제 피티아가 대답했다. "티린스로 가서 에우리스테우스 왕이 너에게 시키는 열두 가지 과업을 완수해라! 네가 이 일을 성공적으로 완수하면 너는 신이 될 것이다." 그게 누구든 인간에게 봉사하는 것은 헤라클레스에게는 가혹한 일이었다. 특히 헤라 여신의 도움으로 자신의 왕위를 가로챈 칠삭둥이 바보 왕 에우리스테우스에게 복종하는 것은 더욱더 자존심 상하는 일이었다. 그래도 헤라클레스는 임무를 완수하겠다고 나섰다. 그는 결국 열두 가지 과업을 성공적으로 완수했다. 이어 제우스의 제안으로 다른 모든 신들의 동의 아래 신의 반열에 올랐다.

그리스 신화에는 광기를 창조적으로 승화시킨 인물만 있는 것은 아니다. 분노나 격정을 이기지 못하고 광기에 빠져 남을 해치거나 자살하는 사람도 허다하다. 남편에게 복수하기 위해 두 아들을 죽인 메데이아는 전자의 경우이다. 트로이 전쟁에서 아킬레우스 다음

✤ 〈아이아스의 자살〉 에트루리아의 적색상 크라테르 도기, BC 400-350
광기를 길들이면 그것은 놀라운 창조적 에너지를 발산한다. 그러나 광기에 길들여지면 그것은 곧바로 파멸로 이어진다.

으로 이름을 날렸던 영웅 아이아스는 후자이다. 그들은 광기를 긍정적으로 제어할 줄은 몰랐다. 가령 아이아스의 경우를 살펴보자. 때는 트로이 전쟁으로 거슬러 올라간다.

아킬레우스가 발뒤꿈치를 화살로 맞고 전사한 후 그의 어머니 테티스가 아들의 무구를 생존한 가장 용감한 그리스 장수에게 주기로 결정했다. 그러자 아킬레우스의 시체를 함께 용감하게 지켜냈던 아이아스와 오디세우스만 과감하게 자기가 그 무구의 임자라고 주장했다. 아이아스와 오디세우스가 동료 장수들 앞에서 입에 침이 마르도록 자신들의 무훈을 자랑하는 동안 아가멤논은 네스토르의 충고대로 밤에 트로이 진영에 스파이를 파견하여 이 사건에 대한 적군의 의견을 염탐하도록 했다.

트로이 성에 은밀하게 잠입한 스파이는 서로 수다를 떨고 있던 트로이의 젊은 여자들의 이야기를 엿들었다. 그들 중 하나가 폭풍우처럼 쏟아지는 화살을 뚫고 죽은 아킬레우스를 전장에서 빼내 온 아이아스를 칭찬하자, 다른 하나가 아테나 여신의 사주를 받고 이렇게 대답했다. "말도 안 되는 소리! 그것은 어깨에 시체를 올려 주기만 하면 여자 노예라도 할 수 있는 일이야. 그러나 그 여자 노예 손에 한번 무기를 쥐어 줘봐. 그 여자는 너무 겁이 나 무기를 전혀 쓰지 못할 거야. 내 생각으로는 우리 아군 공격에 정면으로 맞선 사람은 아이아스가 아니라 오디세우스였어."

스파이의 얘기를 듣고 아가멤논은 아킬레우스의 무기는 오디세우스 것이라고 판결했다. 아가멤논은 아킬레우스가 살아 있었다면 이런 식으로 아이아스를 모욕하지 않았을 것이다. 아킬레우스는 자신의 용감한 사촌 아이아스를 그 누구보다 높게 평가했기 때문이다. 엄청난 분노를 느낀 아이아스는 그날 밤 자신의 동료들에게 복수할 계획을 세웠다. 그러나 아테나 여신이 그에게 광기를 불어넣는 바람에 그는 손에 칼을 들고 트로이의 농장에서 노획물로 빼앗아 온 가축들 사이를 헤집고 다니게 만들었다.

아이아스는 실성하여 가축들을 자신을 모욕한 동료들이라고 생각한 것이다. 그는 밤이 이슥해서 온통 피범벅이 된 채 산 가축들을 한데 묶어 자기 막사로 돌아와서도 도살을 계속했다. 그는 그중 수컷 양 두 마리를 골라 목을 잘랐다. 이어 아가멤논이라고 생각한 한 마리의 혀를 자르고, 다른 한 마리는 기둥에 똑바로 묶은 다음 배반자 오디세우스 녀석이라고 욕을 해대며 말채찍으로 매질을 가했다.

새벽이 되어서야 제정신으로 돌아온 아이아스는 몹시 절망하며 아들 에우리사케스를 불러 자신의 방패를 주며 말했다. "내가 죽거든 나머지 무기는 나와 함께 묻어 주거라." 또 그 당시 미시아에 있던 이복동생 테우크로스에게는 유서를 남겨 아들 에우리사케스의 후견인으로 지정하고, 아들을 할아버지인 텔라몬에게 데려가 달라고 부탁했다. 이어 깊은 숲 속으로 들어가 자신의 칼을 땅에 거꾸로 꽂아 똑바로 세웠다. 그 칼은 바로 헥토르와 일대일 대결을 했지만 승부를 가리지 못한 채 헤어질 때 자신의 혁대를 주고 헥토르에게서 받았던 것이었다.

그는 칼로부터 약간 떨어진 채 우선 신들에게 기도를 드렸다. 제우스에게는 자신의 시체를 어디에서 찾을 수 있을지 테우크로스에게 말해 달라고 간청했다. 헤르메스에게는 자신의 혼백을 지하세계의 영웅들의 안식처인 아스포델 평원으로 데려가 달라고 애원했다. 그는 마지막으로 복수의 여신들인 에리니에스에게는 자신의 복수를 해달라고 부탁한 다음 칼 위로 돌진해서 쓰러졌다. 그러나 칼은 자신의 임무를 꺼리며 활 모양으로 휘어졌다. 아이아스가 칼끝을 자신의 유일한 약점인 겨드랑이에 찔러 넣어 자살에 성공했을 때는 벌써 먼동이 틀 무렵이었다. 헤라클레스와 아이아스의 광기의 결과는 얼마나 다른가? 전자가 광기를 길들여 주인이 되었다면 후자는 광기의 노리개로 전락했다.

해체와 자유를 향한 디오니소스의 광기

그리스 신화에는 또 다른 종류의 창조적 광기가 있다. 바로 리오의 삼바 축제 같은 데서 느낄 수 있는 광기이다. 부산 사람들이 〈부산

갈매기〉를 부르며 롯데 자이언츠를 응원할 때의 모습에서 엿볼 수 있는 광기이다. 2002년 한일월드컵 때 시청과 광화문을 붉은 물결의 도가니로 만들면서 우리도 경험했던 광기이다. 개체가 해체되고 전체에 흡수된 채 모두가 하나가 되면서 자연스럽게 솟아나오는 광기이다. 바로 술의 신 디오니소스가 대변하는 광기이다. 디오니소스를 광기의 신이라고 하는 것이 바로 그 이유이다.

그러나 술의 신 디오니소스가 뜻하는 바는 단지 도취에 빠져 동물적 본능이나 분출시키는 것으로 그치지는 않는다. 그것의 참된 의미는 창조성에 있다. 창조력이 결여된 도취는 광기가 아니라 객기, 자유가 아니라 방종으로 흘러갈 뿐이다. 디오니소스적 도취와 광기는 일상과 상식의 장막을 걷어내고 망아의 상태로 돌아간 뒤, 그 정점에서 모든 의식과 인식의 한계를 벗어 버리게 한다. 자신을 에워싸고 구속하는 모든 한계를 넘어서게 한다.

디오니소스는 제우스와 테베의 공주 세멜레 사이에서 태어났다. 그는 인간의 몸에서 태어난 유일한 올림포스 신이다. 세멜레가 제우스의 사랑을 받고 있다는 애기를 듣고 질투의 화신 헤라가 그녀의 어렸을 적 유모로 변신해서 세멜레를 찾아가 꼬드겼다. 사랑하는 분이 제우스 신이 아닐지 모르니 그에게 하늘에서 입는 옷을 입고 오라고 간청해 보라는 것이었다. 헤라가 돌아가고 밤이 되어 제우스 신이 찾아오자 세멜레는 부탁 하나만 들어 달라며 애교를 떨었다. 그녀는 용의주도하게도 제우스에게 스틱스 강에 맹세를 하게 한 다음 불쑥 하늘에서 집무를 볼 때 입고 있는 옷을 보고 싶다고 말했다.

✥ 니콜라 푸쟁, 〈판신 흉상 앞에서의 디오니소스 축제〉 1634경
형식과 틀을 거부하는 디오니소스의 창조적 광기는 해체의지요, 자유의지다. 그것은 이성이 만든 틀을 깨고 무한과 극한의 세계로 휘몰아치는 삶의 의지이다.

제우스는 그녀의 요구를 들어줄 수밖에 없었다. 스틱스 강에 맹세한 이상 그도 별 도리가 없었다. 그러나 세멜레는 제우스를 보자 옷에서 뿜어 나오는 섬광을 이기지 못한 채 그 자리에서 불타 죽고 말았다. 제우스는 얼른 그녀의 몸속에 있던 6개월도 채 안 된 핏덩이를 꺼내 자신의 허벅지를 가르고 집어넣었다. 석 달 뒤 제우스가 다시 허벅지를 가르고 꺼낸 아이가 바로 디오니소스였다. 제우스의 허벅지가 현대의 인큐베이터였던 셈이다. 아테나가 태어날 때도 제우스의 머리가 인큐베이터가 아니었는가?

합리주의를 신봉하는 그리스 인들이 숭상하는 대표적인 신은 이성과 절제의 신 아폴론이었다. 도취와 광기의 신 디오니소스는 그리스 인들에게는 낯선 신이었으며 더구나 인간의 몸에서 태어난 특이한 신분 탓에 가장 늦게 올림포스 12신의 반열에 오른다. 에우리피데스의 비극 《바코스의 여신도들》에서는 소아시아의 니사 산에서 자란 디오니소스가 사람들에게 포도 생산법과 포도주 제조법 전수를 통해 자신의 신앙을 전파하면서 고향인 그리스 본토의 테베로 돌아오는 과정에서 겪는 박해와 극복 과정을 그리고 있다.

이성과 절제의 나라 테베를 통치하는 펜테우스는 도취와 광기의 전도사 디오니소스와 신도들을 가혹하게 박해하다가 파멸을 맞는다. 디오니소스와 여신도들은 펜테우스의 어머니 아가베를 광기에 빠뜨려 아들 펜테우스를 디오니소스 축제의 제물로 바쳐진 짐승처럼 갈가리 찢어 죽이게 함으로써 처절하게 복수한다. 트라키아의 왕 리쿠르고스도 디오니소스를 박해하다가 파탄에 빠진 인물이다. 그는 디오니소스의 신도들을 마구 때리고 감옥에 가두었다. 그러나 그는 디오니소스에 의해 광기에 빠진 백성들의 손으로 말에 묶여 사지가 여덟 조각으로 찢겨 죽는다.

초창기 디오니소스를 추종하는 신도들은 주로 여성들이었다. 당시 여성들은 사회적 약자로서 노예나 다를 바 없었다. 그래서 그들은 현실의 고통을 잊게 하는 디오니소스를 삶의 은인으로 여기고 열렬히 추종했던 것이다. 디오니소스 여신도들은 '마이나데스' 라고 불렸는데 이는 '미친 여자들' 이란 뜻이다. 그것은 '광기'를 뜻하는 영어 'madness'의 어원이기도 하다. 그들은 집을 버리고 무리를 지어 산과 들을 누비고 다녔다. 또 술을 마시고 도취의 상태에서 야간 집회를 열었는데, 이때 횃불과 디오니소스의 지팡이 티르소스를 광적으로 흔들고 팀파논이라는 작은 북을 열정적으로 쳐댄다. 이어 마음속의 모든 한을 토해내듯 발악을 하고 광란의 춤을 춘다. 극단적인 광기의 폭발이었다. 디오니소스의 별명 '브로미오스'는 '미쳐 날뛰는 자' 라는 뜻이다.

마이나데스는 축제의 막바지에 이르러 황홀경에 빠져서 대지에서 젖과 꿀이 흐르는 환상을 보게 되고 산 짐승을 갈기갈기 찢어 미친 듯이 살과 피를 먹어치운다. 때로는 소년이 제물로 바쳐지기도 한다. 그러고는 무아경의 절정에서 탈진할 때까지 춤을 추다가 쓰러진다. 이들이 맛보려는 것은 죽음이요, 탈 한계이다. 죽음은 자연으로부터 이탈한 개체로서의 한계를 극복하고 대자연의 도도한 흐름에 동참하는 것이다. 그것은 무한창조와 영원의 세계로 통하는 길이다. 그래서 술이 시인과 예술가의 영원한 벗인지도 모르겠다.

디오니소스는 태양의 신 아폴론과 극명하게 대비되는 신이다. 아폴론의 이성은 조형의지다. 그것은 일정한 형식과 틀을 형성한다. 과도함을 거부한다. 무엇이든 너무 넘쳐서도 안 되고 너무 부족해서도 안 된다. 아폴론의 이성은 항상 절제된 세계를 지향한다. 이에 비해 디오니소스의 창조적 광기는 해체의지요, 자유의지다. 그것은 아폴론의 이성이 형성한 형식과 틀을 깨뜨리고 찢어 버린다. 무한과 극한의 세계로 휘몰아친다. 아폴론의 이성이 빠져들 수 있는 박제화와 도식화를 과감하게 무너뜨린다.

독일의 철학자 니체는 《비극의 탄생》에서 조형예술로 대표되는 아폴론적 예술과, 음악으로 대표되는 디오니소스적 예술의 대립과 투쟁, 균형과 조화 속에서 예술의 정수인 그리스 비극이 탄생했다고 주장한다. 니체에 따르면 그리스 비극 속에서는 '아폴론적인 것'과 '디오니소스적인 것'이라는 두 가지 예술 충동이 다투는 듯 화합하면서 절묘한 조화를 이루고 있다.

디오니소스의 창조적 광기를 기억하라

그리스 비극뿐 아니라 인간도 아폴론과 디오니소스 사이에 있는 긴장과 대립 법칙의 지배를 받는다. 이성이 강한 통제력을 발휘하는 순간 저 밑바닥에서는 광기가 꿈틀거리고, 광기가 뜨겁게 폭발하는 순간 어느덧 이성이 가까이 다가와 차가운 물을 퍼붓는다. 따라서 아폴론적 이성은 우리에게 안전한 보호막을 형성해 줄 수도 있지만 약동하는 생명력을 앗아갈 수도 있다. 이럴 때 인간이 한 단계 더 도약하기 위해서는 디오니소스의 창조적 광기가 필요하다. 디오니소스는 아폴론의 보호막을 확 찢어 버리고 시들어 가는 육체에 원초적인 생명의 에너지를 쏟아붓기 때문이다.

디오니소스 축제의 마력 아래서는 개인과 개인 간의 벽뿐 아니라 인간과 자연 간의 벽 또한 허물어지고 서로 화해하는 대향연이 일어난다. 자연의 가장 내밀한 곳으로부터 공포와 전율이 환희에

넘치는 엑스터시와 함께 솟아오른다. 이제 인간은 개체들 사이에 놓인 모든 제한성이 파괴되어 대자연의 도도한 흐름에 동참한다. 인간 스스로가 자연이 되는 것이다.

대한민국은 바야흐로 축제 천국이다. 얼마 전까지만 해도 축제라곤 고작 대학에서 벌어지는 게 전부라고 해도 과언이 아니었다. 그러나 이젠 지자체마다 경쟁하듯 한 해 몇 개씩의 축제를 벌이고 있다. 자고나면 여기저기서 우후죽순처럼 축제가 생겨날 정도이다. 전어축제, 대하축제, 불꽃축제, 지평선축제, 인삼축제 등 대한민국은 그야말로 축제의 홍수를 이루고 있다.

축제는 우리의 삶에 활력소가 되어야 한다. 일상에 소진되어 버린 우리의 기력을 재충전시키는 역할을 해야 한다. 지친 우리의 마음에 생기를 불어넣을 수 있어야 한다. 그러나 우리 축제의 현실은 어떠한가? 혹시 흥청망청 먹고 마시는 놀자판이 되어 가고 있지는 않은가? 장삿속만 챙기는 상술의 복마전이 되어 가고 있는 것은 아닌가? 지금이야말로 창조적 에너지를 창출해 냈던 디오니소스의 축제가 지닌 본래의 역할이 절실히 필요한 때이다. 창조적 광기로 작용했던 디오니소스의 축제 정신을 기억해 내고 살려내야 할 때이다.

모
험

—
정신적
성숙을 위한
여정

영웅의 행적에는 두 가지가 있어요. 하나는 육체적인 행적입니다. 육체적인 행적을 보면 영웅은 싸움에서나, 남을 구하는 데서 용기 있는 행적을 보여 주지요. 또 하나의 행적은 정신적 행적입니다. 이런 행적에 따르면 영웅은 여느 인간의 영적인 삶의 범주를 훨씬 넘어서서 존재하는 희한한 체험을 하고는 우리 삶에 유용한 메시지를 가지고 귀환합니다.

보통 영웅의 모험은 무엇인가를 상실한 사람, 자기 동아리에게 허용되어 있는 정상적인 경험에는 무엇인가 모자라는 것이 있다고 생각하는 사람에 의해 시작됩니다. 이 사람은 이렇게 모험에 뛰어들어 보통 사람으로서는 상상도 못할 고난을 겪으면서도 자기가 상실한 것, 혹은 생명의 불사약 같은 것을 찾아 헤맵니다. 영웅의 모험에는 출발과 귀환 사이에 일종의 주기가 있지요.

조지프 켐벨, 빌 모이어스, 《신화의 힘》

모험은 고대의 성인식이다

조지프 캠벨은 1987년 세상을 뜨기 전인 1985년과 1986년 텔레비전 시리즈물을 만들기 위해 절친한 동료 빌 모이어스와 대담을 한 적이 있었다. 《신화의 힘》은 바로 두 사람의 대담을 책으로 엮은 것이다. 캠벨은 이 책에서 영웅은 모험을 하면서 눈에 보이는 물리적인 것뿐 아니라, 눈에 보이지 않는 정신적인 것을 얻는다고 말한다. 그는 특히 영웅의 모험이 지니는 정신적인 효과를 "고대의 성인식"으로 간주했다. 고대의 소년들은 성인식을 통해 어린 시절의 생각이나 습관을 버리고 어른이 될 수 있는 정신적 힘을 얻었다는 것이다. 그에 의하면 영웅이 심리적인 미성숙 상태를 극복하고 스스로 책임질 수 있는 독립적인 삶의 현장으로 나오려면 반드시 "죽음과 재생"의 경험이 있어야 한다. 그것이 바로 신화 속 영웅이 모험을 하는 가장 본질적인 속성이다.

영웅은 '보호하고 봉사한다'라는 의미를 지닌 그리스 어 '헤로스Heros'에서 파생했다. 영웅은 양떼를 보호하고 돌보기 위해 자신을 희생할 수 있는 양치기처럼 타인을 위해 자신의 이익을 희생할 줄 아는 자이다. 영웅은 "자기 삶을 자기보다 큰 것에 바친 사람"으로 인간 세상에 널리 이로운 "생명의 불사약"을 찾아 헤매는 사람인 것이다. 캠벨의 《천의 얼굴을 가진 영웅》에 의하면 영웅은 여러 특성을 갖고 있다.

영웅은 우선 신비한 출생을 한다. 신의 핏줄이나 반신반인의 혈통이거나, 근친상간으로 태어났거나, 마법의 힘으로 태어난다. 예수처럼 동정녀에게서 수태되는 경우도 이에 속한다. 둘째, 영웅은 태어나자마자 버려지지만 구조되어 요정이나 동물이나 아이를 좋아하는 사람에 의해 키워진다. 셋째, 영웅은 이른 시기에 세상에서의 과업을 깨닫는다. 그는 청년 시절 이미 세상에서 무엇을 할지 자각한다. 넷째, 영웅은 어린 시절부터 비상한 용기와 지혜를 소유하여 그 능력을 선보인다. 다섯 번째, 영웅은 성인이 되어 나라를 위기에서 구하거나, 국가를 건설하거나, 억압받는 사람들을 구하는 위대한 과업을 이루어 낸다. 여섯 번째, 영웅은 독특한 죽음을 맞는다. 영웅은 죽어 하늘로 올라가거나 신으로 승격된다.

영웅의 육체적이고 심리적인 특징은 그의 적수와 극명한 대조를 이루면서 묘사된다. 그는 우선 갈색 머리카락, 초롱초롱한 눈, 빛나는 얼굴, 번쩍이는 검 등 주로 밝은 빛으로 그려진다. 그는 솔직하고 의리 있으며, 항상 주변에 믿을 만한 동행자를 데리고 다닌다. 그에 비해 영웅의 적수는 악이나 지하세계와 연관된 특징을 지닌다. 적수의 외모는 거인이거나 괴물로 뒤틀려 있으며 엄청난 폭력을 행사한다. 그는 울창한 숲, 굴, 습지 등에 살면서 용이나 늑대나 괴물들과 교류한다. 영웅은 이런 적수들을 차례로 쓰러뜨리면서 자신의 과업을 완수한다.

영웅의 19단계, 혹은 12단계 모험 코스

캠벨은 《천의 얼굴을 가진 영웅》에서 세계 각국의 신화나 동화 속 영웅들이 감행했던 모험을 분석하여 나라마다 문화가 다르고 사회 환경이 다르지만 그들은 똑같은 길을 간다고 주장했다. 영웅은 무대가 다르고 사건이 다르고 의상이 다르지만 거의 일정한 형태의 여정을 취한다는 것이다. 동화 속의 왕자든, 북유럽 신화의 오딘이든, 부처든, 홍길동이든 모든 영웅의 모험은 일정한 사이클을 따른다는 뜻이다.

"보잘 것 없는 영웅이든 탁월한 영웅이든, 이방인의 영웅이든, 유대인의 영웅이든, 영웅의 여정은 본질적으로 다르지 않다. 세간에 나도는 이야기는 영웅의 행적을 주로 물리적으로 그리고 있지만, 고급 종교에서는 영웅의 행적이 도덕적이어야 한다. 그러나 모험의 형태, 등장인물의 역할, 마지막에 얻은 승리의 본질에는 놀라울 정도로 별 차이가 없다." 캠벨은 세계 모든 영웅들이 간 길을 '출발, 분리→하강, 입문, 통과→귀환'의 3단계로 압축하고 이를 다시 총 19과정으로 세분화했다.

우선 '출발, 분리'의 단계에서 영웅은 1) 평범한 일상생활을 하다가, 2) 모험에의 소명을 받고, 3) 그 소명에 부담감을 느끼고 멈칫거리다가, 4) 초자연적인 힘의 도움을 받아, 마침내 5) 첫 관문을 통과하여 6) 성서의 요나처럼 어두컴컴한 고래의 뱃속으로 들어간다.

두 번째 '하강, 입문, 통과'의 단계에서 영웅은 7) 시련을 겪는데, 8) 여신을 만나 도움을 받을 수도 있으며, 9) 자신의 모험을 방해하는 유혹자 여성을 만날 수도 있다. 영웅은 이런 시련을 통해 10) 불화관계에 있던 아버지와 정신적 화해를 하고, 11) 신격화의 경지까지 경험하거나 12) 궁극의 은혜를 받는다.

세 번째 '귀환'의 단계에서 영웅은 13) 귀환을 거부하고 새로운 세계에 눌러 앉거나, 14) 적의 추격을 따돌리고 절묘하게 탈출을 하거나, 15) 외부로부터 구조될 수도 있다. 16) 마침내 영웅이 마지막 관문을 통과하고 17) 일상생활로 귀환하면 18) 두 세계의 스승이 되어 19) 삶의 자유를 만끽하며 살아간다.

보글러는 《신화, 영웅 그리고 시나리오 쓰기》에서 캠벨의 이론에 근거하여 영화 속 영웅의 길을 3막 12단계로 약간 단순화시켰다. 보글러에 의하면 영웅은 1) 일상세계에서 소개되어, 그곳에서 2) 모험에의 소명을 받아, 처음에 결단을 내리지 못한 채 주저하거나 3) 소명을 거부하지만, 4) 정신적 스승의 격려와 도움을 받아, 5) 첫 관문을 통과하고 특별한 세계로 진입하여(제1막), 6) 그곳에서 시험에 들고, 협력자와 적대자를 만나고 7) 동굴 가장 깊은 곳에까지 접근하여 두 번째 관문을 지나 그곳에서 8) 시련을 이겨낸 다음 이 대가로 9) 보상을 받게 되고(제2막), 10) 일상세계로 귀환의 길로 올라 세 번째 관문을 건너며 11) 부활을 경험하고 인격적으로 변모하여 일상세계에 널리 이로움을 줄 은혜로운 선물인 12) 영약을 가지고 귀환한다.(제3막)

보글러의 제자 보이틸라는 《영화와 신화》에서 스승의 이론을 모든 장르의 영화에 적용하여 설명하였다. 그는 액션 어드벤처 영화, 서부영화, 공포영화, 스릴러 영화, 전쟁영화, 드라마 영화, 로맨스 영화, 로맨틱코미디, 코미디 영화, 공상과학 영화 등 총 10개 장르를 대표하는 할리우드의 영화를 5편씩 선별하여 주인공의 여정을 스승의 이론에 맞추어 자세하게 분석했다.

모험의 전형을 보여 주는 페르세우스

그리스 신화에서 페르세우스의 모험은 모든 영웅들의 모험의 전형이다. 우선 영웅 페르세우스의 출생부터가 신비롭다. 그의 어머니 다나에는 제우스의 사랑을 받아 처녀의 몸으로 그를 잉태한다. 또 페르세우스의 외할아버지 아크리시오스는 손자가 태어나자마자 딸 다나에와 함께 궤짝에 넣어 그를 바다에 버린다. 그가 손자의 손에 죽을 것이라는 신탁을 받았기 때문이다. 그들은 표류 끝에 세리포스라는 섬에 도착하여 착한 어부 딕티스의 보호를 받는다. 이후 페르세우스가 벌인 모험을 보글러가 캠벨의 19단계 영웅의 여정을 토대로 만들어낸 12단계 영웅의 여정에 따라 한번 분석해 보자.

헌헌장부로 장성한 페르세우스는 어머니 다나에와 평범한 삶을 살고 있었을 것이다. 그는 아마 자신과 어머니를 거두어 준 착한 어부 딕티스처럼 어부가 되어 바다에 나가 고기를 잡아 어머니를 봉양했는지 모른다. 물론 그는 제우스의 아들로서 무엇에나 특별한 재능을 보였을 것이다. 그러던 어느 날 그는 세리포스 섬의 폴리덱테스 왕으로부터 모험에의 소명을 받는다. 왕은 우연히 만난 다나에의 미모에 반해 그녀를 차지할 날만 호시탐탐 노리고 있었다. 그러나 예사롭지 않은 풍채를 지닌 채 항상 다나에 곁에 버티고 서 있는 페르세우스가 눈엣가시였다. 고심하던 왕은 마침내 거짓 결혼을 빙자하여 페르세우스에게 결혼선물로 메두사의 머리를 잘라 오라고 명령했다. 페르세우스는 그 소명을 받고 한참동안 고민했다. 지금까지 메두사와 대적해서 살아 돌아온 자는 하나도 없었다. 메두사

✤ 카라바지오, 〈메두사의 머리〉 1590
메두사는 고르고네스라고 불리는 세자매 중 하나로 머리카락 한 올 한 올이 실뱀이고 얼굴은 하도 흉측해서 인간이든 동물이든 보기만 하면 돌로 변했다.

는 얼굴이 하도 흉측해서 보는 사람은 모두 돌로 변해 버렸기 때문이다.

갈등하던 페르세우스는 영웅들의 수호신 아테나 여신을 찾아가 도움을 요청했다. 그러자 여신은 그를 우선 사모스 섬으로 데려가서 메두사의 입상을 가리키며 얼굴을 익히도록 했다. 메두사는 원래 고르고네스라는 세쌍둥이 자매 중 하나였고, 다른 두 자매는 불사의 몸이었지만 메두사만 유한한 생명을 갖고 있었다. 이어 여신은 그에게 메두사의 얼굴을 절대 보아서는 안 된다고 당부하면서 그녀와 싸울 때 거울로 사용하라며 청동방패를 하나 건네 주었다. 마지막으로 여신은 메두사를 처치하는 데 필요한 다른 무기들에 대한 정보를 알고 있는 그라이아이 세자매가 살고 있는 곳을 귀띔해 주었다. 아테나 여신이 페르세우스의 정신적 스승 역할을 한 셈이다. 여신을 통해 용기를 얻은 페르세우스는 마침내 모험의 첫 관문을 통과하여 그라이아이 세자매들을 찾아갔다.

그라이아이는 날 때부터 백발이 성성한 노파였다. 그들은 눈 하나와 이빨 하나를 번갈아 가면서 사용했으며 메두사의 머리를 자르는 데 필요한 무기를 갖고 있는 요정들이 사는 곳을 알고 있었다. 그러나 그들은 메두사 세자매와 자매 사이였기 때문에 페르세우스에게 그 사실을 알려주려 하지 않았다. 그러자 페르세우스는 그라이아이가 눈알을 교환할 때 중간에서 재빨리 눈알을 낚아채서 갖고 있다가 그들을 위협해서 요정들이 사는 곳을 알아냈다. 페르세우스가 요정들을 찾아가 용건을 말하자 그들은 순순히 무기를 내주었다. 그라이아이는 페르세우스의 적대자이고 요정들은 협력자인 셈이다.

페르세우스는 드디어 요정들이 빌려준 비행화를 신고, 마법자루를 메고, 큰 낫을 들고, 쓰면 몸이 보이지 않는 마법 투구를 쓰고 두 번째 관문이자 동굴 가장 깊은 곳인 메두사의 집으로 들어갔다. 페르세우스가 메두사를 직접 보지 않고 머리를 자르는 것이나, 메두사의 두 언니들의 추적을 피해 감쪽같이 달아나는 것은 페르세우스가 견뎌내야 하는 시련을 상징한다. 결국 그는 모든 어려움을 이겨내고 메두사의 머리를 전리품으로 얻는다.

이어 페르세우스는 귀환 길에 올라 세 번째 관문을 통과한다. 그가 비행화를 신고 에티오피아 상공을 날고 있는데 아래쪽을 보니 해안이 사람들로 소란스러웠다. 자세히 살펴보니 아리따운 여인 하나가 바다에 솟은 바위에 묶여 있고 저 멀리에서 괴물이 점차 그녀를 향해 다가오고 있었다. 해안에 있던 사람들은 비명을 지르며 발만 동동 구를 뿐이었다.

급히 해안으로 내려가 사정을 알아보니 그것은 에티오피아의 왕

✧ 안톤 라파엘 멩스, 〈안드로메다를 구출하는 페르세우스〉 연도미상

그림 왼편 구석에 페르세우스가 죽인 괴물의 머리가 보인다. 페르세우스의 신발에 날개가 달려 있는 것이 눈에 띈다. 페르세우스 뒤쪽으로 날개 달린 천마 페가소스가 보인다. 그러나 페가소스는 페르세우스가 탔던 말이 아니라 영웅 벨레로폰이 괴물 키마이라를 해치웠을 때 탔던 말이다.

비 카시오페이아가 자초한 불행이었다. 카시오페이아는 언젠가 자신이 바다의 요정들보다 예쁘다고 오만을 떨었다. 분노한 바다의 요정들이 복수를 간청하자 포세이돈 신은 에티오피아에 무지막지한 괴물을 보내 전 국토를 황폐하게 만들었다. 에티오피아의 왕 케페우스가 아폴론 신에게 재앙을 피할 방도를 묻자 괴물에게 딸 안드로메다를 바치라는 신탁이 나왔다.

페르세우스는 이 말을 듣고 케페우스 왕에게 안드로메다를 구해 주면 아내로 달라고 요구했다. 왕의 허락이 떨어지기 무섭게 페르세우스는 황급히 공중으로 솟구쳐 올라 쏜살같이 바다의 괴물에게 달려들어 천신만고 끝에 괴물을 해치우고 부활을 경험했다. 그는 그 대가로 아내 안드로메다를 얻고 고향 세리포스 섬으로 귀환한 다음 메두사의 머리를 이용하여 어머니를 폴리덱테스 왕의 횡포로부터 해방시켰다.

페르세우스의 외할아버지 아크리시오스와의 정신적 화해는 부활 뒤에 얻은 일종의 정신적 영약이다. 그는 아마 어린 시절에는 자신과 어머니를 버린 외할아버지에 대해 원한이 많았을 것이다. 그러나 그는 모험을 마치고 고향에 돌아와서는 모든 앙금을 털고 화해를 위해 외할아버지를 찾아 나섰다. 아크리시오스는 손자가 찾아온다는 전갈을 듣고 자신에게 복수하러 오는 줄 알고 이웃나라로 도망쳤다. 페르세우스는 오해를 풀어드리기 위해 이웃나라로 외할아버지를 찾아 나섰다가 우연히 원반던지기 시합에 참여했다.

그런데 그가 던진 원반이 갑자기 방향을 틀더니 관중석으로 날아가 어느 노인의 정수리를 쳐 그를 절명시켰다. 그 노인은 바로 손자 페르세우스를 피해 그 나라로 도망 와서 원반던지기 시합을 구경하던 아크리시오스였다. 페르세우스는 비록 실수였지만 깊은 죄의식을 느꼈다. 그는 우선 외할아버지의 장례를 성대하게 치러 주고 외할아버지의 나라 아르고스를 차마 그대로 물려받지 못하고 이웃 나라인 티린스와 맞바꾸었다.

모험, 정신적 성숙을 위한 여정

다시 처음 주제로 돌아가자. 신화 속 영웅의 모험에서 물론 눈에 보이는 보물을 얻는 것도 중요하다. 그러나 더 중요한 것은 마지막에 영웅이 어떤 정신적 변모를 하느냐이다. 페르세우스가 모험 막바지에 자신을 버린 외할아버지를 이해할 수 있는 정신적 여유로움이 생긴 것도 일종의 정신적 변모이다.

 캠벨의 말을 빌자면 모든 신화 속 영웅의 모험이 다루고 있는 것은 "의식의 변모"이다. 그런데 의식의 변모는 영웅이 스스로에게 부여하는 "시련"을 통해서 일어난다. 시련이 "변모의 열쇠"인 셈이다. 인내와 대가를 지불하지 않고는 보상도 없다는 식이다.

 캠벨은 영웅이 겪는 시련을 '고래의 뱃속'이라는 상징적인 말로 표현한다. 그는 《신화의 힘》에서 빌 모이어스에게 이렇게 말한다. "고래 뱃속에 들어가는 요나 이야기는 세계 어디에서나 볼 수 있는 신화의 본 같은 겁니다. 영웅이 물고기의 뱃속으로 들어갔다가, 들어갈 때와는 전혀 다른 모습으로, 다시 말해서 변한 모습으로 나오는 이야기는 세계 어디에서나 접할 수 있어요."

모험은 정신적 성숙을 위한 극기훈련이자 의식의 변모를 향한 순례길이다. 영웅다운 영웅이 되려면 반드시 거쳐야 할 여정이다.

구출

―
사람을
구하는 힘은
사랑이다

구출을 다루는 작품은 대부분 납치를 다루고 있다. 독자는 그 패턴을 잘 알고 있다. 사악한 마법사가 아름다운 공주를 납치하여 성에 가두어 놓는다. 이 모델은 5000년 동안 거의 변하지 않았다.

사악한 마법사는 현대의 문학에서는 여러 가지 변형된 모습으로 나타난다. 그러나 그를 식별하기란 어렵지 않다. 그는 마술의 힘은 거의 다 잃어버린 듯 보이지만 사악한 성격은 변하지 않은 채 그대로 남아 있기 때문이다.

로널드 B. 토비아스, 《인간의 마음을 사로잡는 스무 가지 플롯》

구출의 가장 강한 동기는 사랑이다

구출 모티프는 구조로 바꾸어도 무방하다. 구출이나 구조는 우선 억압이나 구속을 전제로 한다. 누구나 다른 사람에 의해 신체적으로 구속되고 억압받고 있을 때 구출되고 구조되기를 희망한다. 누군가가 위기나 위험에 처했을 때도 마찬가지이다. 그래서 납치는 구출의 가장 흔한 전제 조건 중 하나이다. 납치당한 자는 구출되기를 간절히 바라기 때문이다.

그러나 납치당했다고 해서 아무나 발 벗고 나서서 구출해 주지는 않는다. 구출하는 자와 납치당한 자는 특별한 관계로 맺어져 있다. 토비아스의 말을 빌자면 "구출의 행위를 가능케 하는 가장 보편적이며 동시에 강한 관계는 사랑이다. 남편은 아내를 구하려 하고 어머니는 자식을 구하려 한다." 물론 아내가 남편을 구할 수 있고 자식이 어머니를 구할 수도 있다.

아테네의 왕 테세우스와 페리이토오스가 친구가 되기로 하고 제일 먼저 한 짓이 납치이다. 그들은 대담하게도 제우스의 딸을 납치하기로 계획을 세웠다. 먼저 형뻘인 테세우스가 어린 헬레네를, 이어 페리이토오스는 페르세포네를 지목했다. 두 사람은 우선 헬레네를 납치하여 테세우스의 어머니 아이트라에게 맡겼다. 이어 그들은 페르세포네를 데리러 지하세계를 향했다.

그들이 지하세계로 떠나고 없는 사이 헬레네의 오빠 카스토르와 폴리데우케스가 군사들을 이끌고 동생 헬레네를 구출하러 왔다. 그들은 아테네를 점령하고 헬레네를 구출한 다음 테세우스의 어머니

아이트라를 납치하여 그녀의 유모로 삼았다. 성인이 된 헬레네가 다시 파리스에게 납치당하여 트로이로 가자 아이트라는 그녀를 따라갔다. 아이트라는 후에 트로이 전쟁에 참전했던 손자 데모폰과 아카마스에 의해 구출되었다.

구출 모티프는 그리스 신화 곳곳에 산재한다. 아마 가장 많이 활성화된 모티프 중 하나일 것이다. 신들이나 인간들 사이에 분명 갈등은 있을 것이고, 갈등이 일어나면 억압이나 위기에 처하는 측이 있기 마련이다. 태초에 벌어진 신들의 전쟁에서 벌써 구출이나 구조 모티프가 등장한다. 티탄 신족의 막내인 크로노스는 위기에 처한 어머니 가이아를 아버지의 폭력으로부터 구한다. 제우스는 아버지 크로노스의 몸에 갇힌 형제자매들을 구한다. 또 지하세계의 타르타로스에 갇힌 숙부들인 키클로페스와 헤카톤케이레스 삼형제를 구한다. 그 과정을 한번 따라가 보자.

어머니 가이아를 구한 막내아들 크로노스

헤시오도스의 《신통기》에 의하면 태초에 카오스가 있었고, 그다음에는 넓은 젖가슴을 지닌 대지의 여신 가이아, 지하세계에서 가장 깊은 곳인 타르타로스, 신들 중에서 가장 잘 생긴 에로스가 한꺼번에 생겼다. 타르타로스는 청동 모루를 지상에서 지하로 떨어뜨리면 아흐레 낮과 밤을 떨어져 닿을 만큼 깊은 곳이었다. 에로스는 모든 신들과 인간들의 이성과 사지의 힘을 마비시키는 가장 잘 생긴 신이었다. 카오스에서 태초의 암흑 에레보스와 밤의 여신 닉스가 나왔으며, 이들이 결합하여 대기의 신 아이테르와 낮의 신 헤메라를 낳았다.

대지의 여신 가이아는 혼자서 자신과 비슷한 크기로 별이 총총한 우라노스, 요정들의 처소인 산맥 오레, 폭풍우가 이는 황량한 바다 폰토스를 낳았다. 그 후 가이아는 우라노스의 사랑을 받고 오케아노스와 테티스를 비롯한 12명의 티탄들과 외눈박이 브론테스(천둥), 스트로페스(번개), 아르게스(벼락)라는 키클로페스 삼형제, 그리고 100개의 팔에 50개의 머리가 돋아난 괴물 코토스, 브리아레오스, 기게스라는 헤카톤케이레스 삼형제를 낳았다.

가이아와 우라노스가 몸을 섞어 낳은 자식들인 12명의 티탄들과 키클로페스 삼형제 그리고 헤카톤케이레스 삼형제는 하나같이 끔직하고 거대한 모습이었다. 특히 키클로페스 삼형제와 헤카톤케이레스 삼형제의 몰골은 아버지 우라노스를 소름끼치게 만들었다. 우라노스는 그들을 어미인 가이아의 몸 속 타르타로스에 가두어 빛을 보지 못하게 하였다.

가이아는 오장육부가 뒤틀리는 고통을 맛보며 복수의 음모를 꾸몄다. 여신은 자신의 몸속에서 회색빛 철의 원료를 추출해 날카롭고 큰 낫을 만든 다음 티탄 12신을 불러 모아 비장한 목소리로 말했다. "사랑스런 자식들아, 너희들 중 누가 이 낫을 들어 이 어미의 고통을 없애 주겠느냐!" 가이아의 말을 듣고 모두들 공포에 사로잡혀 몸을 사렸지만 막내아들 크로노스가 용기 있게 나섰다. "어머님, 걱정하지 마십시오! 제가 도와드리겠습니다!"

크로노스의 말을 듣고 가이아는 기뻐했다. 여신은 그를 방안 은신처에 숨기고 그의 손에 낫을 쥐어 주며 자신의 계략을 알려 주었다. 이윽고 밤이 되자 하늘 우라노스가 나타나 아내 가이아의 몸을 감싸기 시작했다. 그러자 크로노스가 은신처에서 나와 왼손으로는 아버지를 잡고 오른손으로는 크고 날카로운 낫을 들어 아버지 우라노스의 남근을 싹둑 잘라 등 뒤로 던져 버렸다. 화들짝 놀란 우라노스는 몸을 일으켜 저 높은 곳으로 달아나 더 이상 대지에 가까이 오는 일이 없었다.

그런데 잘려나간 살점에서 뚝뚝 떨어지는 핏방울이 대지 가이아의 몸속에 스며들어 복수의 여신 에리니에스 세자매와 거인족 기간테스, 그리고 멜리아데스라고 부르는 물푸레나무 요정들이 태어났다. 또한 우라노스의 살점은 바다에 떨어져 바다거품과 어우러지며 사랑의 여신 아프로디테를 만들어 냈다. 아프로디테는 '거품에서 태어난 자'라는 뜻이다. 아프로디테가 태어나자 에로스가 그녀를 따라다녔다. 우라노스는 언젠가 자신에게 반역한 아들 크로노스가 후회하게 될 것이라고 저주를 퍼부으며 달아났다.

권력을 잡은 크로노스는 어머니의 뱃속에 갇혀 있던 티탄 신들은 꺼내주었다. 이들은 아버지 우라노스가 어머니 몸속 가장 깊은 타르타로스에 밀어 넣어 가뒀던 크로노스의 형제자매들이다. 그러나 크로노스는 똑같은 어머니의 자식이지만 머리 50개와 팔이 100개 달린 헤카톤케이레스 삼형제와 외눈박이 키클로페스 삼형제는 구해주지 않았다.

화가 난 가이아는 아들 크로노스에게 "너도 아비와 똑같은 일을

✧ 지오르지오 바사리, 〈우라노스를 거세하는 크로노스〉 16세기
구출이나 구조는 억압이나 구속을 전제로 한다. 누구나 다른 사람에 의해 신체적으로 구속되고 억압받고 있을 때 구출되고 구조되기를 희망한다. 크로노스는 아버지 우라노스를 커다란 낫으로 거세하고 어머니 가이아를 고통 속에서 구해준다.

당할 것이다!"라고 저주를 퍼부었다. 후환이 두려운 크로노스는 아내 레아와의 사이에서 자식이 태어나자 곧바로 먹어치웠다. 큰딸 헤스티아를 비롯하여 데메테르, 헤라, 하데스, 포세이돈 등 무려 다섯 명의 자식들을 차례로 삼켜 버렸다.

 레아는 막내 자식 제우스만은 남편의 횡포로부터 구하고 싶었다. 그녀는 제우스가 태어나자마자 가이아의 충고대로 그를 크레타 섬으로 빼돌렸다. 군침을 삼키고 있는 크로노스에게는 커다란 돌을 배냇저고리에 싸서 주었다. 크로노스는 그 돌을 제우스로 알고 덥석 받아먹었다.

키클로페스와 헤카톤케이레스를 구한 제우스

크로노스의 눈을 피해 크레타 섬에서 어른으로 자란 제우스는 아버지 크로노스의 뱃속에 있는 형제들을 구할 계획을 세웠다. 그는 지혜의 여신 메티스를 찾아가 특별히 조제한 약물을 얻은 뒤 그것을 몰래 어머니 레아에게 넘겨주었다. 레아가 음식에 그 약물을 타먹이자 크로노스는 제우스의 형제들을 모두 게워냈다. 그는 삼킨 순서와 정반대로 자식들을 하나씩 토해냈다.

❖ 코르넬리스 판 하를렘, 〈티타노마키아〉 1588년경
10년 동안 이어진 티탄 신족과 제우스 연합군의 전투는 결국 키클로페스와 헤카톤케이레스를 지하 감옥에서 구출해 자기 편으로 끌어들인 제우스의 승리로 돌아갔다. 특히 손이 백 개나 달린 헤카톤케이레스 삼형제가 던진 돌은 티탄 신족들을 단숨에 돌무덤에 가두었다.

제우스는 올림포스 산을 거점으로 다시 태어난 형제들과 함께 힘을 모았다. 크로노스에게 평소 불만을 품고 있던 티탄 신들도 끌어들였다. 그중 제일 먼저 제우스의 편을 든 것은 이아페토스의 아들 프로메테우스였다. 그의 이름은 '먼저 생각하는 자'라는 뜻이다. 이름에 걸맞게 그는 제우스가 싸움에서 이길 것이라는 사실을 미리 알아차렸다. 그는 생각이 약간 모자란 동생 에피메테우스를 데리고 제우스에 합류했다. 에피메테우스는 '나중에 생각하는 자'라는 뜻이다.

오케아노스의 딸 스틱스도 제우스 편에 가담했다. 그녀는 지하 세계를 흐르는 강이다. 죽은 자는 이 강을 꼭 건너야 했다. 스틱스의 자식들인 힘의 신 크라토스, 폭력의 신 비아, 질투의 신 젤로스, 니케도 제우스를 돕기 위해 달려왔다. 니케는 승리의 여신이다. 신발 상표 '나이키'는 그녀의 이름에서 따온 것이다.

크로노스 등 티탄 신족과 제우스 연합군과의 전쟁은 티타노마키아라고 불렸다. 티타노마키아는 10년 동안이나 지루하게 밀고 밀리는 공방전 양상이었다. 고심하던 제우스는 할머니 가이아의 충고로 헤카톤케이레스와 키클로페스 삼형제를 지하 감옥 타르타로스에서 구해주고, 신들의 음식과 음료수인 암브로시아와 넥타르를 주며 자신을 도와달라고 부탁했다. 그들이 고마운 마음에 제우스의 편이 된 것은 두말할 필요가 없었다.

키클로페스 삼형제는 제우스에게 번개와 천둥과 벼락을 벼려 주었다. 헤카톤케이레스 삼형제는 맨 앞에 서서 티탄 신족들에게 최후의 맹공을 퍼부었다. 헤카톤케이레스가 누군가? 손이 100개나 달리지 않았던가? 그들이 한 번 바위를 던지면 한꺼번에 300개가 날아갔다. 티탄 신들의 진지 오트리스 산은 그들이 던진 바윗덩어리로 하늘이 캄캄했다. 결국 크로노스를 비롯한 티탄 신들은 바위 더미에 깔려 포로가 되고 말았다. 마침내 제우스가 신들의 왕으로 군림하게 되는 순간이다. 제우스를 정점으로 한 신들은 그들이 티탄 신족들과 싸울 때 거점으로 삼은 산의 이름을 따 올림포스 신족이라 불렀다.

제우스를 구한 테티스와 브리아레오스

신들의 왕 제우스도 한때 위기에 처한 적이 있었다. 언제나 경계의 눈빛을 잃지 않았던 그가 잠깐 방심한 탓이었다. 그때 그를 구해준 건 한때 그가 사랑했던 테티스였다. 엄밀히 말한다면 그가 위기에서 벗어난 것은 테티스와 그가 타르타로스에서 구해주었던 손이 100개나 달린 헤카톤케이레스의 합작품이었다. 그 과정은 이렇다.

제우스와 헤라는 결혼 초기 끊임없이 다퉜다. 제우스의 애정행각에 화가 난 헤라는 치밀한 계획을 세워 자주 그의 체면을 깎아내렸다. 제우스는 자신의 비밀을 헤라에게 털어놓고 가끔 조언을 구하기도 했지만 그녀를 완전히 믿지 않는 눈치였다. 헤라도 자신이 일정한 선을 넘어서면 제우스가 언제라도 자신에게 손찌검을 하고 심지어는 번개라도 던질 것이라고 생각했다.

그래서 그녀는 제우스에게 직접 따지지 않고 몰래 은밀하게 음모를 꾸미기도 했다. 비록 실패로 끝났지만 8개월 된 헤라클레스를 죽이려고 요람에 뱀 두 마리를 집어넣기도 했다. 또 헤라는 가끔 케스토스비마스라는 아프로디테의 마법의 가슴 띠를 빌려 제우스의 마음을 사려고 애써 보기도 했다.

그러나 헤라는 점점 심해 가는 제우스의 오만과 변덕을 견딜 수 없었다. 그녀는 마침내 포세이돈, 아폴론, 그리고 헤스티아를 제외한 다른 올림포스 신들과 함께 쿠데타를 계획하고 기회를 노리고 있었다. 그러던 어느 날 그들은 침대에서 자고 있는 제우스를 갑자기 포위하고 가죽 끈으로 100개의 매듭으로 단단히 묶어 버렸다. 제우스의 무기인 번개도 그의 손이 미치지 않는 곳에 감추어 두었다. 제우스는 꼼짝할 수 없었다. 그들을 당장 죽이겠다고 위협도 해 보았지만 아무 소용이 없었다. 그들은 버둥대는 제우스를 경멸하며 비웃었다.

헤라의 쿠데타는 성공한 듯 보였다. 그들은 승리를 자축하며 제우스의 후임을 놓고 회의를 벌였다. 회의는 처음에는 화기애애하였지만 시간이 지날수록 점점 고성이 오가는 험악한 분위기로 변질되었다. 네레우스의 딸 테티스가 우연히 회의장 옆을 지나가다가 그들이 다투는 소리를 들었다. 제우스와 테티스는 원래 사랑하는 사이였다. 제우스가 그녀와의 사이에서 태어나는 아들은 아버지보다 훨씬 뛰어나리라는 신탁을 듣고 그녀를 단념한 터였다.

테티스는 한때 제우스가 야속하기도 했지만 그를 진심으로 사랑했다. 그녀는 급히 타르타로스로 100개의 팔을 지닌 헤카톤케이레스 삼형제를 찾아갔다. 그들은 그곳에서 티탄 신족들을 감시하는 임무를 수행하고 있었다. 급박한 사정을 전해 듣고 삼형제 중 브리아레오스가 부리나케 테티스를 따라왔다. 헤카톤케이레스를 지옥같은 타르타로스에서 구해준 게 제우스가 아니었던가? 그는 100개의 팔로 제우스를 결박한 100개의 매듭을 단숨에 풀어버렸다.

결박에서 풀려난 제우스는 재빨리 번개를 회수하고 가볍게 쿠데타를 진압했다. 그는 헤라의 팔목에 황금 사슬을 감고 양 발목에는 각각 모루를 달아 하늘에 매달았다. 헤라가 쿠데타의 주동자였기 때문이다. 다른 신들은 그걸 보고 분노했지만 어쩔 수 없었다. 헤라의 비명소리를 듣고도 제우스가 무서워 감히 그녀를 돕지 못했다.

제우스는 신들에게 다시는 쿠데타를 일으키지 않겠다고 맹세하면 헤라를 풀어 주겠다고 제안했다. 그들은 마음에 내키진 않았지만 제우스가 시키는 대로 했다. 헤라를 고통에서 구해내려면 어쩔 수 없었다. 헤라는 이때부터 제우스에게 한마디도 하지 못하는 처량한 신세로 전락하고 말았다. 제우스는 포세이돈과 아폴론에게도 벌을 주었다. 그들은 신의 지위를 박탈하고 1년 동안 트로이의 라오메돈 왕의 노예노릇을 하도록 했다. 두 신은 그 기간 동안 트로이 성을 쌓았다. 제우스는 다른 신들은 용서했다. 아무 생각 없이 엉겁결에 한 행동이기 때문이다.

피네우스를 구한 제테스와 칼라이스

황금양피를 찾아 나선 아르고 호의 영웅들도 예언자 피네우스를 고통에서 구해준다. 피네우스는 그 대가로 그들에게 모험 중 가장 큰 난관인 두 개의 부딪히는 바위 심플레가데스를 통과하는 방법을 알려준다.

피네우스는 보레아스의 딸 클레오파트라를 아내로 두었으니 아르고 호의 영웅들 중 제테스와 칼라이스의 매부였다. 예언가였던 그는 인간에게 신의 뜻을 너무 자세하게 알려주어 제우스의 미움을 사 시력을 잃었다. 그뿐 아니었다. 그가 무엇을 먹으려 하면 어디선가 갑자기 괴물 새 하르피이아이들이 쏜살같이 날아와 음식을 낚아채 갔다. 조금 남아 있는 음식도 그들이 뿌린 악취가 풍겨 먹을 수가 없었다. 그는 영양실조로 피골이 상접하여 거의 움직일 수가 없었다.

그는 아르고 호의 영웅들이 자기 나라에 상륙했다는 얘기를 듣고 이제 드디어 고통에서 벗어날 시간이 되었다고 생각했다. 신탁에 의하면 북풍신의 아들 제테스와 칼라이스가 하르피이아이들을 쫓아 준다고 했기 때문이다. 아르고 호의 영웅들은 그를 불쌍히 여겨 당장 음식을 마련하여 피네우스 앞에 미끼로 내놓았다. 과연 어디선가 하르피이아이들이 나타나 잽싸게 그것을 낚아채 갔다. 날개 달린 제테스와 칼라이스가 재빨리 그들을 뒤쫓았다.

그러는 사이 영웅들은 피네우스 노인을 목욕시키고 진수성찬을 마련해 주었다. 피네우스는 정말 아주 오랜만에 맛있게 식사를 하고 나더니 답례로 그들 앞에 닥친 일들을 말해 주었다. 가장 큰 난관은 두 개의 바위 심플레가데스를 통과하는 일이었다. 보스포로스 해협 끝에 있는 이 바위는 흑해와 에게 해를 이어 주는 관문이었다.

어떤 물체가 그 사이를 지나가면 서로 부딪히는 바람에 지금까지 그 누구도 배를 타고 에게 해에서 흑해로 넘어갈 수가 없었다. 그는 또 흑해 남쪽 해안을 따라 콜키스로 가는 지형을 자세하게 설명해 주었다. 다만 황금양피를 갖고 돌아오는 길에 대해서는 많은 안내자들을 만나게 될 것이며 아프로디테의 도움을 믿으라고만 말했다. 피네우스가 예언을 마치자마자 북풍신의 쌍둥이 아들이 돌아와 경과를 보고했다.

"우리들은 스트로파데스 군도에서 그 괴물 새들을 따라잡았습니다. 우리가 막 칼을 들어 그들을 해치우려고 하는 순간 갑자기 이리스 여신이 나타나 제우스 신의 명령을 전했습니다. 새들은 단지 제우스의 명령만을 수행했을 뿐 아무 잘못이 없다는 것입니다. 우리는 할 수 없이 다시는 피네우스 노인을 괴롭히지 않는다는 약속을 받아내고 그들을 살려 주었습니다." 아르고 호의 영웅들은 피네우스를 그의 시종 파라이비오스와 백성들에게 안심하고 맡기고 자리를 털고 일어났다.

아르고 호는 곡예하듯 꼬불꼬불하고 깎아지른 듯한 보스포로스 해협을 무사히 지나 마침내 피네우스가 경고한 심플레가데스 근처에 도착했다. 바위는 짙은 바다 안개에 싸여 있었다. 영웅들은 피네우스가 알려준 대로 먼저 비둘기 한 마리를 바위 사이로 날려 보냈다. 바위들이 비둘기의 꼬리 날개를 으깬 다음 다시 튀는 동안 아르고 호의 영웅들은 아테나 그리고 오르페우스의 리라 연주의 도움으로 잽싸게 바위 사이를 무사히 통과했다. 선미 장신구만 약간 잃었을 뿐이다. 그 후 바위들은 해협 양쪽에 각각 뿌리를 박고 고정되었다.

구출의 영웅 헤라클레스와 페르세우스

이밖에도 그리스 신화에는 구출 장면이 많다. 프로메테우스도 영웅 헤라클레스에 의해서 구출된다. 프로메테우스는 인간에게 불을 훔쳐다 준 벌로 카우카소스 산 절벽에 몸이 묶여 있었다. 또 제우스는 그에게 동이 트면 독수리를 보내 그의 간을 파먹게 했다가 저녁이면 불러들였다. 밤 사이 간은 다시 돋아났다. 프로메테우스는 단말마의 비명을 지르며 고통을 견뎌냈다. 3000년 후 헤라클레스가 우연히 그 곁을 지나다가 비명소리를 듣고 프로메테우스를 발견했다. 그는 잽싸게 독수리를 화살로 쏘아 죽이고 그를 쇠사슬에서 풀어주었다.

❖ 베르나르드 피카르트, 〈피네우스에게서 하르피이아이를 쫓아주는 제테스와 칼라이스〉

누군가를 구출하면 반드시 그에 따른 대가가 있기 마련이다. 피네우스는 자신을 구해준 아르고 호의 선원들에게 앞으로 남은 최대 난관인 보스포로스 해협의 심플레가데스를 통과하는 방법을 알려준다.

헤라클레스는 프로메테우스만 고통에서 구해준 것이 아니었다. 그는 라오메돈 왕의 딸 헤시오네도 괴물로부터 지켜 주었다. 그는 12가지 과업 중 아마존 여왕 히폴리테의 허리띠를 가져오다가 트로이에 잠시 머문 적이 있었다. 그 당시 트로이 왕은 라오메돈이었다. 그는 아폴론과 포세이돈에게 약속을 지키지 않았다가 곤욕을 치르고 있었다.

두 신은 제우스에게 쿠데타를 일으킨 적이 있었다. 제우스는 쿠데타를 제압하고 아폴론과 포세이돈에게 1년간 신의 지위를 박탈하고 트로이의 라오메돈 왕의 종노릇을 하도록 했다. 이 기간에 두 신은 영웅 아이아코스의 도움으로 난공불락의 트로이 성벽을 쌓았다. 그러나 성벽이 완성되자 라오메돈은 그들에게 약속한 삯을 주지 않았다.

아폴론과 포세이돈은 격노했다. 아폴론은 트로이에 역병을 보냈고, 동시에 포세이돈은 바다 괴물을 보냈다. 괴물은 육지에 상륙해서 농지를 초토화하고 사람들이나 가축들을 닥치는 대로 집어삼켰다가 시신을 바다에 뱉어냈다. 트로이는 점점 황폐해졌다. 라오메돈이 아폴론에게 해결책을 물으니 자신의 딸 헤시오네를 바다 괴물에게 바치면 재앙이 사라진다는 신탁이 나왔다. 라오메돈은 하는 수 없이 딸 헤시오네를 바닷가에 솟은 암초에 쇠사슬로 묶어 두고 괴물이 데려가기만을 기다렸다.

헤라클레스는 라오메돈 왕으로부터 급박한 상황을 전해 듣고 그에게 이렇게 제안했다. "나에게 딸 헤시오네를 주시오! 당신이 갖고 있다는 멋진 암말들도 주시오! 제우스 신께서 당신의 아들 가니메데스를 데려가는 대신 주신 그 암말 말이오. 그러면 헤시오네를 당장 구하겠소."

라오메돈은 헤라클레스의 제안에 동의했다. 헤라클레스는 우선 헤시오네를 암초에서 풀어냈다. 트로이 인들은 헤라클레스를 위해 아테나 여신의 도움으로 해안에 높은 장벽을 쌓았다. 괴물이 바다에서 머리를 들고 육지에 상륙할 때 헤라클레스를 보호하기 위해서였다. 헤라클레스는 그 장벽 위에 올라서서 괴물을 기다렸다. 마침내 괴물이 나타나 입을 벌려 그를 삼키려 하자 완전무장한 헤라클레스는 재빨리 몸을 날려 괴물의 입 속으로 들어갔다.

헤라클레스는 괴물의 뱃속에서 3일 동안이나 칼을 휘젓고 다니며 난도질을 했다. 마침내 괴물이 쓰러지자 그는 배를 가르고 밖으로 나왔다. 그는 다친 데라고는 하나도 없었다. 머리카락만 위액에 녹아 없어졌을 뿐이었다. 그러나 라오메돈 왕은 공주의 목숨도 건지고 역병도 물러가자 마음이 변해 약속 지키기를 거부했다. 헤라클레스는 트로이와 전쟁을 불사하기에는 군사력이 턱없이 부족했다. 하는 수 없이 그는 언젠가 트로이를 가만두지 않겠다고 경고하며 그곳을 떠났다.

헤라클레스처럼 위기에 처한 공주를 구출한 영웅이 또 있다. 바로 페르세우스이다. 페르세우스는 세리포스의 폴리덱테스 왕의 명령으로 메두사의 머리를 자른 것으로 유명하다. 그는 임무를 마친 뒤에도 곧바로 왕에게 돌아가지 않았다. 영웅으로서 그가 지닌 강한 모험심과 호기심 때문이었다. 그는 자신의 선조였던 다나오스와 링케우스의 고향 이집트의 켐니스를 거쳐 동쪽으로 날아가다가 케

❖ 요하임 폰 잔드라르트, 〈아폴론과 포세이돈에게 삯을 주기를 거부하는 라오메돈 왕〉
구출에는 응당 보상이 따르지만, 약속한 보상을 거부했을 경우 잔인하게 응징을 당한다.

페우스가 다스리는 에티오피아라는 나라에 이르렀다.

케페우스의 아내 카시오페이아는 허영심이 많았다. 그녀는 어느 날 자신이 바다의 요정들인 네레이데스보다도 더 예쁘다고 공공연하게 자랑하고 돌아다녔다. 모욕을 당한 바다의 요정들은 포세이돈에게 케페우스를 혼내 달라고 간청했다. 포세이돈은 괴물 한 마리를 보내 케페우스의 나라를 쑥대밭으로 만들었다. 케페우스가 리비아의 암몬 신에게 이런 재앙을 피할 방도를 물었다. 암몬 신은 그의 딸 안드로메다를 그 괴물에게 희생 제물로 바치라는 신탁을 내렸다. 케페우스는 어쩔 수 없이 딸 안드로메다를 바다에 솟아 있는 암초에 묶어 놓고 괴물이 데려가기를 기다리고 있었다.

바로 이 순간 페르세우스가 메두사의 머리를 갖고 하늘을 날며 귀환을 하다 이 광경을 목격했다. 그는 비행을 멈추고 아래로 내려갔다. 케페우스 왕과 왕비 카시오페이아는 신하들과 함께 사색이 되어 해안에서 딸의 비극적 종말을 기다리며 발만 동동 구르고 있었다. 그들은 그에게 사건의 전말을 이야기해 주었다. 괴물은 안드로메다에게 점점 가까이 다가왔다. 페르세우스는 그들로부터 괴물을 물리치면 안드로메다와 왕국을 주겠다는 약속을 받아냈다. 페르세우스는 전광석화처럼 공중으로 날아올라 아래로 돌진하더니 메두사의 목을 자른 커다란 낫으로 간단하게 괴물을 해치우고 안드로메다를 구했다.

케페우스는 페르세우스의 승리를 축하하기 위해 연회를 베풀었다. 그러나 안드로메다는 왕의 동생 피네우스와 이미 약혼한 사이였다. 케페우스는 딸을 구하려는 욕심에 그 사실을 페르세우스에게 숨겼었다. 한창 연회가 무르익고 있는데 갑자기 피네우스가 부하들을 데리고 나타났다. 그는 다짜고짜 케페우스 왕에게 안드로메다를 내놓으라고 요구했다. 왕은 동생의 기세에 눌려 한 마디도 대꾸하지도 못하고 슬며시 자리를 피했다.

페르세우스가 자기 편이라고 생각한 에티오피아 인들을 살펴보니 피네우스의 부하들과 비교해서 수적으로 아주 열세였다. 그는 자기 편을 향해 재빨리 "우리 편은 모두 눈을 감으시오!"라고 외치면서 자루에서 메두사의 머리를 꺼내 높이 쳐들었다. 자신도 물론 눈을 감은 채였다. 엉겁결에 메두사의 머리를 보고 만 피네우스와 그의 부하들이 모두 금세 돌로 변해 버렸다. 페르세우스는 케페우스의 나라에 거의 1년 동안 머물렀다. 안드로메다는 그동안 페르세스라는 아들을 낳았다. 페르세스는 나중에 페르시아의 선조가 된다. 이름도 페르시아와 비슷하지 않은가.

구출은 세 번째 성공해야 극적이다

토비아스의 《인간의 마음을 사로잡는 스무 가지 플롯》에 의하면 이야기 속에서 구출 모티프는 "세 단계의 극적 구조"를 이루며 전개된다. 영화의 3막 구조와 딱 들어맞는 셈이다. 제1막에서는 주인공과 희생자가 범죄자에 의해 이별을 한다. 제2막에서는 주인공이 범죄자를 추격한다. 그래서 구출이 활성화된 이야기에서는 최종 목표는 구출이지만 추격이 상당히 많은 양을 차지한다. 주인공은 범죄자를 추격하는 과정에서 수많은 장애물에 부닥친다. 그것은 주로 범죄자가 쳐 놓은 "덫, 술수, 난관, 모함" 등이다. 제3막에서는 주인공이 마침내 온갖 어려움을 극복하고 범죄자를 찾아내어 응징한다.

특히 제1막에서는 주인공과 희생자 사이의 때려야 뗄 수 없는 밀접한 관계가 서술되면서 마지막 부분에서 희생자가 납치된다. 여기서 주인공과 희생자는 부모와 자식 사이일 수도 있고, 형제자매일 수도 있고, 친척일 수도 있다. 성서의 착한 사마리아 사람처럼 보답을 바라지 않는 선한 이웃이나 나그네일 수도 있다. 이에 비해 제우스가 키클로페스와 헤카톤케이레스 삼형제를 구해줄 때처럼 보답을 바라고 치밀한 계산 아래 희생자를 구출해 줄 수도 있다. 그러나 주인공과 희생자 사이의 가장 흔한 관계는 연인 사이이다. 위에서 언급한 제우스와 테티스, 헤라클레스와 헤시오네, 페르세우스와 안드로메다의 관계도 넓은 의미에서 연인이다.

그리스 신화에서 구출 모티프를 다루고 있는 이야기를 보면 뭔가 조금씩 부족한 것을 느낄 수 있다. 그건 상대적으로 주인공보다

✣ 페테르 파울 루벤스, 〈페르세우스와 안드로메다〉 1620년경
안드로메다는 어머니 카시오페이아의 실수로 포세이돈이 보낸 괴물의 제물로 바쳐졌으나 페르세우스가 구출하여 아내로 삼는다. 후에 그들이 낳은 아들 페르세스는 페르시아의 선조가 된다.

악당에 대한 언급이 너무 적기 때문이다. 구출의 원인, 과정, 결과의 틀을 정확하게 갖추고 있으나 범죄자의 활약이 미미하다. 악당이 구출을 방해하는 이야기가 너무 축소되어 있다는 뜻이다. 그 이유는 무엇일까. 모든 이야기가 주로 주인공인 영웅을 중심으로 돌아가고 있기 때문이다. 그리스 신화의 구출 모티프를 이야기에 적용하고 싶은가? 그렇다면 악당의 악랄함이나 집요함을 보충하라. 가령 주인공이 희생자를 구출할 때 악당 때문에 두 번은 실패하게 만든 뒤 세 번째 성공시켜라.

탈출

자유를 향한
처절한
몸부림

금와왕에게는 일곱 아들이 있었는데, 언제나 주몽과 함께 놀았으나 그들의 능력이 모두 주몽을 따르지 못했다. 그의 맏아들 대소가 금와왕에게 아뢰었다. "주몽은 사람이 낳은 것이 아니며, 그의 사람됨이 용맹스러우니 만약 일찍 없애지 않으면 후환이 있을 것입니다. 그를 없애 버리십시오."
왕은 그 말을 듣지 않고 주몽에게 말을 기르게 했다. 주몽은 좋은 말을 알아보고 좋은 말에게는 적게 먹여서 여위게 하고 나쁜 말에게는 잘 먹여 살찌게 만들었다. 왕은 살찐 말은 자기가 타고 여윈 말은 주몽에게 주었다. 후에 들판에 사냥을 나갔는데, 주몽은 활을 잘 쏘았으므로 그에게 준 화살은 적었으나 그가 잡은 짐승은 매우 많았다.
이에 왕의 아들들과 여러 신하들은 또 그를 죽일 일을 꾀했다. 주몽의 어머니는 이 사실을 알고 몰래 그에게 알렸다. "나라 사람들이 장차 너를 죽이려고 하니, 너의 재능과 지략으로써 어디 간들 안 되겠는가? 이곳에 오래 머물러서 욕을 당하는 것 보다는 차라리 멀리 가서 큰일을 하는 것이 낫겠다."
주몽은 오이, 마리, 협보 등 세 사람과 벗을 삼아 엄사수에 이르러 건너가려 했으나 다리가 없었다. 뒤쫓는 군사에게 잡힐까 두려워하여 물에게 일렀다. "나는 천제의 아들이요, 하백의 외손이다. 오늘 도망해 가는데 뒤쫓는 자가 거의 닥치게 되었으니 어찌해야 하겠느냐?" 이에 물고기와 자라가 다리를 만들어 주몽을 건너가게 하고는 곧 흩어지니, 뒤쫓는 기병은 건널 수 없었다.

김부식, 《삼국사기》

주몽은 한국의 모세인가?

《삼국사기》에 따르면 부여왕 해부루에게는 아들이 없었다. 어느 날 그는 아들을 점지해 달라고 천제께 정성 드려 제사를 지낸 뒤 궁으로 돌아가고 있었다. 그런데 그가 타고 있던 말이 갑자기 길가에 있던 큰 돌 앞에서 더 이상 앞으로 나아가지 않은 채 울기만 했다. 왕이 이상하게 여겨 부하들을 시켜 그 돌을 들어 보니 그 밑에 어린 아이 하나가 있었다. 아이는 신기하게도 금빛 개구리 모양이었다. 왕은 하늘이 그 아이를 자신에게 내려 주신 것으로 생각하고 데려다가 아들로 키웠다. 이름은 생김새 그대로 '쇠 금金' 자와 '개구리 와蛙' 자를 써서 금와金蛙라고 지었다. 왕은 아이가 자라자 그를 태자로 삼았다.

그러던 어느 날 부여의 정승 아란불이 왕에게 아뢰었다. "꿈에 천제가 나타나 '앞으로 이곳에 내 자손에게 나라를 세우게 하려 하니 너는 다른 곳으로 도읍을 옮기거라. 동해 바닷가에 가섭원이라는 곳이 있는데 땅이 기름져 도읍을 정할 만하다'고 하셨습니다." 왕은 아란불의 권유로 도읍을 그곳으로 옮기고 나라 이름도 동부여라 개명하였다. 얼마 안 있어 부여의 옛 서울에는 자칭 천제의 아들이라며 해모수라는 자가 나타나 그곳을 도읍으로 정하고 나라를 세웠다. 그 후 해부루가 세상을 떠나고 태자 금와가 그 뒤를 이었다.

금와가 왕위에 오른 후 여행을 하다가 지금의 백두산 남쪽 우발수에서 우연히 한 여자를 만나 출신을 물으니 그녀가 이렇게 대답했다. "저는 물의 신 하백의 딸 유화라고 합니다. 제가 두 동생들과

밖에서 놀고 있는데, 천제의 아들 해모수라는 자가 나타나 압록강 가에 있는 자신의 집으로 유인해 정을 통해 놓고는 되돌아오지 않았습니다. 부모님은 제가 중매 없이 혼인한 것을 꾸짖어 저를 이곳 우발수에 귀양을 보냈습니다." 금와는 그녀의 말을 수상하게 여겨 방안에 가두었는데 항상 햇빛이 그녀를 떠나지 않았다. 그녀가 아무리 햇빛을 피해 숨어도 그것은 그녀를 따라가 비쳤다. 햇빛의 조화 때문이었을까? 열 달 뒤 유화는 닷 되들이만 한 알 하나를 낳았다.

금와왕은 불길한 생각이 들어 그 알을 버려 개와 돼지에게 주었지만 모두 그 근처에 얼씬도 하지 않았다. 길에 버려도 소와 말이 그것을 피해 지나갔다. 들판에 버리자 새들이 날개로 품어 주었다. 심지어 쪼개려 해도 쪼개지지 않았다. 왕은 하는 수 없이 그 알을 도로 어머니인 유화에게 돌려주었다. 그러자 유화가 그것을 따뜻한 이불로 싸서 아랫목에 두었는데 얼마 안 있어 한 사내아이가 알을 깨고 나왔다. 아이는 골격이 크고 두뇌가 명석했다. 일곱 살이 되자 벌써 스스로 활과 화살을 만들어 쏘는데 그야말로 백발백중이었다. 유화는 아이 이름을 주몽이라고 지었다. 부여 말로 활을 잘 쏘는 것을 주몽朱蒙이라고 했기 때문이다.

고구려의 시조 주몽, 그의 아들 유리, 손자 무휼에 관한 이야기에는 아버지 찾기, 출생의 비밀, 수수께끼, 영웅, 탈출 등 여러 가지 모티프가 서로 얽혀 있다. 건국 초기에 수많은 혼란과 갈등이 있어서일 게다. 위 인용문은 주몽이 부여 왕이자 의붓아버지 금와왕 밑에서 장성한 후 죽음의 위기에서 탈출하는 장면이다. 특히 자라와 물고기가 다리를 만들어 주는 부분은 아주 인상적이다. 김용옥 교수는 "주몽이 동부여에서 큰 이야기나 모세가 애굽에서 큰 이야기가 같은 위인설화 양식이요, 모세가 탈출해 홍해를 가르는 이야기나 주몽이 송화강 엄리대수에 이르러 연별부구(자라와 거북이 수 천 마리가 다리를 만들고 지나감에 흩어져 버렸다)의 장관 위로 말을 타고 달리는 모습이나 동일한 설화 양식"이라고 주장하기도 했다.

미궁에서 탈출한 다이달로스

'탈출' 모티프도 '구출' 모티프처럼 '납치' 등과 같은 위기 혹은 위험과 밀접한 관련이 있다. 그러나 구출은 주인공이 외부의 힘에 의해 수동적으로 이루어지지만, 탈출은 독자적인 힘을 이용한다. 또 구출되는 자는 이름만 있을 뿐 일반적으로 목소리가 없고, 탈출하는 자는 적극적인 행동을 감행한다. 물론 예외는 있을 수 있다. 구출되는 과정에서 희생자가 미미하지만 간혹 행동을 취하기 때문이다. 가령 고함을 지르거나 물체로 소리를 내 외부에 자신의 존재를 알릴 수 있다. 어쨌든 탈출은 갇혀 있는 상황을 전제로 한다. 그곳은 일반적으로 동굴이나 감옥이다.

그리스 신화에서 감옥이나 동굴에 갇혀 있다가 탈출한 자로는 다이달로스와 오디세우스를 들 수 있다. 우선 다이달로스의 탈출 과정부터 살펴보자. 다이달로스의 부모에 대해서는 논란이 많다. 어떤 사람들은 그의 어머니로 알키페를, 다른 사람들은 메로페를, 또 다른 사람들은 이피노에를 들기도 한다. 아버지에 대해서는, 아테네 왕가의 시조인 에레크테우스의 혈통인 것에는 일치를 보이지만 모두 다른 사람을 지목한다. 어떤 사람들은 그의 아버지가 메티온이라고도 하고, 또 다른 사람들은 에우팔라모스라고 한다. 다이달로스는 조각가, 건축가, 발명가, 대장장이로 최고의 명성을 날렸다. 공예의 여신 아테나로부터 직접 그 기술을 배웠기 때문이다.

다이달로스는 누이의 아들 탈로스를 제자로 받아들인 적이 있었다. 탈로스는 다이달로스를 능가하는 뛰어난 발명가의 재질을 갖고 있었다. 어느 날 탈로스는 뱀의 턱뼈를 보고 영감을 받아 톱을 발명했다. 질투심이 폭발한 다이달로스는 아크로폴리스 언덕에서 조카를 떨어뜨려 죽였다. 범죄는 곧 발각되었다. 다이달로스는 아레이오스파고스 언덕에서 열린 법정에서 추방 판결을 받았다. 그는 건축가를 우대해 준다는 말을 듣고 미노스의 크레타를 망명지로 선택했다.

다이달로스가 크레타 섬에서 맨 먼저 만든 것은 나무 암소였다. 미노스의 아내 파시파에는 포세이돈의 미움을 받고 그가 보낸 황소를 사랑했다. 그녀는 욕정을 이기지 못하고 다이달로스에게 은밀하게 나무로 암소를 만들어 달라고 했다. 그녀는 암소의 뱃속으로 들어가 황소와 사랑하여 미노타우로스를 낳았다. 인간과 황소의 결합이었으니 정상적인 자식이 나올 리 없었다. 미노타우로스는 상반신은 인간이고 나머지 반은 황소인 괴물이었다.

미노스는 백성들이 그 괴물을 보고 쑥덕거릴까 무척 두려웠다. 결국 그는 다이달로스에게 한번 들어가면 절대로 나올 수 없는 미궁을 만들게 하여 그 괴물을 가두었다. 미노스는 괴물을 달래기 위해 9년마다 한 번씩 인육을 먹이로 주기도 했다. 그런데 미궁 속에 먹이로 주었던 아테네의 왕자 테세우스가 괴물을 죽이고 실타래를 이용하여 미궁을 탈출하는 일이 벌어졌다. 더구나 테세우스는 사랑하는 공주 아리아드네도 꾀어서 데려갔다. 분노한 미노스는 미궁을 탈출할 수 있도록 도와준 다이달로스를 아들 이카로스와 함께 그 미궁에 가두었다.

다이달로스는 비록 자신이 미궁을 설계했지만 실타래가 없으면 그곳을 탈출할 수 없었다. 며칠 동안 고민을 하며 탈출 방법을 모색하던 다이달로스는 미궁 위 하늘을 가로지르며 날아다니던 새들이 아래로 깃털을 떨어뜨리는 것을 보고 무릎을 쳤다. 그는 곧 깃털을 모아 두 쌍의 날개를 만들기 시작했다. 그는 큰 깃털들은 실로 꿰맸고, 작은 깃털들은 밀랍으로 고정시켰다.

마침내 날개가 모두 완성되자 다이달로스는 그중 한 쌍을 아들 이카로스의 팔에 붙여 주고 기쁨의 눈물을 흘리며 말했다. "잘 들어라, 내 아들아! 태양빛에 밀랍이 녹지 않도록 너무 높이 날지도 말고, 바닷물에 깃털이 적시지 않도록 너무 낮게 날지도 말아라!" 그런 다음 그는 팔에 자신의 날개를 끼우고 하늘을 향해 날갯짓을 하며 외쳤다. "아들아, 방향을 바꾸지 말고 내 뒤를 바싹 따라와라!" 그들은 크레타 섬에서 북동쪽 방향으로 날개를 퍼덕이며 날아갔다. 어부들, 양치기들, 농부들이 위를 응시하며 그들이 신이라고 생각했다.

그들이 왼편으로 낙소스, 델로스, 파로스 섬을 지나, 오른편으로 레빈토스와 칼림네 섬을 지나고 있을 때였다. 이카로스가 아버지의

✧ 프레더릭 레이튼, 〈다이달로스와 이카로스〉 1869년경

'탈출' 역시 '구출' 모티프처럼 '납치' 등과 같은 위기 혹은 위험과 밀접한 관련이 있다. 그러나 구출이 외부의 힘에 의해 수동적으로 이루어지는 반면, 탈출은 스스로 적극적인 행동을 감행한다. 미궁 속에 갇혀 있던 다이달로스도 궁리 끝에 날개를 만들어 달고 탈출에 성공한다.

경고를 무시하고 날개의 힘을 보고 기쁨에 겨워 태양 가까이로 솟아올랐다. 다이달로스가 자신의 어깨 넘어 뒤를 돌아보았을 때는 이카로스는 벌써 사라진 후였다. 몇 개의 깃털만 아래 파도 위에서 출렁거릴 뿐이었다. 태양의 열기가 밀랍을 녹여, 이카로스가 바다로 추락해 익사했던 것이다.

다이달로스는 한참 동안 주위를 날아다녔다. 그는 마침내 아들의 시신을 발견하여 가까운 섬으로 옮겨 묻어 주었다. 그 이후로 그 섬은 이카로스의 이름을 따라 이카리아로 불렸다. 주변 바다도 섬 이름을 따라 이카리아 해로 불렸다. 자고새 한 마리가 떡갈나무 가지 위에 앉아 기쁨에 겨워 재잘거리며 그를 쳐다보고 있었다. 그것은 아들의 복수를 한 다이달로스의 누이 폴리카스테의 영혼이었다. 다이달로스는 서쪽으로 계속 날아가 나폴리 근처의 쿠마이에 상륙했다. 여기서 그는 아폴론에게 날개를 바치고 황금 지붕을 지닌 신전 하나를 지어 주었다. 그 후 그는 시칠리아의 카미코스로 건너가 코칼로스 왕의 환대를 받았다. 그는 시칠리아 인들과 살면서 높은 명성을 누렸고 많은 멋진 건물들을 지어 주었다.

폴리페모스의 동굴에서 탈출한 오디세우스

트로이 전쟁이 끝난 후 오디세우스는 10년 동안 바다를 방랑하면서 많은 모험을 했다. 그는 한번은 외눈박이 키클로페스가 사는 섬에 들렀다. 오디세우스는 그들 중 폴리페모스가 사는 동굴에 들어갔다가 꼼짝없이 포로로 잡혀 죽는 날만을 기다리는 신세로 전락했다. 폴리페모스가 오디세우스의 부하들을 동굴에 가두고 한 끼에 두 명씩 잡아먹었기 때문이다. 그러나 절체절명의 순간 오디세우스는 기지를 발휘하여 간신히 동굴을 빠져나왔다.

키클로페스 족은 천성이 게을러서 아무것도 경작하지 않고 양과 염소에 의지해 살았다. 또 그곳에는 제우스의 은총으로 과일을 비롯해서 모든 것이 풍성했다. 그들은 공동의 회의장이나 법규도 없이 각자의 동굴 속에 살면서 자신의 아내와 자식들에게만 법규를 정해 주고 서로 간섭하지 않고 살았다.

그런데 이들이 사는 섬으로부터 그리 멀지 않은 곳에 숲이 우거진 섬이 또 하나 있었다. 그 섬은 무인도로, 수없이 많은 야생 염소들이 떼 지어 돌아다니며 평화롭게 풀을 뜯어 먹고 있는 곳이었다. 키클로페스 족들이 의지만 있었다면, 그리고 배만 있었다면 그들의 부속 섬으로 만들 수 있었을 것이다. 그 섬도 키클로페스 족의 섬처럼 철 따라 모든 것이 풍성하게 나는 곳이었고 적당한 포구도 있었기 때문이다.

오디세우스 일행은 우선 키클로페스 족의 섬이 아니라 야생 염소의 천국인 바로 그 무인도로 배를 몰고 갔다. 하룻밤을 해안에서 묵고, 아침이 되자 그들은 활과 창을 들고서 섬을 돌아다니며 염소 사냥을 시작했다. 총 12척의 배에 각각 8마리의 염소가 배분되었고 오디세우스는 자기 몫으로만 10마리를 챙겼다. 그들은 그날 해가 질 때까지 달콤한 포도주와 염소고기로 신나게 잔치를 벌였다. 그런데 저 멀리 키클로페스 족의 섬에서 연기가 피어오르고 양 떼와 염소 떼의 울음소리가 들려왔다.

이튿날 아침 호기심이 발동한 오디세우스는 부하들을 소집해놓고 건너편 키클로페스의 섬에 가서 그들이 어떤 사람들인지 알아보겠다며 일부 병력을 이끌고 출발했다. 그들이 그 섬 가까이 닿았을 때 해안에서 가까운 곳에 늘어진 월계수로 가지로 가려진 동굴 하나가 보였다. 동굴 입구 주변에는 돌, 전나무, 참나무 등으로 울타리가 쳐져 있었다. 그 동굴에는 엄청나게 큰 키클로페스 족 하나가 살고 있었다. 그는 마치 사람이 아니라 산맥에 우뚝 솟은 산봉우리 같았다. 그는 다른 주민들과 전혀 어울리지 않고 혼자 떨어져 살면서 해안에 상륙한 이방인들에게 온갖 악행을 저질렀다.

오디세우스는 그 섬에 상륙하여 다른 부하들은 배를 지키라고 하고 12명의 정예 병사들만 데리고 그의 동굴로 향했다. 그는 그때 포도주가 든 염소가죽 부대를 하나 들고 갔는데, 그 포도주는 키코네스 족인 에우안테스의 아들 마론이 선물한 것이었다. 그는 키코네스 족을 도륙할 때 아폴론 신전의 사제였던 그와 가족들은 살려주었다. 마론은 감사의 표시로 그에게 황금을 비롯해서 많은 선물을 주었는데 포도주도 그중 하나였다. 마론은 오디세우스에게 12개의 항아리에 포도주를 가득 담아 주었다. 그는 그 맛을 보고 놀라움을 금치 못했다. 가히 신의 손으로 빚은 술이라고 해도 손색이 없었다. 마론 집안에서 이 포도주를 담그는 기술을 알고 있는 사람은 마론 자신과 아내 그리고 충직한 시녀 셋뿐이었다. 오디세우스는 알 수 없는 예감에 사로잡혀 바로 이 포도주를 가죽부대에 담아 가지고 갔던 것이다.

동굴에 도착하자 주인은 집을 비우고 없었다. 아마 양과 염소에게 풀을 먹이러 나간 것 같았다. 그들은 동굴로 들어가서 안을 자세하게 살펴보았다. 광주리들은 치즈로 가득 차있었고 우리에는 새끼 양과 새끼 염소들이 우글거리고 있었다. 부하들이 치즈와 새끼 양과 염소들을 데리고 빨리 배로 돌아가자고 오디세우스에게 간청했지만 그는 그러고 싶지 않았다. 이 동굴의 주인이 어떤 자인지 꼭 알고 싶었기 때문이다. 그래서 그들은 신들께 제물을 바치고 치즈를 먹으며 그가 돌아오기를 기다렸다.

이윽고 저녁때가 되자 동굴 주인이 마른 장작을 해가지고 동굴 입구에 부리는 소리가 들렸다. 오디세우스 일행은 쿵하는 소리에 놀란 나머지 동굴 맨 안쪽으로 몸을 숨겼다. 동굴 주인은 양과 염소들 중 수컷들은 동굴 입구 마당에 그냥 놔두고 암컷들만 안쪽으로 들이더니 입구를 엄청나게 큰 돌문으로 막아 버렸다. 이어 그는 입구를 등지고 앉아 하나씩 암양과 염소의 젖을 짠 뒤 새끼들에게 데려다주더니 짠 우유를 응고시켜 반은 바구니 안에 넣고 나머지 반은 저녁식사로 먹으려고 그릇에 담았다. 그는 남은 집안일을 모두 끝낸 뒤 동굴 안에 불을 피우기 위해 동굴 안쪽의 화덕으로 오다가 오디세우스 일행을 발견하고 소스라치게 놀라며 어디서 무엇을 하러 왔는지 물었다. 모두들 그의 우렁찬 목소리에 겁을 집어먹어 어쩔 줄 몰랐지만 오디세우스가 침착하게 대답했다.

"우리는 그리스 인으로 트로이에서 오는 길입니다. 우리는 귀향하기를 간절히 원했지만 폭풍우로 인해 그만 항로에서 벗어나 바다를 표류하다가 이곳까지 오게 되었습니다. 바라건대 우리를 손님으

❖ 야콥 요르단스, 〈폴리페모스 동굴 속의 오디세우스〉 17세기

탈출에는 주인공의 완력도 중요하지만, 지략과 기지도 필요하다. 폴리페모스의 동굴에 갇힌 오디세우스가 바로 그런 인물이다. 그는 양과 염소를 세 마리씩 버들가지로 묶고 가운데 녀석의 배에 부하들을 하나씩 매달리게 한 다음 동굴을 무사히 탈출한다.

로 받아들여 주시고 제우스 신을 두려워하신다면 항해에 필요한 물품을 마련해 주셨으면 합니다. 제우스 신께서는 탄원자들과 이방인들의 수호자이시기 때문입니다."

키클로페스는 오디세우스의 말을 듣고 버럭 화를 내며 자신은 제우스 신이든 누구든 두려워하지 않는다고 콧방귀를 뀌었다. 이어 자신은 마음만 먹으면 그를 포함에서 부하들도 모두 가만두지 않을 수도 있다고 위협했다. 그러면서 그는 은근히 배를 어디에다 정박시켜 놓았는지 물어보았다. 오디세우스는 그의 의도를 알아채고 배는 이 섬 근처에서 암초에 부딪혀 산산이 부서져 버렸다고 둘러댔다. 그러자 그는 다짜고짜 오디세우스의 부하들에게 다가오더니 두 명을 손에 움켜쥐고는 마치 힘없는 강아지처럼 땅바닥에 내리쳤다. 부하들의 피와 골수가 흘러내려 땅바닥을 흥건히 적셨다. 이어 그는 부하들을 토막 내어 사자가 짐승을 잡아먹듯이 저녁거리로 하나도 남김없이 먹어 버린 다음 가축들 사이에 대자로 뻗더니 이내 코를 골며 잠이 들었다.

그 순간 오디세우스는 그를 덮쳐 가슴에 칼을 꽂을 생각도 했다. 그러나 곰곰이 생각해 보니 그랬다가는 입구를 막고 있는 엄청난 돌문을 치울 수 없어 큰 낭패를 당할 것 같았다. 그래서 그들은 분노를 삭이고 공포에 떨며 동굴에서 하룻밤을 보낼 수밖에 없었다. 다음날 아침이 되자 동굴 주인은 불을 피우고 양과 염소의 젖을 짠 뒤 다시 오디세우스의 부하 둘을 어제 저녁과 똑같은 방식으로 잡아먹었다. 아침을 마치자 그는 돌문을 치우고 양과 염소를 동굴 밖으로 몰더니 마치 화살 통에 뚜껑을 닫듯이 돌문을 다시 가볍게 닫은 후 가축을 몰고 산으로 가버렸다.

오디세우스는 동굴 속에 하루 종일 갇혀 지내며 그를 혼내 주고 도망칠 궁리를 했다. 마침 동굴 안에는 커다란 올리브 나뭇가지 하나가 있었다. 아마 동굴 주인인 폴리페모스가 나무가 마르면 지팡이로 쓰려고 했던 것 같았다. 그는 그것을 적당하게 잘라 부하들을 시켜 끝을 뾰족하게 만들어 활활 타오르는 불에다 달군 다음 동굴 구석에 쌓여 있는 양과 염소의 배설물 속에 감추어 두었다.

저녁이 되자 동굴 주인은 양과 염소를 데리고 다시 동굴로 돌아왔다. 그는 이번에는 가축들을 한 마리도 밖에 남겨두지 않고 모두 안으로 몰아넣은 다음 동굴 입구를 돌문으로 막았다. 이어 그는 암양과 염소의 젖을 짜고 새끼들에게 젖을 물려준 다음 이번에도 오디세우스의 부하 두 명을 짐승처럼 잡아 저녁을 먹기 시작했다. 오디세우스는 그 기회를 놓치지 않고 포도주가 든 염소 가죽부대를 들고 그에게 다가가 건네면서 반주로 마셔 보라고 권했다. 그는 그것을 받아 마신 후 신들이 마시는 넥타르처럼 맛이 좋다고 격찬하며 두 번이나 더 달라고 해서 먹은 후 그의 이름이 무엇이냐고 물었다. 포도주에 대한 답례를 하겠다는 것이다. 오디세우스가 '우티스'라고 말해 주자 그는 오디세우스를 맨 나중에 잡아먹겠다고 말하고서는 뒤로 벌렁 자빠져서 코를 골기 시작했다.

바로 그때 오디세우스는 양과 염소의 배설물 속에 숨겨 놓았던 올리브 나뭇가지를 다시 꺼내서 불에 달군 다음 부하들에게 용기를 불어 넣어 그자의 눈을 찌르게 하고 자신은 그 위에 매달려서 그것을 돌렸다. 뜨거운 몽둥이 주위로 피가 흘렀다. 몽둥이에서 나는 열

❖ 〈폴리페모스의 눈을 못쓰게 만든 오디세우스와 부하들〉 BC650년경의 아티카 암포라 도기 세밀화
오디세우스는 폴리페모스에게 포도주를 먹여 곯아떨어지게 한 다음 그의 하나뿐인 눈을 멀게 한 뒤 유유히 동굴에서 탈출한다.

기가 그의 눈까풀과 눈썹을 모조리 태워 버렸고 안구도 불타면서 피시식 하는 소리를 냈다. 그 소리는 마치 대장장이가 도끼나 자귀를 담금질하기 위해 불에 달구어 물에 담글 때 나는 소리 같았다. 폴리페모스는 단말마의 비명을 지르기 시작했다. 그들이 놀라 도망치자 그는 안구에서 몽둥이를 뽑아 괴로워 버둥대면서 근처에 사는 다른 키클로페스 동료들을 큰 소리로 불렀다. 동료들이 그의 동굴 주위로 몰려들더니 물었다.

"폴리페모스, 도대체 무엇 때문에 이 한밤중에 비명을 지르는가? 도저히 시끄러워 잠을 잘 수가 없네. 누가 자네의 양과 염소를 빼앗아가려고 하는가? 아니면 누가 자네를 죽이려 하는가?"

그러자 폴리페모스는 그들에게 "우티스가 나를 죽이려 하네"라고 외쳤다. 동료들은 폴리페모스의 말을 듣고 그가 돌았다고 생각했다. 우티스는 '아무도 아니다'는 뜻이기 때문에 "우티스가 나를 죽이려 하네"라는 말은 결국 "아무도 나를 죽이려하지 않네"라는 뜻이기 때문이다. 동료들은 그의 아버지인 포세이돈 신께나 도와달라고 하면서 그를 비웃으며 뿔뿔이 흩어졌다.

폴리페모스는 밤새 고통에 시달렸다. 그러나 아침이 되자 양과 염소를 밖으로 내보내기 시작했다. 그는 괴로움에 몸을 비틀면서도 두 손으로 더듬어 돌문을 치우고 문간에 앉아 두 팔을 벌리고 있었다. 오디세우스 일행이 양과 염소를 데리고 도망가면 잡기 위해서였다. 오디세우스는 그곳을 탈출하기 위해 밤새 온갖 꾀를 생각하다가 좋은 생각을 떠올렸다. 그는 버들가지로 양과 염소를 세 마리씩 묶어 가운데 양과 염소의 배엔 부하들을 매달고, 그중에서 가장 큰 우두머리 양의 배엔 자신의 몸을 매달고 밤을 보냈다.

폴리페모스는 밖으로 나가는 모든 양과 염소의 등을 손으로 직접 확인했지만 오디세우스 일행이 양과 염소의 배에 매달려 있는 줄은 꿈에도 생각하지 못했다. 그들은 가운데 양과 염소의 배에 매달린 채 양쪽 양과 염소의 호위를 받으며 동굴을 무사히 빠져 나갔다.

오디세우스는 배를 몰고 해안에서 사람의 고함소리가 겨우 들릴 만큼 나아갔을 때, 큰소리로 웃으며 외쳤다. "불쌍한 폴리페모스여, 누가 너의 눈을 멀게 한 자가 누구냐고 묻거든, 그건 우티스가 아니라 이타케의 오디세우스라고 말하거라!" 키클로페스는 그의 말을 듣고 오래전에 예언자 텔레모스가 자신에게 한 예언을 생각하고 몸서리를 쳤다. 예언자는 그에게 언젠가 오디세우스라는 자가 그의 눈을 멀게 할 것이라고 예언했던 것이다. 폴리페모스는 탄식하며 자기 아버지 포세이돈 신에게 곧바로 이렇게 기도했다.

"포세이돈 신이시여, 제 기도를 들어주소서. 제가 정말 당신의 아들이라면 라에르테스의 아들 오디세우스가 귀향하지 못하도록 해주소서. 그러나 그가 귀향하여 가족들을 만나 볼 운명이라면 나중에 부하들을 다 잃고 남의 배를 타고 가게 해주시고 귀향해서도 고초를 당하게 하소서."

오디세우스는 곧 부하들이 기다리고 있는 맞은편 섬의 해안에 도착한 다음 데려온 양과 염소를 똑같이 나누었다. 그는 자신에게 할당된 우두머리 숫양을 잡아 제우스 신께 제물로 바치며 무사귀환을 빌었다. 그들은 그날 해가 질 때까지 고기와 술과 포도주로 마음껏 잔치를 벌이다 잠이 들었다. 그러나 오디세우스는 이 사건으로 포세이돈의 미움을 받아 바로 집에 돌아가지 못하고 10년이나 더 바다를 방랑했다.

탈출도 세 번째 성공해야 극적이다

토비아스의 《인간의 마음을 사로잡는 스무 가지 플롯》에 의하면 탈출 모티프도 구출 모티프처럼 이야기 속에서 세 단계를 통해 전개된다. 그 틀은 오히려 구출 모티프에서보다 훨씬 더 분명하다. 제1단계에서는 주인공이 붙잡힌다. 그는 죄가 있을 수도 있고 없을 수도 있다. 그러나 "주인공은 억울하게 억류되어 있는 경우가 대부분이다." 이 단계에서도 주인공은 탈출을 시도하지만 항상 실패한다. 즉 "탈출이 사전에 발각되거나 성공하였더라도 주인공은 다시 잡혀 감옥으로 들어간다."

제2단계에서는 주인공이 감옥이나 동굴에 갇혀 있으면서 겪는 고난과 그가 짜는 탈출 계획으로 이루어져 있다. 특히 이 단계에서 주인공은 1단계에서보다 더 내실 있는 탈출을 시도하지만 결국 수포로 돌아간다. 이 단계에서 탈출이 성공한다면 스토리는 너무 싱거울 것이 뻔하다. 마지막 제3단계에서는 탈출 자체가 이루어진다. 지금까지 두 번이나 실패한 주인공이 드디어 탈출에 성공한다. "주인공은 지금까지 항상 불리한 상황에 처해 있었지만 도덕적 우월성 때문에 구원의 손길을 얻게 되고 당면한 문제를 처리하게 되는 것이다."

다이달로스가 탈출에 성공하는 것은 언뜻 보면 단순해 보인다. 그 과정이 생략되어 있기 때문이다. 그러나 그는 아마 미로를 빠져나가기 위해 무진 애를 썼을 것이다. 아마 두 번쯤 탈출을 시도했지만 수포로 돌아갔을 것이다. 미로에서 땅굴을 팠는지도 모른다. 벽을 뚫어 보았는지도 모른다. 그러다가 결국 새의 깃털로 날개를 만들 생각을 하게 되었을 것이다. 혹은 날개를 만드는 과정에서 두 번쯤 시행착오를 겪다가 마지막 세 번째에 성공했을 것이다. 오디세우스도 마찬가지 아니었을까. 그도 폴리페모스의 동굴에 갇힌 채 아마 두 번쯤 탈출을 시도하다 세 번째에 성공한 것이리라. 그래서 토비아스는 탈출은 "두 번 실패한 다음에 성공하라"고 말한다.

자유를 향한 처절한 몸부림

탈출을 모티프로 한 영화 중에 프랭클린 J. 샤프너 감독의 〈빠삐용〉이라는 작품이 있다. 이 영화는 살인죄의 누명에서 벗어나기 위해 몇 번의 시도 끝에 마침내 탈출에 성공하는 프랑스의 무기수 앙리 샤리엘의 실화를 바탕으로 만들어졌다. 1973년에 개봉하고 1990년에 재개봉되었으니 그 당시 이 영화가 얼마나 인기가 있었는지 짐작할 수 있을 것이다. 이 영화의 인기 비결은 과연 무엇이었을까? 그것은 아마 주인공 빠삐용의 자유를 향한 처절한 몸부림 때문이 아니었을까?

죄수 수송선 하나가 프랑스를 떠나 기아나의 형무소로 향한다. 이 배를 타고 있는 많은 죄수들 중에는 종신형을 받은 빠삐용(스티브 맥퀸)과 루이스 드가(더스틴 호프만)도 있었다. 빠삐용은 살인죄의 누명을 쓰고 있고, 드가는 위조지폐범이다. 드가는 죄수들 사이에서 굉장한 부자로 알려져 있다. 그는 자신의 뱃속에 돈을 저장해 둔 채 필요하면 화장실에 가서 배설해서 꺼내 쓴다.

빠삐용은 자신을 범인으로 몰아붙인 검사에 대한 복수심으로 가득 차 있다. 그는 수송선에서부터 계속해서 탈출만을 염두에 두고 있다. 그래서 탈출하다 붙잡힌 적이 있는 동료 죄수에게 어떻게 배를 구할 수 있는지, 그러기 위해서는 돈은 얼마나 필요한지 등을 물어본다. 또 탈출 자금을 마련하기 위해 전략적으로 드가에게 접근한다. 그러다 빠삐용과 드가는 점점 절친한 친구가 되어 간다.

그러던 어느 날 빠삐용은 감옥 밖으로 노역을 나갔다가 드가의 도움으로 드디어 첫 번째 탈출을 시도한다. 하지만 배를 구해 주기로 한 나비 수출업자의 배신으로 도로 붙잡혀 와 2년 동안 독방에 감금된다. 독방에서 나온 뒤 빠삐용은 건강을 되찾자마자 다시 드가의 도움을 받아 이번에는 그와 함께 두 번째 탈출을 감행하여 우여곡절 끝에 마침내 온두라스 해안에 무사히 도착한다. 그러나 불행하게도 온두라스 해안 경비대의 불심검문에 걸려 드가는 붙잡히고, 빠삐용은 밀림에서 추격을 당하다가 원주민의 도움으로 간신히 목숨을 건진다.

빠삐용은 자신에게 호의적인 원주민 마을에서 잠시 지친 심신을 달랜 뒤 다시 그곳을 떠나 중단되었던 두 번째 탈출을 계속한다. 그러나 원주민들이 건네준 진주가 빌미가 되어 온두라스 경찰에 붙잡혀 다시 기아나 감옥으로 돌아온다. 그는 이번에는 5년 동안이나 독방에 갇혀 지낸 뒤 감옥 근처 해안에 있는 소위 '악마의 섬'으로 끌려간다. 섬에는 두 번 이상 탈출을 시도하다 잡힌 죄수들만 격리 수용되어 있다. 그곳 생활은 비교적 자유롭지만 탈출은 도저히 꿈을 꿀 수가 없다. 섬 근처에는 상어가 우글거리고 파도가 너무 심하기 때문이다. 빠삐용은 놀랍게도 그곳에서 드가를 만난다.

빠삐용은 5년 동안의 독방 생활로 폐인이 되다시피 했지만 다시 세 번째 탈출을 계획한다. 그는 날마다 해안 절벽에 앉아 섬으로 밀려오는 거친 파도를 바라보며 탈출할 방법을 찾는다. 그러던 어느 날 마침내 그 방법을 찾은 듯 기쁨에 겨워 한달음에 드가에게 달려가 그의 옷소매를 잡고 절벽으로 데리고 온 다음 절벽 아래 파도를 가리키며 자신의 계획을 털어놓는다.

"빈 코코넛을 엮어 던지면 파도 위에 뜰 거야." / "그 다음엔?" / "육지는 38킬로미터 밖에 안 돼. 조류를 타고 있으면 돼. 이틀이면 될 거야." / "틀림없어?" / "그래." / "거의 불가능해 보이는 걸." / "그럴 거야." / "가능 할까?" / "그게 문제가."

빠삐용은 즉시 드가와 함께 시험용 코코넛 자루를 만들어 바다에 던져본다. 하지만 자루는 잠시 바다 쪽으로 가는 듯하더니 역류하는 파도에 밀려 다시 섬 해안 쪽으로 돌아와 바위에 부딪힌 채 산산조각이 나버린다. 빠삐용은 그 광경을 본 잠시 실망하지만 다시 날마다 해안 절벽에 앉아 섬으로 밀려오는 거친 파도를 보며 연구를 거듭한다. 그리고 마침내 파도가 일곱 번의 주기로 바뀌며, 그중 가장 강한 일곱 번째 파도가 칠 때 코코넛 자루를 던지면 그것을 타고 섬 바깥으로 나갈 수 있다는 사실을 밝혀낸다. 마침내 두 사람은 함께 탈출하기로 결의를 다진 뒤 두 개의 커다란 코코넛 자루를 곁에 두고 절벽 위에 선다. 빠삐용이 먼저 드가에게 말을 건넨다.

"준비됐어?" / "할 얘기가 있어." / "루이, 아무 말도 할 필요가 없어." / "해야겠어, 정말 미안해." / "알아." / "자넨 죽을 거야. 그거 알아?" / "어쩌면." / "제발 그만 두게."

빠삐용은 드가가 자신과 함께 떠나지 못하리라는 것을 미리 알고 있었던 것 같다. 그는 마지막 순간 뒤로 물러서는 드가를 전혀 원망하지 않는다. 흐느끼는 드가를 그저 조용히 안아줄 뿐이다. 이어 빠삐용은 흔들리는 마음을 다잡으려는 듯 재빨리 절벽 아래 바다에 코코넛 자루를 먼저 던진 다음 곧바로 자신도 다이빙 하듯 그 뒤를 따른다. 그리고 힘겹게 헤엄을 쳐서 마침내 코코넛 자루를 붙

잡아 그 위에 눕더니 하늘을 보며 이렇게 외친다. "이 자식들아! 난 이렇게 살아 있다." 이후 영화의 화면은 코코넛 자루를 타고 망망대해로 사라지는 빠삐용의 모습을 잠시 보여 주며 다음과 같은 내레이션으로 끝을 맺는다. "빠삐용은 자유를 얻었다. 그리고 여생을 자유의 몸으로 살았다. 이 악명 높은 기아나의 감옥도 그를 굴복시키진 못했다."

추격

―
인간의
원초적인
놀이 본능

그녀는 가벼운 바람의 입김보다 / 더 빨리 달아났고, 그가 불러도 멈춰 서지 않았다. / "요정이여, 페네이오스의 딸이여, 제발 멈추시오! / 그대를 뒤쫓지만 나는 그대의 적이 아니오. 요정이여, 멈추시오! / 새끼 양이 늑대 앞에서, 사슴이 사자 앞에서, 비둘기들이 / 날개를 퍼덕이며 독수리 앞에서, 온갖 생물들이 제 천적 앞에서나 / 이렇게 달아난다오. 내가 그대를 뒤쫓는 것은 사랑 때문이오. / ……

그는 더 많은 말을 했을 것이나 페네이오스의 딸은 겁이 나서 / 아직 끝나지 않은 그의 말과 더불어 그를 뒤로 한 채 계속 달아났다. / …… 젊은 신은 더 이상 감언이설로 / 시간을 낭비하지 않고, 사랑이 시키는 대로 전속력으로 / 그녀를 바싹 뒤쫓았다. 그 모습은 마치 탁 트인 들판에서 / 갈리아 산 사냥개가 토끼 한 마리를 발견하고는 빠른 발로 / 먹이를 뒤쫓고, 토끼는 살기 위해 줄달음치는 장면과 같았다. /

…… 꼭 그처럼 신과 처녀의 경우도 한쪽은 희망으로, / 다른 한쪽은 두려움에 가득 차 더욱 빨리 달렸다. / 그러나 쫓는 자가 사랑의 날개의 도움으로 더 빨랐으니, / 그는 그녀가 숨 돌릴 틈도 주지 않고 그녀의 등 뒤에 바싹 따라붙어 / 목덜미 뒤로 흩날리는 그녀의 머리털에 입김을 불어댔다.

오비디우스, 《변신이야기》

아폴론과 다프네의 추격전

인용문에서 태양신 아폴론이 다프네라는 요정을 추격하고 있다. 아폴론은 마치 먹잇감을 모는 짐승처럼 다프네를 몰아붙인다. 새끼 양을 쫓는 늑대, 사슴을 쫓는 사자처럼 다프네의 뒤를 바싹 따라붙고 있다. 비둘기를 쫓는 독수리, 토끼를 쫓는 사냥개처럼 다프네를 추격하고 있다. 특히 아폴론이 다프네의 "목덜미 뒤로 흩날리는 그녀의 머리털에 입김을 불어댔다"는 마지막 구절을 보라. 아폴론의 손에 잡힐 듯한 다프네의 급박한 사정이 눈에 선하여 손에 땀을 쥐게 하지 않는가.

아폴론과 다프네가 이처럼 쫓고 쫓기는 추격전을 벌이게 된 것은 엉뚱하게도 아폴론이 에로스의 자존심을 건드렸기 때문이다. 그 자세한 내막은 이렇다. 아폴론이 어느 날 활을 메고 숲을 거닐다가 사랑의 활과 화살을 갖고 있는 에로스를 만났다. 에로스는 항상 두 종류의 화살을 갖고 다녔다. 황금화살은 사랑의 열병을, 납 화살은 증오의 마음을 불러일으켰다. 아폴론은 갑자기 장난기가 발동했다. 그는 에로스에게 어린아이가 위험한 물건을 가지고 놀면 안 된다고 시비를 걸었다. 자존심이 상한 에로스가 아폴론에게 앙심을 품었다.

에로스는 어느 날 아폴론이 요정 다프네에게 첫눈에 사랑에 빠져 수작을 거는 것을 보았다. 그는 복수할 수 있는 절호의 기회라고 생각하고 재빨리 아폴론의 가슴에는 황금화살을, 다프네의 가슴에는 납 화살을 날렸다. 그러자 아폴론은 사랑의 열병에 빠지고, 다프네는 증오의 덫에 걸리고 말았다. 아폴론은 다프네의 별처럼 반짝이는 두 눈을 뚫어지게 바라보았다. 그녀의 입술도 넋을 잃고 쳐다보았다. 그러다가 이제 보는 것만으로는 만족할 수 없어 그녀의 몸을 만지기 위해 가까이 다가가기 시작했다. 바로 그 순간 다프네가 달아나기 시작했다.

결국 긴 추격 끝에 지칠 대로 지친 다프네가 아버지이자 강의 신인 페네이오스 강물이 보이자 구해 달라고 기도했다. 그러자 기도가 채 끝나기도 전에 다프네는 사지에 마비 증세가 오는 것을 느꼈다. 이어 부드러운 피부는 나무껍질로, 머리카락은 나뭇잎으로, 두 팔은 가지로 변했다. 또 발은 뿌리가 되었고 얼굴은 우듬지가 되었다. 다프네가 월계수로 변신한 것이다. 아폴론은 그래도 포기하지 않고 월계수 가지에 키스를 한 다음 그것을 꺾어 월계관을 만들어 머리에 쓰고 다녔다.

판과 시링크스의 추격전

추격은 탈출과 불가분의 관계에 놓여 있다. 탈출에 이어 추격이 진행되기 때문이다. 추격은 아슬아슬해야 재미있는 법이다. 아폴론처럼 대부분 추격자는 탈출한 자를 잡으려는 순간 놓치고 만다.《인간의 마음을 사로잡는 스무 가지 플롯》을 쓴 토비아스에 따르면 추격을 더욱더 재미있게 하기 위해서는 "도망자는 추격자에게서 멀리 떨어져서는 안 된다. 추격의 긴장은 인물 사이의 거리가 가까워야 높아진다." 또 도망자는 "추격자를 꼬여내어 가까이 오도록 만

✤ 존 윌리엄 워터하우스, 〈아폴론과 다프네〉 1908
추격은 목숨을 건 싸움이기도 하지만, 일방적인 사랑 때문에 시작되기도 한다. 다프네에게 반한 아폴론은 스토커처럼 그녀를 추격한다.

든다. 그러나 가장 아슬아슬한 순간까지 기다렸다가 마지막 순간에 추격자를 따돌리고 먼지구름을 일으키며 사라진다. 이것이 추격자와 도망자의 기본 관계이다."

판 신과 시링크스의 추격전도 아폴론과 다프네의 추격전처럼 아슬아슬하다. 시링크스는 잡힐 듯 하면서도 한참동안 잡히지 않는다. 판 신은 태어날 때 뿔, 수염, 꼬리, 염소 다리를 하고 있었다. 그가 태어나자 모습이 아주 끔찍해서 어머니도 그를 보고 놀라서 도망갈 정도였다. 그래서 헤르메스는 신들을 즐겁게 하기 위해 그를 가끔 올림포스로 데려가기도 했다.

판 신은 아르카디아에서 살면서 가축 떼와 꿀 벌통을 지켰다. 숲

✛ 니콜라 푸생, 〈판과 시링크스〉 1673

영화나 소설에서 추격당하는 자는 추격자를 기지로 감쪽같이 따돌리기도 하지만, 신화에서는 변신을 통해 추격자의 손아귀에서 벗어나기도 한다.

의 요정들의 축제에 참가하기도 했고, 사냥꾼들이 사냥감을 찾도록 돕기도 했다. 평소 그는 음흉하고 게으르며 오후에 잠자는 것 이외에는 아무것도 좋아하지 않았다. 그때 방해를 받으면 그는 훼방꾼의 머리털이 곤두설 정도로 큰 비명으로 응징했다. 공포를 뜻하는 '패닉panic'이라는 말도 그의 이름에서 유래했다.

특히 판 신은 놀라운 유연성을 갖고 있어서 아주 빠르며 암벽도 아주 쉽게 올랐다. 또 놀라운 성적인 능력을 갖고 있어서 덤불 속에 숨어 요정들이 노는 것을 엿보는 것을 좋아했다. 그러다가 마음에 드는 요정이 생기면 달려들어 겁탈하려 했다. 요정이 달아나면 판 신은 그녀를 추격해서 야욕을 채우는 것으로 악명을 날렸다.

언젠가 판 신은 정숙한 요정 피티스를 겁탈하려고 했다. 그녀는 판 신을 피해 달아나면서 신들에게 기도하여 소나무로 변신했다. 그는 그때부터 가지를 꺾어 관을 만들어 쓰고 다녔다. 또 다른 때에 그는 요정 시링크스에게 마음을 빼앗겨 그녀에게 달려들었다. 그녀가 놀라 도망가자 그녀를 리카이온 산에서 라돈 강까지 추격했다. 마침내 힘에 부친 그녀는 신에게 기도하여 갈대로 변했다. 그러자 판 신은 갈대를 다른 크기로 꺾어 붙여 팬파이프를 만들었다. 그래서 팬파이프를 그리스 어로 시링크스라고 한다.

미노스와 다이달로스의 추격전

크레타에서 미궁을 탈출한 다이달로스도 미노스의 끈질긴 추격을 받았다. 미노스는 거대한 함대를 조직하여 아들과 함께 날개를 달고 하늘로 탈출한 다이달로스를 찾기 위해 출발했다. 그는 소라고둥을 하나를 가지고 다니며 고둥에 리넨 실을 꿰는 자에게는 큰 상금을 주겠다고 약속했다. 그는 그 문제를 풀 수 있는 사람은 다이달로스밖에 없다고 생각했다.

수많은 곳을 거친 끝에 카미코스에 도착하자 그는 코칼로스 왕에게 고둥을 내보였다. 코칼로스는 자신에게 의탁하고 있던 다이달로스를 믿고 그 일을 기꺼이 떠맡았고, 예상대로 다이달로스가 그 방법을 알아냈다. 그는 비단 끈을 개미 몸뚱이에 묶고 고둥 끝에 구멍을 뚫고 그 가장자리에 꿀을 발라 개미를 유혹하여 고둥 속 나선을 통과하도록 했다. 그런 다음 비단 끈 끝에 리넨 실을 묶고 비단 끈을 잡아당겨 리넨 실을 고둥에 꿰었다. 코칼로스는 미노스에게 실에 꿴 고둥을 돌려주며 보상을 요구했다. 미노스는 다이달로스의 은신처를 마침내 발견했다고 확신하고 그를 넘겨달라고 요구했다.

그러나 코칼로스의 딸들은 다이달로스를 잃고 싶지 않았다. 다이달로스가 그들에게 예쁜 장신구들을 많이 만들어 주었기 때문이다. 그래서 그들은 다이달로스와 함께 묘안을 짜냈다. 다이달로스는 미노스가 목욕을 하던 욕실의 지붕을 뚫고 갈대 하나를 꽂아놓고, 아무것도 모르는 미노스 위로 뜨거운 역청을 부었다.

코칼로스는 크레타 인들에게 미노스의 시체를 돌려주면서 사고사였다고 둘러댔다. 미노스가 카펫에 걸려 넘어지면서 물이 끓고 있는 솥에 빠졌다는 것이다. 제우스는 자신의 아들 미노스를 불쌍하게 생각하여 그를 타르타로스에서 사자를 심판하는 세 명의 심판관 중 하나로 임명했다. 다른 두 명의 재판관은 그의 형제 라다만티스와 그의 적수 아이아코스였다.

황금양피를 둘러싼 숨막히는 추격전

황금양피를 가지러 갔던 아르고 호도 콜키스의 아이에테스 왕으로부터 추격을 당한다. 그들은 모두 세 번 추격을 당하지만 아슬아슬하게 위기를 넘기고 탈출한다.

우여곡절 끝에 콜키스에 무사히 도착한 이아손이 아이에테스 왕에게 정중하게 황금양피를 부탁하자, 왕은 전제조건을 내건다. 이아손은 공주 메데이아의 도움으로 그 조건을 충족시켰지만 아이에테스 왕은 황금양피를 주지 않았다. 오히려 그는 아르고 호를 불태우고 영웅들을 몰살할 계획을 세웠다.

메데이아는 아버지의 음모를 일찍부터 꿰뚫어 보았다. 아버지의 성격상 이아손이 과업을 완수해도 황금양피를 줄 리가 없었다. 그녀는 사태가 급박하게 돌아가는 것을 보고 급히 아르고 호를 찾아가 위험한 상황을 알린 다음 이아손을 아레스의 숲으로 데려갔다. 그곳에는 황금양피가 커다란 참나무에 걸려 있었고 잠들지 않는 용이 지키고 있었다.

용은 제우스가 죽인 티폰이라는 괴물의 피에서 태어났다. 녀석은 똬리를 틀고 있었으며 몸집이 아르고 호보다도 더 컸다. 메데이아는 쉭쉭거리는 용을 노래로 달래다가 눈까풀 위에 갓 자른 노간

주나무 즙을 수면제로 떨어뜨렸다. 그러자 녀석은 금세 잠이 들었고 이아손이 조용히 황금양피를 참나무에서 거둬서는 메데이아와 함께 아르고 호가 정박해 있는 해안으로 내려갔다.

그러나 이미 숲 속에서는 아레스 신전의 사제들이 나팔로 비상 경보를 울린 상태였다. 얼마 되지 않아 해안으로 콜키스의 군사들이 새카맣게 몰려와 출항 준비를 서두르던 아르고 호를 공격했다. 제1차 추격인 셈이다. 곧 전투가 벌어져 이피토스, 멜레아그로스, 아르고스, 아탈란테, 이아손이 부상을 당했다. 아르고 호는 간신히 그들을 태우고 급히 출항을 했지만 곧이어 콜키스의 함대가 추격해 왔다.

아르고 호가 테살리아의 이올코스로 귀환한 것에 대해서는 많은 이설들이 있다. 그러나 아르고 호의 영웅들이 피네우스의 충고를 따라 태양이 도는 반대 방향으로 흑해를 돌았다는 것에는 일반적으로 의견의 일치를 보고 있다. 어떤 설에 의하면 이스트로스 강 어귀에서 아이에테스가 아르고 호를 따라잡자 메데이아가 자신이 배에 태워 데려온 어린 이복동생 압시르토스를 죽였다. 그녀는 그를 토막 내서 하나씩 빠른 바다 물살 속에 던졌다. 아이에테스는 잠시 추격을 멈췄다. 나중에 장례식을 위해 아들의 시신을 모두 수습하지 않을 수 없었던 것이다.

그러나 가장 믿을 만한 설에 의하면 이아손을 따라간 2차 추격대는 아이에테스 왕이 아니라 메데이아의 오빠 압시르토스가 이끌었다. 그는 이스트로스 강 어귀에서 아르고 호를 따라 잡았다. 숫자상 열세를 느낀 아르고 호의 영웅들이 그들과 협상을 벌여 무인도

✣ 허버트 제임스 드래퍼, 〈황금양피〉 1904

황금양피를 탈취해 달아나던 이아손과 아르고 호의 영웅들은 이후 세 차례에 걸친 콜키스의 추격대를 따돌린다. 메데이아가 어린 동생을 죽여 바다에 버리고 있다. 그녀의 머리 뒤 쪽으로 황금양피가 걸려 있는 것이 보인다.

였던 아르테미스 섬에 메데이아를 내려놓고 며칠 동안 여사제의 보호에 맡기기로 합의했다. 근처 브리고이 인의 왕이 며칠 뒤 그 사건을 심의하여 메데이아가 집으로 돌아가야 할지, 아니면 이아손을 따라 그리스로 가야 할지, 또 황금양피는 누구의 것이 되어야 하는지를 판결하기로 했다.

생명에 위협을 느낀 메데이아는 오빠 압시르토스에게 은밀하게 전갈을 보내 거짓으로 자신은 유괴된 것이라고 주장하며 단 둘이 만나 탈출할 방도를 찾아보자고 요청했다. 이날 밤 압시르토스가 동생을 만나기 위해 아르테미스 섬을 방문하자 메데이아의 계획대로 매복해 있던 이아손이 뒤에서 그를 칼로 쳤다. 이후 아르고 호의 영웅들은 바로 주인 잃은 콜키스 인들을 공격했고, 그들 함대는 뿔

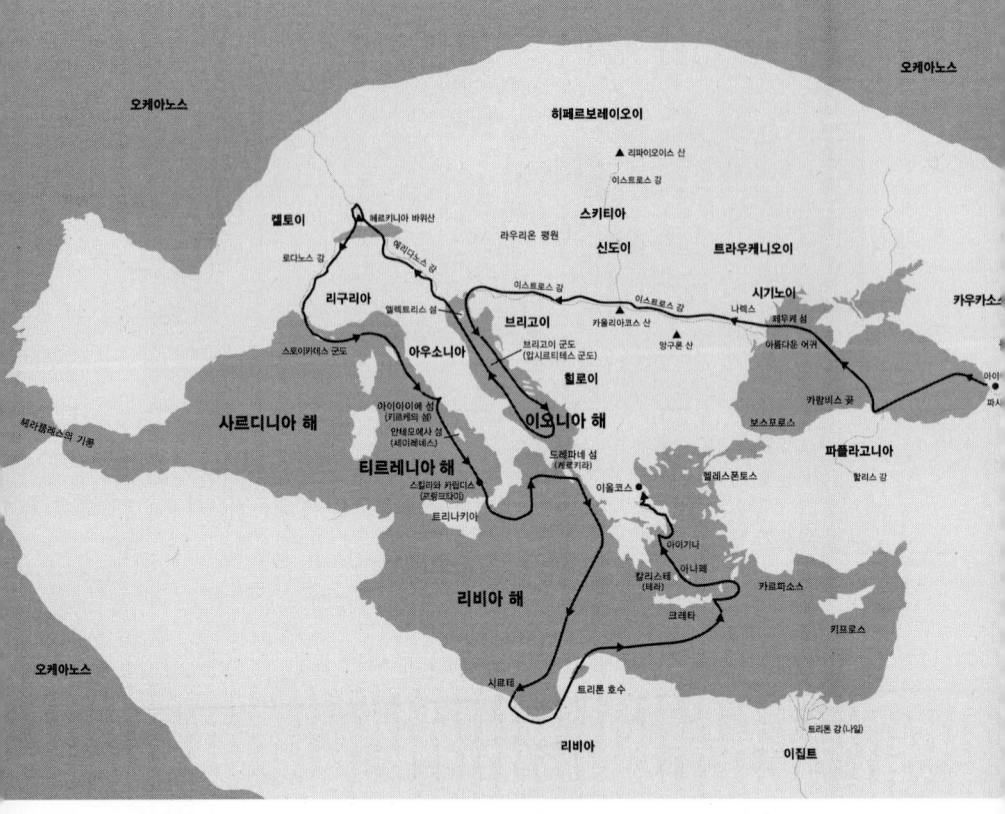

✣ 아르고 호의 귀환 항로

뿔이 흩어지고 도망쳤다.

 2차 추격자들이 없어졌지만 아르고 호는 이오니아 해에서 이리저리 방황을 하며 항로를 찾지 못했다. 그러자 아르고 호의 선수에 박아 놓은 참나무가 인간의 말로 신탁을 알렸다. 이아손이 메데이아의 고모 키르케에게 가서 압시르토스를 죽인 살인죄를 씻어야 집에 돌아갈 수 있다는 것이다. 그들은 다시 방향을 돌려 에리다노스와 로다노스 강을 거쳐 키르케가 살던 아이아이에 섬으로 가서 정죄를 받았다. 두 강은 이탈리아 북부를 관통하고 있었다. 영웅들은 그 강을 통해 남쪽으로 우회하지 않고 이탈리아의 서해안에 있는 키르케의 섬으로 올 수 있었다.

콜키스의 추격대에는 압시르토스의 함대만 있었던 것은 아니다. 아이에테스는 용의주도했다. 그는 아르고 호가 콜키스로 왔던 길을 따라 또 다른 3차 추격대를 보냈다. 아이에테스는 그들에게 메데이아와 황금양피 없이는 절대 돌아오지 말라고 경고했다. 추격대가 그 당시 드레파네라고 불렀던 코르키라 섬에 도착했을 때 아르고 호는 이미 2차 추격대를 따돌리고 맞은편 마크리스라는 조그만 섬 해안에 정박해 있었다.

그 당시 코르키라는 파이아케스 인들의 나라로 알키노오스 왕이 다스리고 있었다. 나중에 오디세우스와 아이네이아스도 바다를 방랑하며 거치는 섬이었다. 아르고 호의 영웅들은 모험이 성공적으로 끝난 것을 기뻐하며 자축하고 있었다. 추격대 대장은 알키노오스 왕과 아레테 왕비를 찾아가 콜키스의 왕 아이에테스의 이름으로 메데이아와 황금양피를 인도해 줄 것을 요구했다.

메데이아가 이번에는 왕비 아레테를 찾아가 자신은 조국 콜키스로 송환되면 틀림없이 죽을 것이라며 제발 도와달라고 간청했다. 왕비는 메데이아의 처지를 안타깝게 생각하고 돕기로 작정했다. 그녀는 그날 밤 잠자리에서 남편 알키노오스에게 얼마나 많은 아버지들이 딸들을 부당하게 대했는지 그 사례를 열거했다.

그녀는 우선 닉테우스가 딸 안티오페에게 가한 가혹행위를 얘기했다. 닉테우스는 딸 안티오페가 제우스의 사랑을 받아 임신하자 박해를 시작했다. 안티오페가 자신을 피해 달아나자 닉테우스는 자살하면서 형제 리코스에게 자신의 원수를 갚아 달라고 유언했다. 그 후 안티오페는 리코스에게 갖은 수모를 당했다. 아레테는 아크리시오스가 딸 다나에에게 가한 잔인한 행동도 예로 들었다. 아크리시오스는 외손자의 손에 죽을 것이라는 신탁을 듣고 딸을 칠흑같이 어두운 청동감옥에 가뒀다. 이어 딸이 제우스의 아들 페르세우스를 낳자 둘을 궤짝에 넣어 바다에 버렸다. 아레테는 마지막으로 애인과 사랑을 나누었다는 사실만으로 딸 메토페를 학대한 에케토스를 예로 들며 말했다.

"지금도 에페로이스의 불쌍한 메토페 공주는 잔인한 아버지 에케토스 왕의 명령으로 감옥에서 신음하고 있어요! 그녀는 청동 바늘에 찔려 눈이 먼 채 청동 보리알을 무거운 맷돌로 빻아야 해요. 아버지는 딸에게 '이 보리알을 다 빻으면 시력이 돌아올 것이다'고 조롱했답니다. 콜키스의 아이에테스 왕도 메데이아 공주를 데려다가 그들과 똑같이 잔인하게 대할 거예요." 아레테는 결국 알키노오스 왕으로부터 다음 날 그가 어떻게 판결을 내릴지 알아냈다. 그는 아내에게 이렇게 심중을 털어 놓았다. "메데이아가 아직 결혼하지 않은 처녀라면 콜키스로 돌아가야 하오. 그러나 더이상 처녀가 아니라면 이아손 곁에 있도록 할 것이오."

아레테는 남편이 깊이 잠이 들자 이아손에게 전령을 보내 이 소식을 알렸다. 이아손은 즉시 아르고 호 근처에 있던 동굴에서 전격적으로 메데이아와 결혼식을 올렸다. 아르고 호의 영웅들은 푸짐한

향연을 베풀어 결혼식을 축하했고 신방 침상에 황금양피를 깔았다. 이튿날 알키노오스 왕이 예상한 대로 판결원칙을 발표했다. 이어 메데이아가 이아손의 아내라는 사실이 증명되었다. 콜키스 인들은 아이에테스가 무서워 빈손으로 콜키스로 돌아갈 수 없었다. 그래서 그들 중 일부는 코르키라 섬에 정착했고, 다른 사람들은 일리리아 제도를 점령했다.

아탈란테와 멜라니온의 추격전

달리기의 명수 아탈란테가 구혼자들과 벌이는 추격적도 흥미진진하다. 아탈란테는 달리기라면 자신이 있었다. 숲 속에서 사슴과 시합을 해도 지지 않았다. 그만큼 그녀는 천부적인 달리기 선수였다. 이 세상 누구도 그녀를 이길 수 없었다. 그녀는 아무리 뒤쳐져 있어도 단숨에 상대를 따라 잡았다.

결혼 적령기가 되자 아버지가 그녀를 결혼시키려고 했다. 아버지가 딸을 결혼시키려는 생각을 비치자 그녀의 집은 구혼자들로 문전성시를 이루었다. 그러나 그녀는 결혼을 하고 싶지 않았다. 델포이의 신탁은 언젠가 그녀에게 결혼을 하면 불행한 일이 벌어질 것이라고 경고했었다. 그때부터 그녀는 아르테미스 여신처럼 독신으로 살기로 맹세했었다.

결혼을 피할 방책을 궁리하던 아탈란테는 좋은 생각을 떠올리고는 아버지에게 이렇게 대답했다. "아버지 말씀대로 하겠어요. 그러나 조건이 있어요. 저를 아내로 맞이하려는 사람은 저와의 달리기 시합에서 저를 이겨야만 해요! 제가 지면 기꺼이 그 사람의 아내가 되겠어요. 그러나 그 사람이 지면 제게 목숨을 내놓아야 해요! 물론 구혼자들은 저보다 먼저 출발하도록 우선권을 주겠어요." 아버지가 대답했다. "좋다, 그렇게 하거라!"

그런데 구혼자들이 아탈란테와 시합을 벌일 때마다 심판을 보던 멜라니온이라는 청년이 있었다. 그는 처음에는 아탈란테의 미모가 전혀 눈이 들어오지 않았다. 수많은 구혼자들이 그녀에게 구혼해서 목숨을 잃는 것을 보고 도무지 이해가 되지 않았다. 그러던 어느 날 그는 시합에서 어떤 구혼자를 물리친 뒤 땀에 흠뻑 젖은 아탈란테의 섹시한 모습을 보고 깜짝 놀라며 중얼거렸다. "내 눈이 지금까지 무엇을 했지? 저런 미모를 보고도 아직까지 알아채지 못했다니! 내 기어코 아탈란테를 차지하고 말리라!"

그는 우선 구혼 시합을 벌이기 전 아프로디테 신전을 찾아가 간절히 기도했다. 아프로디테 여신은 평소 남녀 간의 사랑을 무시하는 아탈란테가 마음에 들지 않았다. 언젠가 그녀를 호되게 혼내 주겠노라고 벼르고 있었다. 그래서 그녀는 멜라니온의 기도를 들어주기로 결심했다. 그녀는 멜라니온이 기도하는 사이 키프로스에 있는 자신의 정원에서 황금사과 세 개를 따와 멜라니온의 손에 쥐어 주며 사용 방법을 알려줬다.

마침내 시합이 벌어지고 예측대로 아탈란테는 먼저 출발한 멜라니온을 쉽게 따라 잡았다. 멜라니온은 아프로디테 여신이 시킨 대로 그 순간 사과 하나를 떨어뜨렸고, 아탈란테는 사과를 줍기 위해 멈추었다. 다시 아탈란테가 추월하려고 하자 멜라니온은 또 사과 하나를 떨어뜨렸고 아탈란테는 다시 잠깐 멈추어 사과를 주웠다. 결승점 가까운 데서 아탈란테가 다시 자신을 추월하려고 하자 멜라니온은 마지막 사과를 떨어뜨렸고 아탈란테가 주춤한 사이 간발의 차이로 먼저 결승점을 통과했다.

아탈란테가 달리기 시합을 하다가 왜 멈추어 섰는지는 알 수 없다. 자신의 실력을 과신해서 그랬을까? 아니면 황금사과에 눈이 멀어서 그랬을까? 아니면 잘생긴 멜라니온이 마음에 들어 고의로 그랬을까? 어쨌든 멜라니온은 아프로디테 여신의 도움으로 아탈란테

✤ 귀도 레니, 〈아탈란테와 멜라니온〉 1615-1625
멜라니온을 추격하던 아탈란테가 주춤한 것은 황금사과 때문이 아니라 멜라니온이 마음에 들어서였을 가능성이 크다.

와의 달리기 경주에서 이겨 그녀를 아내로 맞이했다.

아탈란테도 결혼 생활이 싫지는 않았다. 점점 행복을 느꼈다. 그러나 그녀는 늦게 어렵사리 얻은 행복을 오랫동안 누릴 수 없었다. 곧 신탁의 경고가 사실로 드러났기 때문이다. 멜라니온은 승리에 너무 도취된 나머지 아프로디테 여신에게 감사의 제물을 바치는 것을 잊어버렸다. 아프로디테는 분노하여 두 사람이 파르나소스의 제우스 신전 제단 위에서 사랑을 하도록 했다. 격노한 제우스 신은 자신의 신전을 더럽힌 그들을 암수 두 마리 사자로 변신시켰다. 고대 그리스 인은 사자는 같은 종인 사자가 아니라 표범과 짝을 짓는 것으로 알았다. 그렇다면 사자로 변신한 아탈란테 부부는 죽을 때까지 사랑을 나누지 못한 것이다. 형벌 치고는 너무 가혹한 형벌인 셈이다.

추격, 인간의 원초적 놀이 본능

토비아스의 《인간의 마음을 사로잡는 스무 가지 플롯》은 추격을 어떻게 이야기하고 있을까? 토비아스는 이렇게 말한다. "어린이의 호기심과 상상력을 사로잡는 데 실패하지 않은 두 가지 놀이가 있다. 숨바꼭질과 술래잡기이다. 모두가 숨어 버린 다음에 술래가 되어 나서던 기억을 되살려 보라. 또는 숨어 있을 때 술래에게 들키지 않으려고 숨을 죽이던 기억을 되살려 보라. 이는 숨는 솜씨를 보이는 민첩함과 인내심을 시험하는 게임이다." "술래잡기도 마찬가지이다. 쫓고 쫓기며 항상 다른 사람보다 한 발 앞서야 한다. "어린아이뿐 아니라 어른들도 이런 놀이에 싫증을 내지 않는다. 토비아스의 말을 빌리자면 추격의 모티프는 바로 인간의 원초적 놀이 본능인 숨바꼭질과 술래잡기를 이야기에 활용한 것이다. 왜 추격을 모티프로 한 이야기가 넘쳐나는지 이해할 수 있는 대목이다.

토비아스에 따르면 추격 이야기의 구조는 아주 단순하다. 제1단계에서는 추격자와 도망자가 정해지고 추격이 시작된다. 또 추격자와 도망자 중 누가 선한 사람이고 악한 사람인지 정해진다. 선한 사람이 악한 사람을 추격하는 것이 보통이지만 그 반대의 경우도 종종 일어날 수 있다. 제2단계는 "순전히 추격 자체만을 다룬다." 추격을 하는 과정에서 여러 사건이 일어난다. 도망자가 잡히려는 순간 다시 도망치기도 한다. 그 어떤 이야기에서보다도 사건이 많이 뒤엉킨다. 또 사건의 전환과 반전이 많이 일어난다. "제3단계는 추격의 결과를 다룬다. 쫓기는 자는 위험에서 영원히 벗어나던가 아니면 영원히 그 상황에 갇히게 된다." 혹은 영화에서 흔히 그러는 것처럼 다시 처음으로 돌아가 추격이 계속될 수 있다.

필자는 제2단계에 도망자가 잡힐 듯한 아슬아슬한 순간을 두세 번 넣으라고 권하고 싶다. 아니 그런 장면은 많을수록 좋다. 아폴론도 다프네를 몇 번이나 잡으려다가 놓쳤을 것이다. 판도 시링크스를 추격하면서 몇 번의 실패를 경험했을 것이다. 다만 그 부분이 생략됐을 뿐이리라. 아이에테스가 아르고 호를 추격할 때를 보라. 또 멜라니온을 추격하는 달리기 선수 아탈란테를 보라. 최소한 두 번 도망자를 잡을 기회를 놓치지 않는가. 추격은 탈출이나 구출처럼 최소한 두 번은 실패가 필요하다.

토비아스는 계속해서 말한다. "아리스토텔레스는 행동이 성격을 규정한다고 말했다. 사실이다. 사람이 하는 일은 그가 누구인지를 알게 해준다. 그리스의 연극을 분석한 아리스토텔레스는 행동이 등장인물을 규정하는 법칙을 발견한 것이다. 그러나 아리스토텔레스는 할리우드를 몰랐다. 할리우드에서는 행동이 등장인물을 규정하지 못하는 경우가 흔히 발생한다. 행동이 행동만을 위해 존재할 때 그렇다." 이런 의미에서 추격의 스토리는 가장 할리우드에 맞는 것이 아닐까? 할리우드 영화 중 '추격을 위한 추격'을 다룬 영화가 얼마나 많은가? 또 그 영화들이 얼마나 많은 흥행을 이루고 있는가? 추격을 더욱더 매력적으로 만드는 것은 추격을 예측 못하게 만드는 것이기 때문이다.

그래서 추격 영화에서 중요한 것은 추격자와 도망자와의 라이벌 관계이다. 그런 영화에서는 도망자의 의지가 강한 만큼 또 추격자의 의지 또한 그에 못지않게 강해야 한다. 해리슨 포드 주연의 〈도망자〉를 보면 탈주범을 추격하는 연방경찰 새뮤얼 제라드는 아주 냉혹하고 집요하다. 〈도망자〉는 주인공 킴블 박사가 아내를 죽였다는 누명을 쓰고 감옥으로 이송되다가 우연한 사고를 틈타 이송버스에서 탈출하여 스스로 자신의 누명을 벗는 내용이다. 그가 사라지자 사무엘 제라드가 전담반을 만들어 그를 추격하기 시작한다. 그는 부하들에게 이렇게 명령한다.

"탈주범이 도망친 지 90분쯤 되었다. 산길인 데다 부상을 당했을 테니 보행 속도 4마일로 반경 6마일 내에 있다. 병력을 총동원해서 6마일 안에 있는 모든 주유소, 주택, 농가와 창고, 닭장, 개집까지 이 잡듯 뒤져라. 15마일까지 검문소를 설치해라. 탈주범 이름은 리처드 킴블 박사이다. 체포하라!" 그는 결국 몇 번이나 킴블 박사를 잡으려다가 놓치는데, 그중 터널에서의 장면은 손에 땀을 쥐게 한다. 킴블 박사가 터널에서 쫓기다 댐으로 통하는 하수로 끝자락 막다른 골목에서 천길 낭떠러지 댐으로 뛰어내리자 부하 하나가 이렇게 말한다. "거기선 살 수가 없어요. 물고기 밥이라구요." 그러자 제라드가 말한다. "그럼 그놈을 먹은 고기라도 잡아야지."

전쟁

―
명분은
단지 구실에
불과하다

"그렇다면 도대체 왜 전쟁이란 게 있는 거지?" 차덴이 묻는다.

카친스키는 어깨를 추스른다. "전쟁으로 분명 득을 보는 사람이 있는 거지."

"뭐, 나는 그렇지 않은데." 차덴이 히죽히죽 웃으며 말한다.

"물론 너는 아니지. 여기에는 아무도 그런 사람이 없지."

"그럼 도대체 누가 득을 본다는 거야?" 차덴이 집요하게 묻는다. "황제에게도 득이 되지 않을 것 같은데. 황제에겐 필요한 게 무엇이든 있잖아."

"그런 소리 말아." 카친스키가 말대꾸를 한다. "황제는 아직까지 전쟁을 한 번도 하지 않았어. 조금 위대한 황제라면 모두 적어도 한 번은 전쟁을 하는 거야. 그래야 유명해지니까. 교과서를 한 번 살펴봐라."

"장군들도 전쟁 덕으로 유명해지는 거지." 데터링이 말한다.

"황제보다 더 유명해지지." 카친스키가 맞장구를 친다.

"확실히 개중에는 전쟁으로 돈을 벌려고 하는 사람도 끼여 있어." 데터링이 투덜거리며 말한다.

"내 생각엔 전쟁이란 오히려 일종의 열병인 거 같아." 알베르트가 말한다. "사실 전쟁을 원하는 사람은 아무도 없어. 그런데 느닷없이 전쟁이 터지는 거야. 우린 전쟁을 바라지 않았어. 다른 사람도 그렇게 주장하지. 그런데도 세계의 절반이 전쟁에 참가하고 있어."

레마르크, 《서부전선 이상 없다》

전쟁의 명분은 구실에 불과하다

《서부전선 이상 없다》의 주인공 파울 보이머는 제2차 세계대전이 발발하자 허황된 애국심으로 무장한 담임선생 칸토레크의 설득으로 반 친구들인 크로프, 뮐러, 켐머리히 등과 함께 자원입대한다. 패기와 애국심으로 똘똘 뭉친 그들은 10주간의 훈련을 받고 서부 전선에 배치된다. 그러나 보이머는 날마다 포화가 빗발치는 전쟁터에서 점점 자신들을 전쟁터로 내몬 기성세대의 허위의식과 전쟁의 무의미함을 인식하기 시작한다.

자신들을 전선으로 보낸 어른들은 애국심을 강조했지만 그것은 새빨간 거짓이었음이 드러난다. 담임 칸토레크과 고향 어른들은 모두 안전한 후방에서 말로만 조국애를 떠들며 전방에서 들려오는 진실을 외면한다. 집배원 출신의 분대장 히멜슈토스는 신병훈련소에서는 학생들에게 용기를 강조했지만 막상 전선에 투입되자 꽁무니를 빼며 두려워한다. 일부 병사들도 살기 위해 적을 무차별적으로 사살하면서도 죽어가는 친구의 소지품을 탐낸다.

보이머는 이런 전쟁의 허구성을 깨달아가면서 모든 것이 "이렇게 변해 버렸는데 평화가 찾아온다고 무엇을 할 수 있겠는가?"라고 반문한다. 시간이 흘러가면서 함께 자원입대한 친구들은 실낱처럼 남아 있는 전우애로 버티다가 하나씩 죽어 간다. 결국 마지막까지 혼자 살아남은 보이머도 고대하던 종전을 앞두고 전사하고 만다. 그날 사령부 보고서에는 '서부전선 이상 없음'이라고 적혀 있었다.

위 인용문은 황제가 부대를 시찰하고 돌아간 뒤 보이머가 또 다른 반 친구인 차덴, 카친스키, 데터링, 알베르트 등과 함께 휴식시간에 잠시 전쟁에 대해 담소하는 부분이다. 그들의 이야기는 학생들답게 순진한 구석이 있긴 하지만 전쟁의 본질을 꿰뚫어 보고 있다.

가령 유명해기기 위해 "위대한 황제라면 다 적어도 한 번은 전쟁을" 한다는 카친스키의 말은 전쟁의 우발적인 측면을 꼬집고 있고, "전쟁으로 돈을 벌려고 하는 사람이" 있다는 데터링의 말은 전쟁의 숨은 목적을 지적하고 있다.

이뿐 아니다. 이 대화 이전에 알베르트가 보이머에게 던지는 다음과 같은 질문은 전쟁의 상대주의적 성격을 간파하고 있다. "그런데 우리 나라의 교수들이며 목사들이며 신문들은 우리만 옳다고 말하잖아. 그건 뭐, 그렇다고 해두자. 그런데 프랑스의 교수들이나 목사들이나 신문들도 자기들만이 옳다고 주장하겠지? 이에 대해서는 어떻게 생각해?"

특히 차덴이 전쟁의 이유를 묻자 알베르트가 전쟁은 "대체로 한 나라가 다른 나라를 심하게 모욕할 때" 일어난다고 대답하는 대목은 전쟁에는 명분이 필요하다는 사실을 암시한다. 그렇다. 전쟁은 일단 모욕당한 나라가 모욕한 나라를 응징하기 위해 일어난다. 제1차 세계대전이 일어난 이유를 생각해 보라. 세르비아의 수도 사라예보에서 오스트리아의 황태 자부부가 살해되면서 터지지 않았는가? 그러나 그것은 구실에 불과하다. 진짜 이유는 따로 있다. 전쟁은 바로 자국이나 동맹국의 이익을 얻기 위해 일어난다.

그리고 전쟁은 한번 터지면 걷잡을 수 없는 "열병"처럼 번진다. 서로 편을 갈라 자기편만 옳다고 주장하기 때문이다. 보이머는 말한다. "어쨌든 전쟁은 시작됐고, 매달 더 많은 나라가 참전하고 있어."

트로이 전쟁의 명분이 된 파리스의 심판

그리스 신화의 트로이 전쟁도 명목상으로는 트로이에 모욕당한 그리스가 그 보복을 하기 위해 시작된다. 트로이의 왕자 파리스가 그리스 스파르타의 왕비 헬레네를 납치해 갔기 때문이다. 헬레네는 납치당한 게 아니라 자진해서 따라갔을 가능성이 많다. 그러나 그리스 측에서 보면 그건 분명 납치이고 또 그래야 한다. 전쟁은 그만큼 명분이 중요하다.

그렇다면 파리스는 왜 헬레네를 납치해 갔을까? 그 대답을 하려면 파리스가 헤라, 아테나, 아프로디테 등 세 여신의 아름다움을 판결한 소위 '파리스의 심판'으로 거슬러 올라가야 한다.

파리스의 심판이 열리게 된 배경은 바다의 여신 테티스와 펠레우스의 결혼식이다. 결혼식 피로연을 위해 신들이 모여 있는 곳에 불화의 여신 에리스가 황금사과를 하나 떨어뜨렸다. 사과 겉에는 "가장 아름다운 여신에게"라는 문구가 쓰여 있었다. 에리스는 밤의 여신 닉스가 혼자 낳은 딸로 주로 고통, 전쟁, 살인, 싸움, 거짓 등을 불러일으켰다. 그녀는 결혼식에 초대받지 못해 화가 나 여신들 사이에 분쟁을 일으키고 싶었던 것이다.

아니나 다를까. 헤라, 아테나, 아프로디테 세 여신이 그 황금사과를 놓고 서로 자기 것이라고 다투었다. 세 여신은 옥신각신하다가 제우스에게 판결을 부탁했다. 영리한 제우스는 셋 중 하나를 택해 두 여신의 원한을 사고 싶지 않았다. 그는 가장 아름다운 여신을 고르는 일은 인간들 중 가장 잘 생긴 남자 파리스가 해야 한다고 둘러대 위기를 모면했다.

파리스는 트로이의 왕 프리아모스의 아들로 불행한 운명을 갖고 태어났다. 그의 어머니 헤카베는 그를 임신했을 때 이상한 꿈을 꾸었다. 그녀는 꿈속에서 활활 타오르는 횃불 하나를 낳았는데 그 불꽃이 점점 트로이 시내로 번지더니 시 전체를 잿더미로 만들었다. 프리아모스가 해몽을 부탁하자 자신의 아들이자 예언자인 아이사코스가 충격적인 얘기를 해주었다. 뱃속의 아이가 트로이를 몰락시킨다는 것이다. 헤카베는 아이가 태어나자 차마 죽일 수 없어 시종을 시켜 이데 산에 갖다 버리도록 했다. 다행히 목동 아겔라오스가 어린 파리스를 발견하여 훌륭하게 길러냈다. 어느덧 준수하고 용맹스런 청년으로 자란 파리스는 아버지로 알고 있던 아겔라오스의 가축을 도둑들로부터 안전하게 지켜냈다. '보호자'라는 뜻을 지닌 알렉산드로스라는 별명을 얻게 된 것도 바로 그 때문이다.

그러던 어느 날 프리아모스의 부하들이 그에게서 가장 멋진 황소 한 마리를 징발해 갔다. 어려서 죽은 왕자를 기리는 경기에서 우승자의 상품으로 쓴다는 것이다. 파리스도 황소를 다시 찾으려고 그 경기에 참가했다가 많은 경쟁자들을 물리치고 우승했다. 경쟁자들 중에는 프리아모스의 아들들도 있었다. 그들은 미천한 신분의 이방인이 자신들을 이긴 것에 몹시 분개했다. 결국 프리아모스의 아들 중 왕자 데이포보스가 화를 이기지 못하고 칼을 빼들어 그의

✚ 라파엘 멩스, 〈파리스의 심판〉 1757

트로이 전쟁은 파리스의 심판에서 비롯되었다고 하지만 그것은 구실에 불과하다. 트로이 전쟁은 트로이를 점령하려는 그리스의 정복욕에서 발발한 것이다.

목을 치려했다. 그러자 파리스가 궁전 내의 제우스의 제단으로 도망쳤다. 바로 그 순간 공주이자 예언자인 카산드라가 동생을 알아보았다. 프리아모스와 헤카베도 기뻐하며 그를 아들로 다시 받아들였다. 파리스는 궁에서 지내기도 했지만 주로 예전처럼 이데 산에서 목동 생활을 하며 살았다. 몸에 밴 생활습관은 하루아침에 바뀌는 법이 아니다.

헤르메스가 세 여신을 대동하고 파리스에게 황금 사과를 건네며 제우스의 명령을 전해주었을 때에도 그는 마침 이데 산에서 가축들에게 꼴을 먹이고 있었다. "파리스, 네가 감수성도 예민하고, 또 이 세상에서 가장 잘 생기기도 해서 제우스 신께서 너에게 이 세 여신들 중 누가 가장 아름다운지 판결하라는 명령을 내리셨다." 파리스는 당황한 듯 황금사과를 받으며 외쳤다. "나같이 한낱 보잘것없는 목동이 어떻게 신들의 아름다움을 판결할 심판관이 될 수 있겠습니까? 차라리 이 사과를 세 여신에게 똑같이 쪼개어 나누어 드리겠습니다."

그러자 헤르메스가 황급히 대답했다. "아니, 그래선 안 된다. 너는 전지전능한 제우스의 명령에 불복할 수 없다. 나는 또한 너에게 아무런 충고도 할 수 없다. 너는 너 자신이 원래 타고난 판단력을 이용해야 한다!" 파리스가 탄식하며 말했다. "그렇게 하겠습니다. 그러나 우선 저는 선택받지 못할 여신들께서 제게 진노하지 마실 것을 간청합니다. 저는 아주 어리석고 나약한 인간에 불과하기 때문입니다."

여신들이 그의 결정에 따르겠다고 약속했다. 그러자 파리스가 헤르메스에게 물었다. "여신들의 현재 모습으로 판결하는 게 좋겠습니까, 아니면 옷을 벗은 몸으로 판결하는 게 좋겠습니까?" "경합의 원칙도 네가 결정해야 한다." 헤르메스가 음흉하게 미소 지으며 대답했다. "그렇다면 이번 경우에는 여신들이 옷을 벗어 주셨으면 합니다." 헤르메스는 여신들에게 그렇게 하라고 명령하고 정중하게 등을 돌렸다.

아프로디테가 막 옷을 벗으려하자 아테나가 이의를 제기했다. 아프로디테가 착용하고 있는 케스토스비마스라는 마법의 가슴 띠를 풀어야 한다는 것이다. 그 가슴 띠는 남자의 마음을 금세 사로잡는 마법의 띠였기 때문이다. 그러자 아프로디테가 화가 내며 말했다. "당신이 투구를 벗는다면 저도 그렇게 하죠. 당신은 투구를 안 쓰면 끔찍하게 보이죠."

"여신들께서 반대만 안 하신다면 저는 여신들을 한 분씩 살펴보겠습니다." 파리스가 말했다. "불필요한 말들을 듣지 않기 위해서입니다. 우선 헤라 여신께서 먼저 이리 와 주십시오! 다른 두 분 여신께서는 잠시 우리 둘만 있게 해주시겠습니까?" 헤라는 파리스에게 천천히 몸을 돌리며 자신의 멋진 몸을 보이며 말했다. "나를 잘 살펴보고, 네가 나를 가장 아름다운 여신으로 선택해 주면 너를 아시아의 군주와 이 세상에서 가장 부자로 만들어 줄 것이라는 것을 명심해라." "여신님, 저는 뇌물을 받지 않습니다. 고맙습니다. 이걸로 충분합니다. 제가 보고 싶은 것은 다 보았습니다. 자, 다음은 아테나 여신께서 이리 와 주십시오!"

"자, 내 몸을 잘 봐라." 아테나 여신이 이렇게 말하며 자신 있게 앞으로 나섰다. "파리스, 잘 들어라. 만약 내가 황금사과를 받아 마땅하다고 판결을 내릴 만큼 충분한 지각을 갖고 있다면, 나는 네가 전투를 할 때마다 승승장구하도록 만들어 줄 뿐 아니라 이 세상 모든 남자들 중에서 가장 멋지고 현명한 자로 만들어 주겠다." "저는 군인이 아니라, 하찮은 목동에 불과합니다." 파리스가 말했다. "저는 트로이 지역에 평화가 유지되고 프리아모스 왕의 지배권이 흔들리지 않게 할 수 있는 분은 당신뿐이라는 것은 알고 있습니다. 그러나 저는 단지 황금사과에 대해 정당하게 판결할 것을 약속드릴 뿐입니다. 이제 옷을 입으시고 투구도 쓰십시오. 자, 이제 마지막으로 아프로디테 여신 준비되셨습니까?"

아프로디테 여신이 그에게 다가오자 파리스는 볼이 빨개졌다. 그녀는 그와 몸이 거의 닿을 정도로 바싹 다가왔기 때문이다. "자, 아무것도 놓치지 말고 자세히 봐라. 내친 김에 말하자면 널 보자마자 난 내 자신에게 이렇게 말했다. '과연, 그는 트로이에서 가장 멋진 청년이구나. 그런데 왜 그는 이 숲속에서 시간을 허비하며 하찮은 가축들을 돌보고 있는 것일까?' 그래, 파리스, 도대체 왜 너는 여기서 그런 일을 하고 있느냐? 너는 왜 도시의 문명생활을 즐기지 않는 거냐? 네가 나처럼 아름답고 나 못지않게 정열적인 스파르타의 헬레네와 같은 여자와 결혼한다면 얼마나 좋겠니? 내가 확신하건대 그녀는 너를 보자마자 너의 연인이 되기 위해서라면 고향과 가족뿐 아니라 모든 것을 헌신짝처럼 버릴 것이다. 너는 혹시 헬레네에 대해 들어본 적이 있느냐?"

"아뇨, 아직요, 여신님. 그런데 제게 그녀가 어떤 여자인지 설명해 주시면 고맙겠습니다." "헬레네의 피부는 아주 밝고 부드럽다. 백조에게서 태어났기 때문이지. 그녀는 제우스 신이 자신의 아버지라고 하는데 옳은 말이다. 그녀는 사냥과 레슬링을 좋아하고 어린아이였을 때 벌써 전쟁의 원인이 되기도 했다. 그녀가 성인이 되자 그리스의 모든 왕자들이 그녀에게 구혼을 했다. 지금 그녀는 아가멤논 왕의 동생 메넬라오스의 아내이다. 그러나 그것은 그리 중요하지 않다. 너만 원한다면 그녀를 가질 수 있다."

"이미 결혼했는데 어떻게 그럴 수 있지요?" "아이고! 넌 정말 순진하구나! 넌 그런 일을 처리하는 게 신으로서의 내 일이라는 것을 들어보지 못했느냐? 너한테 제안을 하나 하겠다. 내 아들 에로스를 안내자 삼아 그리스로 떠나자. 네가 스파르타에 도착하면 나와 내 아들은 헬레네가 단숨에 너와 사랑에 빠지도록 도와주겠다." "그 말을 맹세하실 수 있겠습니까?" 파리스가 흥분하여 물었다. 아프로디테가 엄숙하게 맹세하자, 파리스는 더 생각할 것도 없이 황금사과는 아프로디테의 것이라고 판결했다.

이 판결로 파리스는 아테나와 헤라의 증오를 샀다. 그들은 트로이의 몰락을 계획하기로 의기투합한 채 물러갔다. 아프로디테는 음흉한 미소를 지으며 어떻게 하면 자신의 약속을 가장 잘 지킬 수 있을지 곰곰이 생각했다. 파리스는 곧 궁전으로 돌아와 아프로디테와 스파르타로 떠날 채비를 갖추었다. 형제자매이자 예언자인 헬레노스와 카산드라가 파리스를 말렸지만 아무 소용이 없었다.

파리스와 아프로디테가 스파르타 왕궁에 도착하자 메넬라오스는 그들을 극진하게 대접했다. 그는 외할아버지 카트레우스의 장례식에 참석하기 위해 크레타로 떠나면서도 헬레네에게 파리스를 잘 대접하라고 신신당부했다. 파리스는 남편 메넬라오스가 없는 틈을 노려 헬레네에게 트로이로 가 같이 살자고 유혹했다. 이때 헬레네가 파리스를 따라가지 않으려 했다는 설이 있다. 그래서 아프로디테가 아들 에로스를 시켜 헬레네의 마음에 사랑의 불씨를 지폈다는 것이다. 어쨌든 그녀는 젊고 잘생긴 파리스에 반해 그를 따라갔다. 그것도 모자라 그녀는 궁전에 있는 금은보화를 몽땅 갖고 갔다.

제국주의적 야욕에서 시작된 트로이 전쟁

그리스 신화는 헬레네의 바람기를 트로이 전쟁의 가장 중요한 원인으로 기술한다. 스파르타의 왕비 헬레네가 스파르타의 보물을 훔쳐 트로이의 왕자 파리스를 따라가자 화가 난 그리스가 전쟁을 일으켰다는 것이다. 게다가 헤라, 아프로디테, 아테나 등 세 여신의 미인 대회도 전쟁의 원인으로 지목된다. 이 대회가 파리스와 헬레네를 연결시켜 주는 계기가 되었기 때문이다.

그러나 트로이 전쟁의 원인은 헬레네의 잘못도, 세 여신의 미인 대회 탓도 아니다. 전쟁은 무엇보다도 오히려 남의 아내지만 당대 최고의 미인을 품어 보려는 남성 파리스의 비뚤어진 욕망으로 인해 촉발된 것이나 다름없다. 그러나 그리스 신화는 전쟁의 원인을 죄다 헬레네의 바람기나 여신들의 미인대회로 돌리고 있다. 이것은 판도라라는 인류 최초의 여성을 이 세상 모든 악의 근원으로 돌리는 시각과 일치한다. 그렇다고 헬레네의 방종한 행동을 두둔하거나 옹호하고 싶은 마음은 없다. 단지 여자나 여신들의 미인대회를 전쟁의 원인으로 돌리고 싶어 하는 그 저의가 의심스럽다는 것이다.

그리스 신화에서 전쟁은 주로 남성들의 권력욕의 결과로 초래된다. 크로노스가 아버지 우라노스를 거세하는 것도, 제우스가 아버지 크로노스를 비롯한 티탄 신족과 싸우는 것도 모두 권력욕 때문이었다. 오이디푸스의 두 아들 폴리네이케스와 에테오클레스가 벌인 테베 전쟁도 마찬가지이다. 트로이 전쟁은 그 당시 세계의 주도권을 잡고 있던 그리스가 세력을 확장하기 위해 이민족인 동양의 트로이를 점령하는 과정에서 발발한 것이다. 그리스 인들은 그 당시 자국민이 아니면 모두 야만족으로 규정하고 군대를 보내 잔인하게 정복하는 식민지 정책을 펼쳤다. 헤라클레스를 비롯한 많은 영웅들의 이야기도 이런 정복전쟁의 과정에서 생겨나고 또 필요했을 것이다. 그러나 그들은 트로이 전쟁의 원인을 한 여성이나 여신들의 미인대회 탓으로 돌리며 남성들의 폭력을 미화한다.

기원전 20세기에 그리스 반도에 남하한 아카이아 인과 이오니아 인들은 미케네를 중심으로 정착하더니 화려한 문명을 꽃피운다. 미케네 문명은 크레타나 트로이 문명보다는 나중에 일어나 그 영향권에서 발전하지만 점차 이 두 문명을 추월하고 강력한 식민정책을 추구한다. 그런데 이들이 세력을 뻗어나갈 수 있는 곳은 내륙이 아니라 바다 쪽이었다. 내륙 쪽으로는 척박한 산악지대였을 뿐 아니라 고대 그리스 인은 반도국가 민족으로서 일찍이 해상무역에 눈을 떴으며 그만큼 배 만드는 기술이나 해양산업에 뛰어난 재능을 갖고 있었기 때문이다.

이런 과정에서 이들은 이미 기원전 15세기에 크레타 문명을 복속하고 소아시아와 아프리카 북부 해안 도시를 비롯하여 전 지중해 해안과 도서에 수많은 식민도시를 거느릴 정도로 막강한 세력을 형성하고 있었다. 트로이 전쟁이 일어난 기원전 12세기는 이런 미케네 문명이 최전성기를 누리고, 아울러 고대 그리스 인의 식민지 개척이 최정점에 이르던 시기였다. 트로이 전쟁은 바로 이 시점에서 고대 그리스 인들이 벌인 계획된 침략전쟁이다.

그러나 그리스 신화는 트로이 전쟁의 원인을 헬레네 납치 사건으로 돌리고 있다. 자신들은 전쟁을 원하지 않았지만 트로이가 헬레네를 납치하여 먼저 싸움을 걸었다는 식이다. 우리는 그리스 신화 이외에 트로이 전쟁에 대한 기록을 찾아볼 수 없다. 그러나 고대 그리스 인들은 헬레네가 트로이로 도망가기 이전부터 내내 트로이를 침략할 명분을 쌓고 있었던 것은 아닐까? 그러던 중 파리스가 헬레네를 데려가자 절호의 기회라고 생각하고 군대를 동원한 것은 아닐까? 아니면 애초에 헬레네 납치 사건은 없었던 것은 아닐까?

트로이 전쟁의 원인 헬레네는 트로이에 없었다

헤로도토스는 《역사》에서 이와 관련하여 의미심장한 이야기를 소개하고 있다. 일반적으로 파리스는 헬레네를 배에 태우고 순풍을 받아 3일 만에 트로이에 도착했다고 하고 있지만 헤로도토스가 이집트의 사제로부터 들은 이야기는 그와는 전혀 다르다. 그에 따르면 파리스의 배는 폭풍우를 만나 한참을 표류하다가 트로이로 가지 못하고 이집트에 도착했다. 이집트의 왕 프로테우스는 자초지종을 전해 듣고 남의 가정을 파괴한 파리스를 추방하고 헬레네와 그녀가 가지고 간 보물은 억류해 두었다. 그는 헬레네의 남편이 찾으러 오면 아내와 보물을 돌려줄 속셈이었다.

그 사이 아가멤논은 총사령관이 되어 동생 메넬라오스와 함께 그리스 대군을 이끌고 트로이를 포위한 채 성안으로 특사를 보내 헬레네와 보물을 돌려주고 그리스를 모욕한 것에 대해 물질적으로 보상해 줄 것을 요구했다. 그러자 트로이 측은 "헬레네도, 그들이 훔쳐왔다고 하는 보물도 그곳에 있지 않고 모두 이집트에 있으며, 따라서 이집트 왕 프로테우스가 억류해 놓고 있는 것을 그들이 보상할 이유가 없다"고 답변했다.

그러나 그리스 군은 트로이 군에게 우롱당하고 있다고 생각하여 트로이를 포위 공격하고 마침내 이곳을 점령하였다. 그러나 성을 점령하고서도 헬레네의 모습을 찾아볼 수 없고 여전히 전과 똑같은 이야기를 듣게 되자, 그리스 군도 마침내 처음 이야기를 믿고 메넬라오스를 프로테우스에게 보냈다. 이집트에 도착한 메넬라오스는 나일 강을 거슬러 올라가 멤피스에 도착한 다음 프로테우스 왕에게 찾아온 용건을 말하자 환대를 받았다. 또 아무런 해를 입지 않고 편히 지내고 있던 헬레네와 본래 자기 것이었던 보물을 그대로 돌려받았다.

헤로도토스는 이집트 사제들이 헬레네에 대해 말한 것이 사실이라고 생각한다고 말했다. 그에 의하면 헬레네가 실제로 트로이에 있었다면 트로이 인들은 파리스의 의지와는 상관없이 그녀를 그리스 군에 돌려주었음에 틀림이 없었다. 프리아모스를 비롯한 그 누가 자신과 가족 그리고 나라까지 위험에 빠뜨리면서 파리스와 헬레네의 사랑을 지켜줄 수 있었겠느냐는 것이다. 설혹 헬레네의 연인이 프리아모스였다고 해도 그는 트로이를 위험에서 구해내기 위해 헬레네를 그리스 군에 되돌려 보냈을 것이다. 또 이미 노인이 된 프리아모스를 대신해서 용맹무쌍한 장남 헥토르가 트로이의 전권을 행사하고 있었을 텐데 아무리 동생이라고 해도 그의 파렴치한 행위를 보고만 있지 않았을 것이다.

헬레네의 행방에 대한 또 다른 이설이 있다. 파리스의 심판에서 패배한 헤라는 기분이 몹시 상해서 파리스와 헬레네가 맺어지지 못하도록 했다. 그녀는 구름으로 헬레네의 모습을 빚어 파리스에게 준 다음 진짜 헬레네는 헤르메스를 시켜 이집트의 프로테우스 왕에게 맡겼다. 이밖에도 제우스 신이 가짜 헬레네를 만들어 트로이로 보내 전쟁을 일으켰다는 이설도 있고, 프로테우스가 파리스를 추방하면서 마법으로 가짜 헬레네를 만들어 같이 가도록 했다는 이설도 있다.

헬레네에 대한 이설들은 우리에게 전쟁의 속성에 대한 두 가지 중요한 진실을 말해 준다. 하나는 전쟁은 명분이 중요하지만, 그 명분은 구실에 지나지 않고 진짜 전쟁의 목적은 따로 있다는 것이다. 트로이 전쟁은 납치당한 헬레네를 찾으러 간다는 명분이었지만, 헤로도토스에 의하면 정작 헬레네는 트로이에 없었거나 가짜였고 결

❖ 프란체스코 프리마티키오, 〈헬레네의 납치〉 1530-1539년
그리스 신화는 트로이 전쟁의 원인을 트로이가 헬레네를 납치했기 때문이라고 말한다. 그러나 그리스는 헬레네가 트로이로 가기 이전부터 내내 트로이를 침략할 명분을 쌓고 있었던 것은 아닐까?

국 애꿎은 트로이만 몰락시켰다. 아직도 계속되는 이라크전의 명분은 무엇이었는가? 이라크 내에 설치되어 있는 대량살상무기를 찾는다는 것이었는데 아무리 눈을 씻고 찾아봐도 과연 그 무기가 있었는가? 또 다른 하나는 전쟁은 구름처럼 아무것도 아닌 것을 위해 벌어진다는 것이다. 그리스 군과 트로이 군이 놓고 싸운 것은 실제 헬레네가 아닌 구름으로 만든 가짜 헬레네가 아니었는가.

2004년 개봉된 볼프강 페터슨 감독, 브래드 피트 주연의 영화

〈트로이〉는 우리의 이러한 물음에 긍정적인 답변을 제시한다. 이 영화에서는 신화와 관련된 부분은 모두 생략되고 모든 사건이 현실 정치와 맞물려서 벌어진다. 오랫동안 적대관계에 있던 그리스와 트로이는 서로 화해를 시도한다. 화해 사절단으로 트로이에서 헥토르와 파리스가 파견된다. 그리스 왕궁에서는 이들을 맞이하여 성대한 연회가 벌어진다.

그런데 연회장에서 메넬라오스의 왕비 헬레네와 트로이의 왕자 파리스는 첫눈에 그만 서로 사랑에 빠진다. 헬레네는 결국 귀국하는 파리스의 배에 올라타고 트로이로 도망친다. 메넬라오스는 미케네의 왕이자 형인 아가멤논을 찾아가 사정을 얘기하고 도움을 요청한다. 이때 아가멤논의 반응이 아주 의미심장하다. 그는 옛날부터 트로이를 점령해 버리자는 자신의 말을 듣지 않은 동생을 심하게 꾸짖으며 이제야 트로이를 공격할 구실이 생겼다고 기뻐한다.

이 영화는 배역을 통해서도 그리스 군이 침략군이라는 인상을 물씬 풍긴다. 그리스 군의 대표 장수 아가멤논과 메넬라오스는 모두 인상이 험악하다. 얼굴에 흉측한 상처가 있어 숱한 싸움으로 잔뼈가 굵었음을 짐작할 수 있다. 아킬레우스는 전투에는 소극적이다. 그는 아가멤논의 침략전쟁에는 관심이 없다. 그가 전쟁에 참여한 것은 자신의 명예를 높이기 위해서였다. 급기야 그는 헛된 야욕에 사로잡힌 무례한 아가멤논에 실망하여 전투에서 발을 빼기도 한다.

아킬레우스가 나중에 전투에 다시 참여하기로 결심하는 것도 아가멤논과 메넬라오스를 위해서가 아니다. 절친한 친구 파트로클로스가 헥토르의 손에 죽어 원수를 갚기 위해서이다. 이에 비해 트로이의 대표 장수 헥토르와 파리스는 얼굴이 매끈하고 유순해 보인다. 그들의 아버지 프리아모스는 하얀 수염을 휘날리며 평화스럽고 고결해 보이기까지 한다. 이런 인물을 배정한 것은 감독이 잔인한 침략군으로서의 그리스 군을 염두에 두었기 때문일 것이다.

고대 그리스 인은 그리스가 세계의 중심이라 믿었으며 자신들 이외의 타민족들은 야만족이라 생각했다. 중국인이 중국을 세계의 중심이라 생각하고 주변 민족들을 오랑캐로 부른 것과 비슷하다. 고대 그리스 인이 주변 이민족들을 점령하면서도 조금도 양심에 꺼리지 않은 것도 이런 선입관 때문이다. 그들은 자신들의 정복이 이들에게 오히려 문명의 혜택을 가져왔다고 주장한다. 헤로도토스의 《역사》를 보면 그리스의 동쪽 끝 흑해를 지나 내륙으로 갈수록 하나같이 이상한 민족들에 관한 서술뿐이다.

예를 들면 그곳에는 눈이 하나 밖에 없는 민족, 산양의 다리를 한 민족, 1년 중 반은 잠을 자면서 보내는 민족 등이 있다는 식이다. 우리가 헤로도토스를 위대한 역사의 아버지로 알고 있지만 그 역시 고대 그리스 인이 갖고 있던 이민족은 야만인이라는 논리에서 자유로울 수 없었던 것이다. 그리스 신화가 트로이 전쟁의 원인을 미화하고 정당화하는 것도 이런 이데올로기의 소산이다.

트로이 전쟁과 여성

그리스 신화는 제우스를 정점으로 한 가부장제의 이데올로기 역할을 하고 있다. 따라서 신화 속 여성들은 초라하고 왜곡된 모습으로 그려져 있다. 남성들의 전유물로 알려진 전쟁에서도 예외가 아니다. 여성은 인간이 아니라 주로 신들에게 바치는 제물이나 인간들에게 주는 상품, 선물, 전리품으로 여겨진다. 트로이 전쟁에서 이피게네이아의 운명을 생각해 보라. 그녀는 전쟁을 위한 제물로 바쳐지지 않는가.

아울리스 항에 집결한 그리스 함선들이 트로이로 출발을 해야 하지만 바람이 불지 않아 떠나지 못한다. 그 이유는 그리스 군 총사령관 아가멤논이 아울리스 항 근처의 숲 속에서 사냥하며 아르테미스가 기르던 사슴을 죽인 적이 있기 때문이다. 아르테미스 여신이 아가멤논에게 분노하여 배들을 붙들어 두고 있다는 것이다.

그런데 그 해결책이 정말 모순적이다. 여신은 잘못을 저지른 아가멤논은 탓하지 않고 그의 큰 딸 이피게네이아를 자신에게 바치라고 요구하기 때문이다. 게다가 아가멤논은 행동은 더 가관이다. 그는 전쟁을 위해서라면 딸의 목숨은 전혀 개의치 않는다. 그는 딸을 아킬레우스와 결혼시킨다는 구실로 아울리스 항으로 부른다. 전갈을 받고 딸을 손수 데리고 왔던 아내 클리타임네스트라는 남편 아가멤논의 음모를 간파한다. 그녀는 남편에게 눈물을 흘리며 딸의 목숨을 애원한다. 그러나 아가멤논은 이에 아랑곳하지 않고 딸을 제물로 바친다.

그리스 장수들은 트로이의 동맹국들을 하나씩 정복하는 과정에서 탈취한 재물들을 서로 나누어 갖는다. 여자들도 예외는 아니어서 아가멤논은 아폴론 신전의 신관 크리세스의 딸 크리세이스를,

아킬레우스는 브리세이스를 차지한다. 《일리아스》에서 여성이 얼마나 천시되고 있는지는 파트로클로스의 장례경기에서 엿볼 수 있다. 여자가 경기의 상품으로 내걸리는데 그 값어치가 동물이나 물건보다도 못하다. 세 번째 벌어진 레슬링 경기에서 1등상으로 내건 상품이 커다란 무쇠 세발솥이고 2등상이 수공예에 능한 여인이다. 그런데 세발솥은 소 12마리의 값어치이고 여인은 소 4마리의 값어치이다.

여신들의 미인대회 자체도 여성을 교묘하게 비하한다. 세 여신은 심사위원으로 위촉된 파리스에게 알몸으로 나타나 눈요기의 대상이 된다. 더구나 그들은 뇌물을 주고라도 최고의 미인이 되고 싶어 안달을 한다. 그들이 제시한 뇌물 목록에는 미스 그리스 헬레네도 들어 있다. 그녀는 마치 물건처럼 선물과 뇌물로서 제공된다. 더욱 놀라운 것은 헬레네는 이미 딴 남자의 아내라는 사실이다. 아프로디테의 행동은 자신의 욕망을 위해서라면 남의 아내도 가리지 않고 물건처럼 뺏을 수 있다는 식이다.

모든 전쟁의 아버지 트로이 전쟁

트로이 전쟁의 전투 양상이나 결과는 많은 점에서 그 이후 세계 각국에서 벌어진 전쟁을 선취하고 있다. 그리스 군과 트로이 군이 멀리서 운집해 있다가 각각 밀집대형을 이루어 서로를 향해 달려와 치열한 접전을 벌이는 모습은 어느 전쟁에나 나타나는 전형적인 모

❖ 페데리코 바로키, 〈트로이를 탈출하는 아이네이아스〉 1598

트로이 전쟁에서 유일하게 살아남은 트로이의 장수는 아이네이아스이다. 그는 연로하신 아버지를 안고, 아들 아스카니오스와 아내 크레우사를 데리고, 유민을 이끌고 트로이를 탈출한다.

습이다. 트로이 군이 그리스 군의 방벽에 개미 떼처럼 기어올라 그것을 뚫고 그리스 진영으로 넘어가는 장면도 마찬가지이다. 물론 이들은 근접전을 벌이기 전에 현대의 포격전처럼 멀리서 활이나 창이나 돌을 던지기도 한다.

양군이 도열하여 싸움을 벌이다 가끔 감초처럼 등장하는 것이 일대일 대결이다. 〈일리아스〉에도 메넬라오스와 파리스의 대결을 비롯하여 아킬레우스와 헥토르의 대결까지 몇몇 일대일 대결이 등장한다. 〈일리아스〉의 일대일 대결 장면은 정복전쟁을 벌인 로마 장군들의 일대일 대결이나, 중국의 《삼국지》와 《수호지》, 그리고 우리나라 TV 드라마 〈불멸의 이순신〉, 〈주몽〉, 〈연개소문〉, 〈대조영〉 등의 일대일 대결을 연상시킨다.

고대의 전쟁에서 벌어졌던 전투는 흔히 습격이 없이 양군의 보병이나 기병이 무리를 이루어 싸우는 원시적인 전투였다고 말한다. 그러나 《일리아스》에 벌써 습격이 등장한다. 오디세우스와 디오메데스는 적정을 살피기 위해 트로이 군에 깊숙이 들어갔다가 습격을 감행한다. 오디세우스와 디오메데스는 이 습격으로 트라키아 군을 이끌고 뒤늦게 트로이를 도우러 온 레소스 장군을 비롯하여 13명의 트로이 동맹군을 도륙한다. 레소스 일행은 먼 길을 달려온 터라 깊이 잠들어 있다가 졸지에 변을 당한다.

트로이를 몰락시킨 목마 전술은 일종의 속임수이다. 시논을 버림받은 그리스 군처럼 가장하여 남겨 놓아 트로이 인들에게 목마에 대한 의심을 사라지게 한 것도 속임수이다. 이런 속임수는 시대를 막론하고 어느 전쟁에나 등장한다. 우리나라에서도 이순신 장군이 강강술래를 이용 일본군을 속인 것도 유명하다. 《삼국사기》에 보면 우산국을 힘이 아닌 꾀로 정복한 이사부의 이야기가 나온다. 그는 우산국을 무력으로 점령하기 어려움을 직감하고 나무로 사자상을 많이 만들어 전선에 싣고 가 해안에서 우산국 사람들을 위협했다. 항복하지 않으면 이 사나운 짐승을 풀어 모두 잡아먹게 하겠다는 것이다. 이사부는 결국 이 속임수로 우산국 왕의 항복을 받아낸다.

트로이 전쟁의 결과도 그 이후 모든 전쟁의 축소판이다. 전쟁이 끝나자 패배한 트로이는 철저하게 파괴된다. 또 전쟁의 최대 피해자는 어린아이와 여성들이다. 그것을 단적으로 보여 주는 것이 트로이 왕실의 운명이다. 그리스 군은 헥토르의 어린 아들 아스티아낙스는 성벽에서 떨어뜨려 죽이고 공주나 며느리들을 모두 트로이 장수들의 성 노리개로 분배한다. 카산드라는 아가멤논에게 주어졌고, 헥토르의 아내 안드로마케는 헥토르를 죽인 아킬레우스의 아들 네오프톨레모스에게 주어졌다. 트로이 왕실의 운명이 그러했다면 일반 시민들의 운명은 어떠했겠는가? 최근의 이라크 전을 상상해 보자. 전쟁이 끝난 후 남아 있는 것이 있었는가? 모든 것이 폐허로 변하지 않았는가? 몇 년 전 끝난 보스니아 내전의 최고의 피해자도 어린아이와 여성들이 아니었는가?

트로이 전쟁이 끝나자 앙키세스와 아프로디테 사이에서 태어난 아들 아이네이아스는 트로이의 유민을 이끌고 정처 없이 항해한다. 그는 연로한 아버지 앙키세스를 등에 업고 어린 아들 아스카니오스의 손을 잡은 채 불타는 트로이를 탈출한다. 아이네이아스는 이곳저곳을 헤매며 갖은 고생을 다하다가 이탈리아에 도착하여 건국의 토대를 닦는다. 베르길리우스의 《아이네이스》를 보면 아이네이아스가 우여곡절 끝에 이탈리아에 정착한 후 그의 13대 후손 로물루스가 로마를 건국하는 과정이 그려져 있다. 물론 후손이 로마의 건국자로 나타나지만 아이네이아스가 방랑 끝에 정착하는 과정은 실로 고난의 연속이었다. 아이네이아스의 방랑을 보고 보트 피플이 되어 정처 없이 유랑하는 현대의 전쟁 난민을 연상하는 것은 무리일까?

괴물

―
나와 다르다고
모두
그른 것인가?

니체는 헤겔 이후 '계몽의 변증법'을 인식한 몇 안 되는 철학자 중 하나다. 그는 '지배'에 대한 계몽의 이중적 관계를 명확하게 표현했다. "계몽은 민중 속으로 들어가야 한다. 그래서 모든 성직자는 속이 검은 족속임이 밝혀지고, 국가에 있어서도 비슷한 일이 일어나야만 한다. 계몽의 과제는 군주나 정치가의 모든 행동이 의도적인 거짓말임을 드러내는 것이다."
다른 한편으로 계몽은 예로부터 "훌륭한 통치기술이었다. 그 적절한 예는 중국의 유교, 로마제국, 나폴레옹, 그리고 세상뿐 아니라 권력에 관심을 보이는 교황에서 볼 수 있다. 모든 민주주의에서 보듯 이 문제에 대한 대중의 자기 착각은 아주 중요한 것이다. 인간을 통치하기 편한 왜소한 인간으로 만드는 것은 진보라는 이름 하에 추구되었다."

아도르노와 호르크하이머, 《계몽의 변증법》

괴물, 영웅 그리고 계몽의 변증법

괴물을 이야기하는데 왜 생뚱맞게 '계몽'이라는 단어가 튀어나오는가? 그것도 이해하기 어려운 '계몽의 변증법'이 말이다. 그러나 그리스 신화 속 괴물은 분명 계몽과 아주 깊은 관계가 있다. 신화 속 영웅들은 숱한 괴물들을 처치하며 세계의 질서를 잡아 가는 최초의 계몽주의자들이었기 때문이다.

아도르노와 호르크하이머는 호메로스의 《오디세이아》를 "정돈하는 이성에 의해 만들어진 작품"이며 주인공 오디세우스는 "시민적 개인의 원형"이라고 정의한다. 18세기가 아니라 아득한 신화시대에 이미 이성을 앞세우며 혼돈 속에 질서를 잡아 가는 계몽주의자가 있었다는 말이다.

그런데 이 계몽의 역할이 이중적이다. 엄밀하게 말해 변증법적이다. 한편으로는 무지몽매한 민중을 깨우치는 데 지대한 공헌을 했지만, 다른 한편으로는 "진보"라는 이름을 가진 "훌륭한 통치기술"로 변질되었기 때문이다. 계몽은 두 얼굴이다. 지킬 박사와 하이드처럼 하나는 점잖은 교육자의 얼굴을 하고 있지만, 다른 하나는 인간의 삶을 위협하는 흉측한 괴물의 모습을 하고 있다.

아도르노와 호르크하이머는 오디세우스가 괴물 세이레네스를 만나는 대목에 주목한다. 세이렌은 반은 여자이고 반은 새인 바다의 괴물이다. 《오디세이아》에는 두 명이라고 나와 있지만, 세 명 혹은 네 명이라는 기록도 있다. 그들은 지중해의 한 섬에 살면서 노래를 불러 지나가는 선원들을 유혹했다. 그들의 오묘한 노래를 들으

✣ 존 윌리엄 워터하우스, 〈오디세우스와 세이레네스〉 1891

괴물은 계몽과 아주 깊은 관계가 있다. 영웅들은 숱한 괴물들을 처치하며 세계의 질서를 잡아 가는 최초의 계몽주의자들이기 때문이다. 오디세우스도 괴조 세이레네스들 곁을 무사히 통과한다. 그러자 그들은 원통한 나머지 스스로 목숨을 끊는다.

면 누구도 그 마력을 피할 수 없었다. 선원들은 암초투성이의 섬 해안으로 배를 몰고 갔다가 좌초되어 그들에게 잡아먹혔다.

오디세우스는 이 세이레네스들이 사는 섬을 마녀 키르케의 조언으로 무사히 통과한다. 그녀는 귀를 밀랍으로 틀어막으면 아무 문제가 없다고 알려준다. 그녀는 오디세우스가 세이레네스의 노랫소리를 듣고 싶어 하는 눈치를 보이자 그의 호기심을 채워 줄 방안도 마련해 준다. 돛대를 세우는 기둥에 몸을 단단히 묶고 섬을 지나가라는 것이다. 키르케는 그가 세이레네스의 노랫소리를 듣고 몸부림

치며 풀어 달라는 시늉을 하면 할수록 부하들에게 더 꽁꽁 묶으라고 지시하라는 당부도 잊지 않았다.

아도르노와 호르크하이머는 오디세우스가 배 위에서 세이레네스와 대면하면서 행한 조치가 "'계몽의 변증법'에 대한 함축성 있는 알레고리"라고 주장한다. "오디세우스는 선원들의 귀를 밀랍으로 봉하고는 온 힘을 다해 노를 저어 갈 것을 명령한다. 살아남고 싶은 자는 되돌릴 수 없는 유혹을 들어서는 안 된다. 그는 들을 수 없을 때에만 살아남을 수 있는 것이다. 사회는 항상 이를 위해 배려한다. 노동하는 사람은 건강한 몸과 집중된 마음으로 앞만 보아야 하며 옆에 있는 것을 내버려 두어야 한다. 기분을 전환하고 싶은 충동마저 그들은 긴장을 풀지 않고 새로운 여분의 노력으로 승화시켜야 한다. …… 타인들에게 자신을 위해 일하도록 만드는 지주인 오디세우스 자신은 다른 가능성을 택한다. 그는 사이레네스의 노랫소리를 듣는다. 그러나 그는 마스트에 묶인 무력한 상태에서만 들을 수 있다. 그래서 억압자도 자신의 사회적 역할로부터 빠져나올 수 없다."

우리와 다른 것은 과연 모두 괴물인가

그리스 신화 속 영웅들은 오디세우스처럼 수많은 괴물들을 제압하거나 처치했다. 페르세우스는 괴물 메두사를 죽였다. 메두사는 고르곤이라고도 하는데 고르고네스 세자매 중 하나였다. 메두사는 원래 바다의 신 포세이돈의 연인이었을 만큼 아름다운 여인이었다. 그러나 어느 날 포세이돈 신과 함께 아테나 여신의 신전에서 사랑을 나누다가 여신의 분노를 사 머리카락은 하나하나가 실뱀이 되고 얼굴은 흉하게 일그러지고 말았다. 얼굴이 얼마나 흉측했던지 그녀를 보는 사람은 돌로 변할 정도였다. 페르세우스는 아테나 여신의 도움을 받아 커다란 낫으로 메두사의 머리를 자른다.

헤라클레스는 괴물 히드라를 처치한다. 히드라는 머리가 여러 개 달린 뱀이다. 머리는 신화 작가에 따라 5개, 6개, 9개 혹은 100개로 묘사되기도 한다. 그중 하나는 불사이고 나머지 머리는 하나를 자르면 다시 두 개가 솟아 나온다. 헤라클레스는 불사의 머리는 잘라 땅에 묻고 커다란 바위를 덮었다. 나머지 머리는 자른 다음 조카 이올라오스에게 가져오게 한 횃불로 지져 새 머리가 솟아나오지 못하게 했다.

테세우스는 괴물 미노타우로스를 해치운다. 미노타우로스는 머리는 황소이고 나머지는 인간의 몸을 한 괴물이었다. 이 괴물의 탄생에는 황당한 스토리가 숨겨 있다. 크레타의 미노스가 형제들과 권력다툼을 할 때 포세이돈 신에게 도움을 청했다. 형제들과 함께 있는 자리에서 자신이 기도를 하면 바다에서 황소가 튀어나오게 해 달라는 것이다. 그러면 그 기적을 이용하여 왕위에 오른 다음 그 황소를 다시 포세이돈에게 제물로 바치겠다고 했다. 그러나 미노스는 왕위에 오른 다음 그 황소가 탐이나 자신의 우리에 가두고 포세이돈 신에게는 다른 황소를 바쳤다.

분노한 포세이돈은 미노스의 아내 파시파에로 하여금 그 황소를

❖ 샤를 에두아르드 쉐즈, 〈미노타우로스를 처치한 테세우스〉 1791

괴물을 처치하는 것은 영웅 이야기의 핵심이다. 아테네의 영웅 테세우스도 미궁으로 들어가서 괴물 미노타우로스를 해치우고 제물로 바쳐진 아테네의 처녀총각들을 구한다. 그림 오른쪽 바닥에 황소의 얼굴을 한 괴물 미노타우로스가 쓰러져 있다.

사랑하게 만들었다. 황소에 대한 정념으로 애를 태우던 왕비 파시파에는 그리스 최고의 건축가 다이달로스에게 암소 인형을 만들어 달라고 했다. 마침 다이달로스는 조카를 죽이고 아테네에서 추방당하여 크레타에 살고 있었다. 다이달로스는 명성답게 살아 움직이는 것 같은 예쁜 암소를 깎아 주었다. 그러자 파시파에는 텅 빈 암소 속으로 들어가 황소와 사랑을 나누어 괴물 미노타우로스를 낳았다.

수치심에 치를 떨던 미노스는 건축가 다이달로스를 시켜 한번 들어가면 절대로 빠져나올 수 없는 미궁을 만들도록 했다. 그는 그곳에 괴물 미노타우로스를 가두고 거친 성정을 달래기 위해 9년에 한 번씩 인육을 먹였다. 괴물의 먹이로 쓸 사람들은 그 당시 크레타의 속국이었던 아테네에서 조달했다.

영웅 테세우스가 트로이젠에서 아버지를 찾아왔을 당시 마침 아테네에서는 크레타로 보낼 선남선녀 7명씩을 선발하는 중이었다. 테세우스는 그중 한 명으로 자원했다. 아버지 아이게우스가 말려도 소용없었다. 그는 마침내 크레타로 가서 크레타의 공주 아리아드네의 도움으로 괴물 미노타우로스를 죽이고 무사히 미궁을 빠져나왔다.

영웅 이아손도 황금양피를 찾으러 54명의 영웅들과 원정대를 조직하여 머나먼 이국땅 콜키스를 향한다. 콜키스의 왕 아이에테스가 그냥 황금양피를 넘길 리 없다. 그는 황금양피를 아레스 신에게 바친 널따란 숲에 있는 커다란 참나무에 걸어두고 잠들지 않는 용에게 지키도록 했다. 용은 머리가 여러 개였고 치명적인 불을 뿜는 괴물이었다. 이아손은 콜키스의 공주 메데이아의 도움으로 이 용을 처치하고 그녀와 함께 황금양피를 탈취해 온다.

신화 속 영웅들의 행적을 보면 왠지 마음이 든든하다. 그들이 괴물을 처치하는 장면을 상상하면 마치 내가 그들이 된 것처럼 괜히 우쭐해진다. 그들의 행동이 전혀 나무랄 데가 없으며 완벽한 것처럼 보인다. 그러나 한 번 뒤집어 생각해 보자. 그들은 모험이라는 이름으로 다른 사람들을 억압하지는 않았을까? 계몽이라는 이름으로 이민족들에게 폭력을 행사하지는 않았을까? 아도르노와 호르크하이머가 《계몽의 변증법》에서 언급한 오디세우스처럼 괴물을 없앤다면서 스스로 괴물이 되어 버리지는 않았을까?

헤로도토스는 《역사》에서 이와 관련하여 의미심장한 얘기를 하고 있다. "페르시아 인은 자기 자신 다음으로 가장 가까운 이웃 민족을 제일 존중한다. 다음은 두 번째로 가까운 민족, 이런 식으로 자국으로부터 떨어져 있는 거리에 따라 평가를 내려 간다. 따라서 자국에서 가장 멀리 떨어져 사는 민족을 가장 경멸하는데, 그것은 자기들이 어떠한 점에 있어서도 세상에서 가장 우수한 민족이며, 다른 민족은 지금 말한 것처럼 거리에 따라 그 가진 장점의 정도가 약해지기 때문에 자기들로부터 가장 멀리 떨어져 있는 민족이 가장 열등하다고 생각하는 것이다."

물론 헤로도토스는 페르시아 인들의 민족주의를 비판하고 싶었을 것이다. 그가 "핀다로스가 '관습이야말로 만물의 왕이다'라고 노래한 것은 실로 옳은 말이었다고 생각한다"는 대목을 보면 그의 의중을 읽을 수 있다. 그러나 그의 《역사》가 그리스에서 멀어질수록 이민족의 모습이나 관습을 기이하게 묘사하는 것을 보면 헤로도토스 역시 민족적 우월감에서 결코 자유롭지는 못한 것 같다. 실제

고대 그리스 인들은 자국민이 최고의 민족이며, 본토에서 멀어질수록 열등한 야만족이라고 생각하지 않았던가?

그리스 신화 속 영웅들의 행적을 거꾸로 보면 고대 그리스 인들의 우월감을 확인할 수 있다. 페르세우스가 메두사를 죽이는 곳도 세상 서쪽 끝자락 이방인의 땅 에티오피아이다. 헤라클레스의 모험 상당수도 그리스 본토보다는 이국땅에서 이루어진다. 그는 수많은 나라를 공포로 떨게 했다. 테세우스 모험의 클라이맥스인 괴물 미노타우로스를 처단하는 것도 이국땅 크레타가 아닌가. 이아손의 모험도 흑해 연안 동방의 콜키스에서 벌어진다. 그들은 이국땅에서 모험을 벌이며 서슴없이 약탈을 자행하며 수많은 생명을 앗아갔다. 따라서 그들은 이민족들은 모두 아무 때나 정복해도 좋은 야만인이자 괴물로 생각한 것은 아니었을까?

다양성을 인정하지 못하는 자가 진짜 괴물이다

그리스 신화에는 고대 그리스 인들이 얼마나 선민의식에 빠져 있었는지를 알려주는 일화가 하나 있다. 신들의 왕 제우스는 어느 날 점점 타락하고 사악해지는 인간들을 대홍수로 멸망시키기로 결심했다. 프로메테우스가 이를 눈치 채고 아들 데우칼리온과 그의 아내 피라에게 그 사실을 알려주었다. 그들이 프로메테우스가 지시한 대로 나무로 정성들여 커다란 배를 만든 지 얼마 지나지 않자 과연 제우스는 천둥과 번개와 구름을 모아 아흐레 밤낮으로 엄청난 비를 쏟아 부었다. 지상의 거의 모든 것이 물에 잠겼다. 아주 높은 산봉우리 몇 개만 겨우 모습을 드러내고 있을 뿐이었다.

비가 그치자 데우칼리온 부부는 파르나소스 산 정상에 상륙하여 제단을 쌓고 제우스 신에게 성대한 제사를 올렸다. 그들의 정성에 감동한 제우스는 헤르메스를 보내 그들이 원하는 것을 물었다. 그들이 텅 빈 세상에 거주할 인간들을 원하자 제우스는 그들에게 얼굴을 가리고 옷을 벗은 뒤 등 뒤로 어머니의 뼈를 던지라는 신탁을 내렸다. 고민하던 그들이 어머니의 뼈를 대지의 돌이라고 해석하고 재빨리 주변에 흩어져 있는 돌을 집어 뒤로 던졌다. 그러자 데우칼리온이 던진 돌에서는 남자가, 그의 아내 피라가 던진 돌에서는 여자가 생겨났다. 그들이 계속해서 돌을 던지자 이 세상에 우후죽순처럼 인간들이 늘어났다. 또 데우칼리온은 아내 피라와 관계를 맺어 아들을 낳았는데 그게 바로 그리스 인들의 조상 헬렌이다.

헬렌의 탄생설화에는 고대 그리스 인들의 선민사상이 배어 있다. 그들은 이방 민족들은 모두 데우칼리온과 피라가 던진 돌에서 생겨났지만, 자신들의 선조인 헬렌만은 두 사람의 육체적인 결합으로 태어났다는 식이다. 이것은 자칫하면 자신들만이 진짜 인간이고 다른 민족들은 가짜 인간이라는 독선적이고 배타적인 민족주의의 씨앗이 될 수 있다.

고대 중국인들은 고대 그리스 인들보다 한 술 더 뜬다. 그리스 인들이 우월의식을 비유적이고 문학적으로 표현했다면 중국인들은 직접적이고 노골적이다. 위앤커의 《중국신화전설》을 보자. 그는 이리저리 돌릴 것도 없이 중원에서 멀리 떨어진 변방지역에 괴이한 모습을 한 사람들이, 즉 괴물들이 산다고 적고 있다. 이국인들을 하나같이 괴물 취급 하는 것이다. 얼마나 괴물이 많았으면 동, 서 남, 북으로 나누어 괴물의 모습을 열거할까? 다음은 중원 남쪽에 있는 나라 중 일부에 대한 설명이다.

"기설국은 반설국이라고도 하는데 이 나라 사람들의 혀는 목구멍을 향해 거꾸로 달려 있다고 한다. 그래서 그들의 말은 그들만 알아들을 뿐, 다른 지방 사람들이 그들의 말을 들으면 괴상하다고 여

✣ 지오반니 마리아 보탈라, 〈데우칼리온과 피라〉 1635
괴물 이야기는 기본적으로 타문화, 타인종에 대한 반감을 배경으로 깔고 있다. 자신과 다른 것은 모두 나쁜 것으로 보는 사람이야말로 진짜 괴물일 것이다. 혹시 타민족은 모두 돌에서 태어났다고 주장했던 고대 그리스 인들은 선민의식에 깊게 빠져 있었던 것은 아닐까?

기기만 했다.

　반설국에서 다시 동쪽으로 가면 시훼국에 이르게 된다. 이 나라 사람들의 입은 모두 돼지처럼 생겼다. 시훼국 근처에는 착치국이 있다. 착치국 사람들은 입에서 길이가 3척이나 되는 치아를 뱉어내곤 하였는데 그것이 꼭 끌처럼 생겼다. 그 사람들은 성질이 포악하고도 사나웠다. 그들은 아마 요 임금 때 천신인 예가 남방 수화의 들판에서 죽였던 괴물 착치의 후손이 아닌가 한다.

　그곳에서 동쪽으로 조금 더 가면 삼수국에 이르게 된다. 삼수국 사람들은 몸이 하나에 머리가 세 개였는데 그 생김새가 괴이하고 무서웠다.

　삼수국에서 동쪽으로 조금만 더 가면 장비국에 도착하게 된다. 이 나라 사람들의 생김새는 평범했으나 다만 팔이 땅에 닿을 정도로 길었다고 하는데 무려 세 길이나 되었다고 하는 이야기도 있다."

　위앤커의 언급에서 착치국 사람들을 중국 신화의 영웅 예가 죽인 착치라는 괴물의 후예라고 생각하는 대목이 눈에 띈다. 고대 중국인들이 이방인들을 괴물로 여겼다는 말이다. 중국인들이 왜 변방 민족들을 오랑캐라고 지칭하며 정복 대상으로 삼았는지 그 깊은 뿌리를 짐작할 만하다. 그렇다면 과연 우리는 어떤가? 백의민족임을 강조하며 타민족을 배척하지는 않았는가? 타민족의 다름을 다름으로 인정하지 않고 기괴하게 보지는 않았는가? 외국인 100만의 다문화시대에 한번 깊이 생각해 볼 일이다.

거짓말과 속임수

—
진실과
솔직함만이
정답일까?

저는 아직까지 시치미를 떼거나 누구를 속이는 / 법을 배운 적이 없습니다. 오! / 거짓을 말하다니! 거짓은 다른 진실한 말처럼 / 마음을 자유롭게 하지 못하니, / 그것은 우리를 위로하지 못하고, 몰래 거짓을 / 꾸며내는 자를 불안하게 하고, / 그 튕겨져 나간 화살은 신의 손으로 방향이 바뀌어 / 되돌아오고, 쏜 자의 가슴을 맞힙니다.

괴테, 《타우리스의 이피게네이아》

에우리피데스의 이피게네이아의 선의의 거짓말

아가멤논은 미케네의 왕으로, 트로이 전쟁 당시 그리스 군의 총사령관이었다. 그는 아내 클리타임네스트라와의 사이에 자식이 셋 있었다. 그중 큰 딸이 이피게네이아, 둘째 딸이 엘렉트라, 막내가 늦둥이 아들 오레스테스이다. 아가멤논은 트로이 전쟁이 발발하자 그리스 군의 총사령관이 된다. 그리스 군이 그의 감독 아래 아울리스 항에서 2년 동안의 준비를 마치고 트로이로 떠나려 하지만 바람이 불지 않았다. 예언자 칼카스에게 물어보니 그건 아르테미스 여신의 분노 때문이었다. 아가멤논은 예전에 아울리스 항 근처 산에서 사냥할 때 사슴 한 마리를 잡은 적이 있었다. 그런데 그 사슴이 아르테미스 여신이 아끼는 사슴이었다. 여신은 이에 대한 보상으로 아가멤논에게 큰딸 이피게네이아를 자신에게 제물로 바치라고 요구했다.

아가멤논은 오랫동안 갈등했다. 어떻게 자식을 그렇게 쉽게 죽일 수 있겠는가. 그의 결정이 늦어지자 군의 움직임이 심상치 않았다. 금방이라도 그에게 반기를 들 태세였다. 트로이에 대한 병사들의 분노가 아가멤논에게 옮겨질지 모를 판이었다. 결국 그는 딸을 아킬레우스와 결혼시킨다는 명목으로 급히 아울리스 항으로 불러들였다. 그건 꾀돌이 오디세우스가 짜낸 기발한 속임수였다. 아무것도 모르는 아가멤논의 아내 클리타임네스트라는 어린 아들 오레스테스를 안은 채 직접 딸을 데려 왔다. 그리스 최고의 영웅 아킬레우스를 사위로 맞다니 얼마나 경사스런 일이었겠는가. 그러나 그녀

✣ 윌리엄 아돌프 부게로, 〈복수의 여신들의 추격을 받는 오레스테스〉 1862
복수의 여신은 알렉토, 테이시포네, 메가이라 등 세자매로 에리니에스라고 부른다. 그림에서 왼쪽의 고개를 젖히고 있는 여인은 아들 오레스테스에 살해당한 클리타임네스트라로 복수의 여신들 중 하나가 그녀를 한 손으로 안고 있다.

는 아울리스 항에 도착하자마자 남편의 속임수를 알아챘다. 그녀는 오열하며 남편에게 딸을 살려달라고 애원했지만 화살은 이미 그의 시위를 떠난 뒤였다.

아르테미스 신전에서 사제가 막 그녀의 목을 치려는 순간 사방이 짙은 안개로 휩싸였다. 안개가 걷히자 이피게네이아는 감쪽같이 사라지고 그녀가 있던 자리엔 사슴 한 마리만 덩그러니 남아 있었다. 사제는 여신의 뜻으로 생각하고 그 사슴을 잡아 제물로 바쳤다. 사람들은 이피게네이아도 제물로 바쳐진 만큼 결국 죽었을 거라고 생각했다. 그러나 여신은 이피게네이아를 타우리스 섬에 있는 자신의 신전으로 데려가 여사제로 삼았다.

그로부터 10년 후, 트로이 전쟁이 그리스의 승리로 끝나고 오디세우스를 제외한 영웅들이 그리스로 귀환한다. 아가멤논도 자신의 집으로 돌아와 아내 클리타임네스트라를 비롯한 식구들과 하인들의 영접을 받는다. 그러나 기쁨도 잠시. 아가멤논은 욕실 입구에서 아내 클리타임네스트라와 그 정부 아이기스토스에 의해 도끼로 참혹하게 살해된다.

　미케네의 정권을 잡은 아이기스토스는 후환을 없애기 위해 어린 오레스테스를 살해하려 한다. 그러나 오레스테스는 천신만고 끝에 늙은 하인에 의해 구출되어 포키스에 있는 고모부 스트로피오스의 집으로 피신한다. 그곳에서 장성한 오레스테스는 고모부로부터 아버지의 죽음에 대한 진실을 듣는다. 고모 아낙시비아는 조카에게 아이기스토스와 어머니 클리타임네스트라를 죽여 아버지의 원수를 갚으라고 충고한다. 누이 엘렉트라도 급히 집을 떠나올 당시 자신을 꼭 안아 주며 반드시 돌아와 어머니를 죽여 아버지의 원수를 갚아야 한다고 외치지 않았던가.

　오레스테스는 마치 셰익스피어의 햄릿처럼 깊은 갈등에 빠진다. 아이기스토스는 죽어 마땅하지만 자식이 어떻게 어미를 죽일 수 있겠는가. 그는 결국 델포이에 가서 아폴론의 뜻을 묻는다. 그러자 아폴론 신은 진정한 혈친인 아버지를 죽인 어머니를 죽이는 것은 정당하다는 신탁을 내린다. 용기를 얻은 오레스테스는 고향으로 돌아와 아이기스토스와 어머니 클리타임네스트라를 죽인다. 그러자 복수의 여신 에리니에스 세자매가 그를 추적하기 시작한다. 오레스테스는 광기에 빠져 도망치다가 지쳐 아폴론 신전으로 피신하여 도움을 청한다. 아폴론이 복수의 여신들을 제지하며 아레이오스파고스 언덕에서 오레스테스의 재판을 주선한다.

　12명의 아테네 시민이 배심원, 아폴론이 변호사, 복수의 여신들이 검사, 아테나 여신이 재판장이 되어 어머니를 살해한 오레스테스에 대한 재판이 벌어진다. 가부 동수일 경우 재판장이 판결을 내리기로 한다. 아테나 여신은 미리 자신은 오레스테스 편이라고 못을 박아 놓는다. 어머니 없이 아버지 제우스의 머리에서 태어난, 어머니를 모르는 여신다운 행동이다. 투표 결과 오레스테스가 죄가 있다는 쪽이 여섯, 없다는 쪽이 여섯이 되어 오레스테스는 무죄판결을 받는다. 복수의 여신들은 분노하지만 결국 판결에 승복한다.

그러나 오레스테스의 광기는 사라지지 않는다. 그가 다시 델포이에 가서 광기를 씻을 방도를 묻자 흑해 연안의 타우리스 섬에 있는 아르테미스 여신상을 그리스로 가져오면 광기도 사라지고 탄탈로스 가문에 내린 저주도 풀린다는 신탁이 내린다. 오레스테스는 친구이자 사촌인 필라데스와 함께 그 섬을 향한다.

타우리스는 어떤 섬인가? 바로 이피게네이아가 제물로 바쳐지려는 순간 구원을 받아 아르테미스 여신의 사제로 있는 곳이 아닌가. 그 당시 타우리스 섬은 토아스 왕이 다스리고 있었다. 그런데 섬에는 이방인이 잡히면 아르테미스 신전에서 제물로 바쳐지는 오랜 관습이 있었다. 오레스테스와 필라데스도 섬에 상륙한 뒤 초병들에게 잡혀 꼼짝없이 죽을 운명에 처한다. 에우리피데스의 《타우리스의 이피게네이아》는 바로 그들이 타우리스 섬에 도착하여 이피게네이아를 만나 그녀가 모시고 있던 아르테미스 여신상을 그리스로 가져와 탄탈로스 가문에 내린 저주를 푸는 과정을 묘사한다.

여사제 이피게네이아는 이들이 그리스 인들이라는 말을 듣고 제물로 바치기 전 고향 소식을 알아보기 위해 이야기를 나눈다. 누나와 동생이 만났건만 너무 오래전에 헤어진 터라 그들은 서로를 알아보지 못한다. 그러나 이야기가 진행되면서 그들은 서로가 남매라

❖ 프랑수아 페리에르, 〈이피게네이아의 희생〉 1650년

아버지 아가멤논에 의해 전쟁의 희생이 되었던 이피게네이아는 동생 오레스테스와 가문을 위해 선의의 거짓말로 토아스 왕을 속이고, 아르테미스 여신상을 조국으로 가져간다. 그림 위쪽에 하늘에서 암사슴을 데리고 아르테미스 여신이 내려온다. 사제가 이피게네이아의 목을 치려는 순간 여신은 짙은 안개로 주변을 감싸더니 이피게네이아를 구하고 대신 그 암사슴을 놓고 사라진다.

는 충격적인 사실을 알게 된다. 이피게네이아는 동생으로부터 자신이 없는 사이 가족에게 일어났던 끔찍한 사건을 듣고 슬픔에 잠긴다. 이어 아르테미스 여신상을 그리스로 가져가야만 가문에 내린 저주가 풀릴 것이라는 신탁을 듣고 그 방도를 놓고 고민한다.

동생 오레스테스가 토아스 왕을 급습하여 살해하고 여신상을 훔쳐가자고 제안하지만 이피게네이아는 살인은 안 된다며 단호하게 거절한다. 어떻게 손님이 주인을 죽일 수 있냐는 것이다. 그녀는 궁리 끝에 드디어 기발한 아이디어를 하나 만들어 낸다. 그녀는 토아스 왕을 찾아가 이방인을 제물로 바치기 전 먼저 세 가지 일을 해야 한다고 선의의 거짓말을 한다. 첫째 그리스 인들이 혈육을 죽인 중죄인이라 제물로 바쳐지기 전에 바닷물로 그 죄를 씻어야 하며, 둘째 신전의 아르테미스 여신상도 그들이 만져 오염되었기 때문에 마찬가지로 바닷물로 정화해야 하며, 셋째 이 장면은 아무도 보지 말아야 한다는 것이다.

어떻게 보면 이피게네이아의 아이디어는 유치한 발상이다. 그러나 이런 어설픈 거짓말이 먹혀들 정도로 고대인들은 순수했는지 모른다. 혹은 이피게네이아가 그 정도로 토아스 왕의 신임을 얻고 있었는지도 모른다. 어쨌든 이피게네이아가 타우리스의 바닷가에서 아르테미스 여신상을 싣고 탈출하려는 순간, 어떻게 알았는지 토아스 왕이 그들을 추격한다. 토아스 왕의 부하들 중 몇이 그들의 행동을 수상히 여겨 숨어 지켜보다가 왕에게 보고한 것이다. 비밀은 없는 모양이다.

절체절명의 순간, 이피게네이아는 아르테미스 여신에게 도와달라고 기도한다. 그때 갑자기 하늘에서 아테나 여신의 음성이 들려와 토아스에게 추격을 멈추라고 명령한다. 그러자 토아스 왕이 놀라 추격을 멈추고, 오레스테스는 아르테미스 여신상을 갖고 무사히 그리스에 돌아온다. 이어 오레스테스의 광기도 사라지고 탄탈로스 가문에 내린 끔찍한 저주도 그 막을 내린다.

아르테미스 여신에게 기도했는데 왜 아테나 여신이 나타나 도와줄까? 그 이유는 알 수 없다. 혹시 아테나 여신이 영웅들을 지켜주는 전쟁의 신이기 때문에 그랬을까? 이야기가 길어졌다. 지금까지 얘기는 에우리피데스의 《타우리스의 이피게네이아》이다. 이제 우리가 인용한 독일의 세계적인 문호 괴테의 이피게네이아가 한 말을 해명할 차례이다.

선의의 거짓말도 거부한 괴테의 이피게네이아

괴테는 실러와 함께 독일 고전주의를 완성한 작가이다. 고전주의의 특징이 무엇인가? 고전주의는 감정을 중요시한 '질풍노도'라는 사조에 반대해 생긴 것이기 때문에 우선 이성 중심이었다. 이성과 깊은 관계가 있는 균형, 절제, 조화도 자연스럽게 고전주의의 핵심 개념이다. 그래서 독일 고전주의는 그리스 신화에 깊은 관심을 갖고 그것을 작품의 소재로 삼았다. 고대 그리스 문화의 가장 중요한 특징 중 하나가 합리주의이고, 그리스 문화의 핵심은 그리스 신화이기 때문이다. 고대 그리스 인들이 왜 이성의 신 아폴론을 가장 좋아했는지 이해가 가는 대목이다. 사정이 이러하니 독일 고전주의의 표어는 바로 '고대 그리스로 돌아가자!' 였다.

그러나 독일 고전주의의 또 다른 중요한 특징 중 하나는 바로 휴머니즘이었다. 휴머니즘은 말 그대로 인간중심주의라는 말이다. 우리 민족의 시조 단군이 세운 고조선의 건국이념도 홍익인간이라는 휴머니즘이었다. 그런데 휴머니즘은 그리스 신화의 가장 중요한 특징 중 하나이기도 했다. 그리스 신들을 보라. 영원히 사는 것만 제외하고 인간들과 얼마나 똑같은가? 그들도 인간처럼 질투하고, 싸우고, 시기하고, 분노하고, 사랑하고, 심지어 삐치기도 한다.

어쨌든 괴테는 이피게네이아를 소재로 작품을 쓰면서 그녀의 순수한 인간성에 초점을 맞추어 에우리피데스의 작품에는 없는 부분을 첨가한다. 그녀는 섬에 도착하자마자 토아스 왕을 설득하여 이방인을 아르테미스 신전에 바치는 희생제를 금지시킨다. 괴테는 아무래도 이피게네이아의 인간성을 돋보이게 하려면 뭔가 극적인 장면이 필요하다고 생각했던 모양이다. 그러나 괴테는 그것으로 만족하지 못한다. 결국 그는 에우리피데스의 이피게네이아가 거짓말하는 대목을 대대적으로 고친다.

토아스 왕은 이피게네이아의 고결한 성품에 반해 끈질기게 구혼하지만 그녀의 마음을 얻지 못하자 다시 희생제를 부활시킨다. 바로 그때 이방인 오레스테스와 필라데스가 섬에 잠입하다가 체포되어 부활된 첫 희생제의 제물로 바쳐지게 될 위기에 처한다. 이피게네이아는 그들이 그리스 인이라는 사실을 듣고 제물로 바치기 전 고향 소식을 듣기 위해 그들과 잠시 이야기를 나누다가 그들이 친

동생과 사촌이라는 것을 발견한다. 그러나 감격의 해후는 잠시뿐 그녀는 가문을 구하려면 토아스 왕에게 거짓말을 하고 아르테미스 여신상을 훔쳐야 한다는 사실에 절망한다.

이피게네이아는 토아스 왕을 속이자는 필라데스의 계획을 듣고 혼란스러워하며 깊은 고민에 빠진다. 그 거짓말을 하지 않으면 사랑하는 동생뿐 아니라 조카도 죽을 수밖에 없지 않은가. 에우리피데스의 작품에서는 그 거짓말을 생각해 내는 것이 이피게네이아 본인이다. 그러나 괴테의 작품에서는 필라데스가 그 제안을 한다. 또 에우리피데스의 작품에서는 이피게네이아가 토아스 왕에게 서슴없이 거짓말을 꾸며대지만 괴테의 작품에서 이피게네이아는 선의의 거짓말이라도 전혀 하지 않는다.

이 장의 시작을 알린 인용문은 바로 괴테의 이피게네이아가 거짓말을 해야 한다는 사실을 놓고 갈등하는 장면이다. 아니, 이미 어떻게 할지 결정을 내린 결연한 상태이다. 괴로워하던 이피게네이아는 결국 토아스 왕을 찾아가 모든 사실을 솔직하게 털어놓는다. 이 방인 중 하나는 자기 친동생이고 다른 하나는 사촌동생으로, 그들이 아르테미스 여신상을 훔쳐가려 한다는 것이다. 토아스 왕은 이피게네이아의 고백을 듣고 다시 한번 그녀의 고결한 인간성에 반해 그들을 조용히 고향으로 돌려보내 준다. 결국 이피게네이아의 순수한 인간성이 그녀의 가문을 구하는 셈이다.

야곱, 거짓말쟁이인가 지혜로운 사람인가

어렸을 적 교회 주일학교를 다니면서 배우기 시작한 성경에는 상식적으로 도저히 이해가 되지 않는 내용이 하나 있었다. 야곱과 에서 형제 중 거짓말쟁이 야곱이 승승장구하는 대목이다. 야곱은 팥죽 한 그릇으로 형 에서의 장자 자리를 사고, 그것도 모자라 속임수를 써서 아버지로부터 형이 받아야 할 장자의 '축복'을 가로챈 인물이다. 그런 야곱이 하나님의 모든 축복을 받아 믿음의 조상으로 우뚝 선다.

그런데 도대체 왜 하나님은 거짓말쟁이 야곱에게 그런 축복을 내렸을까? 성경의 《창세기》를 다시 찬찬히 읽어 본다. 두 형제의 성격을 비교한 부분이 눈에 띈다. "에서는 날쌘 사냥꾼이 되어 들에서 살고, 야곱은 성질이 차분해서 천막에 머물며 살았다." 거친 들에서 사냥꾼으로 살았다는 것은 에서가 유목민이라는 사실을 가늠하게 해준다. 유목민은 누구인가. "날쌘" 말을 타고 들판을 돌아다니며 만나는 것을 모두 정복해 버리는 칭기즈칸과 같은 침략군이 생각나지 않는가?

이에 비해 "천막에 머물며 살았다"는 것은 어머니 곁에서 집안일을 도우며 살았다는 뜻이다. 침략과 약탈보다는 집안의 평화를 중요시했다는 뜻이다. 한마디로 에서는 남성적이었지만 야곱은 어머니를 도와 팥죽을 끓일 정도로 여성적이었다. 그러나 야곱은 사냥꾼 형처럼 완력은 없었지만 남다른 재주가 있었다. 경직되지 않고 유연했다. 그렇다. 하나님이 야곱을 믿음의 조상으로 선택한 것은 그가 꾀와 재치로 넘쳐났기 때문 아닐까? 야곱의 속임수는 그의 꾀와 재치를 상징하는 것이 아닐까? 여기서 '리얼리즘의 승리'를 논하면 무리일까? 극보수의 가부장적 하나님이 여성적인 야곱에게서 인류의 미래를 보았으니 하는 말이다.

《삼국유사》에 등장하는 석탈해도 야곱과 같이 거짓말에 능통한 자이다. 어느 날 탈해는 두 종을 데리고 경주 토함산에 올라 경주 시내를 내려다보며 살 만한 집이 있나 찾아보았다. 마침내 풍수지리상으로 뛰어난 집을 하나 골라 놓고 산을 내려가 주인을 알아보니 바로 호공이었다. 그는 밤에 그 집에 들어가 여기저기에 몰래 숫돌과 숯을 묻은 다음 이튿날 그 집을 찾아가서 다짜고짜 자기 조상 집이니 비워 달라고 소란을 피웠다. 호공이 아무리 호통을 쳐도 탈해는 막무가내였다. 갑론을박하던 탈해와 호공은 결국 관가에 호소했다.

그러자 관가 수령이 탈해에게 호공의 집이 조상의 집이라는 것을 증명해 보라고 다그쳤다. 탈해는 기다렸다는 듯이 이렇게 대답했다. "우리 조상은 원래 대장장이였습니다. 그런데 우리 조상이 사정이 있어 잠시 이웃 마을로 이주해서 사는 동안 이 사람이 빼앗아 살고 있으니 땅을 파서 조사해 보십시오." 그의 말대로 땅을 파 보니 과연 숫돌과 숯이 나왔다. 호공은 할 말을 잃고 집을 탈해에게 내어줄 수밖에 없었다. 이에 남해왕은 탈해가 지혜로운 사람이라고 생각하고 첫째 공주를 주어 그를 사위로 삼았다.

탈해의 거짓말은 어떻게 이해할 수 있을까? 그것은 야곱의 거짓말처럼 바로 탈해의 꾀와 재치를 상징하는 것이리라. 《삼국사기》는 탈해에 대해 《삼국유사》에는 없는 내용을 기록하고 있다. 탈해가 용성국에서 신라에 도착하자 그의 배를 처음 발견한 노파가 어린 그를 데려다 길렀다. 그는 장성하자 키도 훤칠하고 풍채도 뛰어났으며 머리도 비상했다. 또 처음에는 고기잡이를 직업으로 삼았는데 양어머니를 돌보는 데 전혀 게으른 빛이 없었다. 이에 양어머니는 그가 보통 사람이 아님을 알고 공부를 시키자 학문에만 전념했다.

그 후 탈해는 지혜로움으로 이름을 날렸다. 이어 호공의 집을 빼앗은 뒤에는 왕의 사위가 되어 재상에 올랐다. 탈해는 결국 2대 남해왕, 3대 노례왕에 이어 신라 제4대 왕이 되었다. 그런데 이상한 것은 그가 왕위에 오른 뒤 호공을 재상으로 등용했다는 것이다. 따라서 우리는 그가 속임수로 호공 집을 빼앗은 것을 다르게 해석해야 한다. 그것은 탈해가 호공과의 권력투쟁에서 꾀와 재치로 평화스럽게 승리한 것을 신화적으로 표현한 것이 아닐까?

야곱과 탈해가 썼던 거짓말은 에우리피데스의 이피게네이아가 했던 거짓말처럼 꾀와 재치를 상징할 뿐 아니라 평화를 지향하는 하얀 거짓말이다. 야곱은 마음만 먹었다면 형에게 폭력을 쓸 수도 있었을 것이다. 어머니와 짜고 아버지와 형의 음식에 독약을 넣을 수도 있었을 것이다. 그러나 야곱은 폭력과 독약 대신 거짓말이라는 평화적인 방법을 사용했다. 탈해도 폭력을 선호했다면 정적 호공을 재상으로 삼지 않았을 것이다. 에우리피데스의 이피게네이아도 동생 오레스테스가 제안했던 폭력을 거부하고 하얀 거짓말을 택한다.

거짓말은 인생의 감초가 아닐까?

다시 어렸을 적 교회 이야기로 돌아가자. 어머니는 독실한 크리스천이셨다. 지독하게 교회를 찾으셨다. 6남매를 둔 40대 청상과부가 기댈 곳이 어디 있었겠는가? 나는 그런 어머니와 가장 많이 부대끼며 살았다. 나는 막내였고, 형들은 모두 공부하러, 누나들은 돈 벌러 대처로 나가고 없었기 때문이다. 어느 일요일이었다. 나는 갑자기 교회에 가는 게 싫었다. 헌금 10원을 받아든 나는 동네 점빵에서 눈깔사탕 두 개를 사서 발걸음을 돌려 친구들이 모여 있는 동네 모종으로 향했다.

나는 친구들과 신나게 놀다가 교회가 끝날 때쯤 시치미를 뚝 떼고 집에 도착했다. 그러나 어머니는 이미 나의 비리를 알고 계셨다. 어머니는 그 당시 누구에게 전해 들었는지 밝히지 않았다. 다만 당신은 '앉아서 천리 서서 구만리를 본다'고 하셨을 뿐이다. 나중에 생각하니 나의 비리를 일러바친 범인(!)은 아마 주일학교 선생님이셨던 것 같다. 한 번도 결석이 없던 아이가 갑자기 빠졌으니 무슨 일인지 궁금할 수밖에 없었을 것이다. 난 그날 어머니로부터 장단지에 피가 나도록 회초리 세례를 받았다. 어머니를 원망할 생각은 전혀 없다. 돌아가신 지 벌써 5년째. 어머니의 무엇이 이해가 안 되겠는가. 그저 어머니의 향내가 그리울 뿐이다.

나는 그날 이후 교회를 빠진 적이 없었다. 고등학교 때도 마찬가지였다. 인근 도시에서 하숙을 한 터라 어머니의 감시로부터 자유로웠지만 일요일이면 아직 눈앞에 어머니의 회초리가 어른거렸다.

그저 교회는 삼시 세끼 밥을 먹듯 일요일이면 꼭 가야 하는 곳처럼 생각했다. 그러나 대학교에 들어가면서부터 내 반항심은 다시 고개를 쳐들었다. 이제는 멀리 서울로 유학해 온 이상 내가 교회를 다니는지 어머니가 어떻게 확인해 볼 수 있을 것인가. '앉아서 천리 서서 구만리를 본다' 는 어머니의 거짓말도 이미 효력이 지난 지 오래였다.

생각이 이에 미치자 나는 아예 교회를 다니지 않기로 결심했다. 그러나 어머니는 집요하셨다. 틈날 때마다 하숙집에 전화하셔서 내게 교회를 다녀왔는지 물으셨기 때문이다. 난 그때마다 또 시치미를 뚝 떼고 대답했다. "그럼요, 엄마. 일요일 교회는 꼭 다녀와요. 의심스러우시면 하숙집 아주머니께 물어보세요. 전화 바꿔드릴까요?" 그러면 어머니는 말씀 하셨다. "무신 전화를 다 바꾸려고 하나. 댕겨 왔으면 됐다."

한번 가정해 보자. 내가 그 당시 솔직하게 말했더라면 어머니의 마음은 어떠셨을까? 또 어머니의 꾸지람을 듣는 나는 어땠을까? 이런 거짓말은 부모자식 간에만 필요한 것일까? 부부 간에도 필요한 것은 아닐까? 나는 괴테의 이피게네이아처럼 모든 거짓말을 혐오하는 도덕주의자가 아니다. 그렇다고 거짓말 지상주의자도 아니다. 다만 거짓말은 상황에 따라 필요하다는 것을 말하고 싶을 뿐이다. 거짓말은 없어서는 안 될 우리 인생의 감초가 아닐까?

거짓말은 때로는 문제를 평화적으로 해결하는 데 중요한 역할을 한다. 다만 서로가 거짓말을 하도록 상황을 조성하지 않아야 한다. 버릇이 될 위험도 있기 때문이다. 예를 들어 우리 어머니가 그 당시 일요일 교회에 다녀왔는지 묻지만 않으셨어도 난 거짓말을 꾸며댈 필요가 없었을 것이다.

비참한 최후를 맞는 사악한 거짓말쟁이들

하얀 거짓말은 거짓말을 한 당사자가 처해 있는 위기에서 탈출하도록 도와는 주지만 그렇다고 상대방에게 물질적인 손해를 끼치지 않는다. 상대방은 약간 기분 나쁠 수는 있어도 심한 모욕감을 느끼지 않는다. 오히려 그런 거짓말은 애교로 보아 넘길 만하다. 분노를 사기보다는 웃음을 자아나게 한다. 그러나 그리스 신화에는 에우리피데스의 이피게네이아가 만들어 내는 하얀 거짓말만 있는 게 아니다. 오히려 사기에 가까운 새빨간 거짓말이 더 많다. 이 거짓말은 아주 사악한 의도로 자행되기 때문에 상대방의 자존심을 철저히 짓밟는다.

특히 헤라클레스의 모험에는 그에게 거짓 약속을 했다가 비참한 최후를 맞는 인물이 많이 등장한다. 그들은 처음부터 지키지 않을 결심으로 헤라클레스에게 거짓 약속을 했다가 결국 목숨을 잃는다. 헤라클레스의 12가지 모험 중 다섯 번째는 아우게이아스 왕의 외양간을 치우는 일이었다. 아우게이아스는 엘리스의 왕으로 3000마리의 소를 갖고 있었다. 그런데 문제가 심각했다. 30년 동안 한 번도 오물을 청소하지 않아서 악취가 코를 찔렀다. 하늘의 올림포스 궁전까지 괴롭힐 정도였다. 오물의 두께도 엄청나서 도무지 치울 엄두가 나지 않았다.

헤라클레스는 아우게이아스 왕에게 단 하루 만에 오물을 치워줄 테니 삯으로 전체 소의 10분의 1을 달라고 요구했다. 왕이 그의 요구에 흔쾌히 동의했다. 그러나 헤라클레스는 그가 미덥지 않아서 그의 아들 필레우스를 증인으로 세웠다. 이어 갑자기 외양간 벽을 두 군데 뚫더니 근처를 흐르던 알페이오스와 페네이오스 강을 끌어다가 통과시켜 단숨에 외양간의 오물을 말끔히 씻어내 버렸다.

그러나 헤라클레스가 우려한 대로 아우게이아스는 약속을 지키지 않았다. 아우게이아스는 헤라클레스가 과업을 완수하는 과정이기 때문에 원래 보수를 받을 수 없다고 주장했다. 더구나 자신은 삯을 주겠다고 약속한 적도 없다고 잡아뗐다. 아들 필레우스가 항의하자 그도 추방해 버렸다. 헤라클레스는 아우게이아스에게 언젠가 꼭 복수하고 말겠다는 말만 남기며 엘리스를 떠나올 수밖에 없었다. 단신으로 수많은 군사들을 대적할 수 없었기 때문이다. 그러나 그는 나중에 부하들을 이끌고 다시 아이게우스를 찾아가 그를 죽여 거짓말의 대가를 톡톡히 치르게 했다.

오이칼리아의 에우리토스는 헤라클레스에게 활쏘기를 가르쳐준 스승이었다. 에우리스토스는 자신의 활솜씨만을 믿고 어느 날 자신과 활쏘기 시합을 해서 이긴 자에게 딸 이올레를 주겠다고 공언했다. 헤라클레스는 그 얘기를 듣고 귀가 솔깃해졌다. 그는 오이칼리아로 달려가 에우리스토스에게 도전장을 내밀고 그를 보기 좋게 눌렀다. 그러나 에우리토스는 약속을 지키지 않았다. 헤라클레스가 광기에 빠져 아내와 자식들을 죽였다는 이야기를 풍문으로 들은 그는 자신의 딸 이올레가 그런 불행을 당할까 두려웠다. 큰아들 이피토스가 약속은 지켜야 한다고 했지만 에우리스토스는 아들의 말을 듣지 않았다.

헤라클레스는 그 당시에는 스승이라는 사실 때문에 차일피일 보복을 미루어 오다가 약속을 지키지 않은 그를 아무래도 용서할 수 없었다. 헤라클레스는 마침내 날을 정해 부하들을 데리고 에우리스토스를 공격했다. 에우리스토스와 아들들은 완강하게 버텼다. 헤라클레스가 데려간 케익스 왕의 아들 히파소스와 많은 장수들이 전사할 정도였다. 그러나 헤라클레스는 결국 그들 모두를 죽이고 에우리토스의 딸 이올레를 전리품으로 챙겼다.

헤라클레스는 아홉 번째 과업인 아마존 여왕의 허리띠를 가져오다가 트로이에 잠시 머무른 적이 있었다. 그 당시 트로이 왕은 라오메돈이었다. 그는 당시 아폴론과 포세이돈에게 약속을 지키지 않았다가 곤혹을 치르고 있었다. 두 신은 제우스에게 쿠데타를 일으킨 적이 있었다. 제우스는 쿠데타를 제압하고 아폴론과 포세이돈에게 1년간 신의 지위를 박탈한 채 트로이 라오메돈 왕의 종노릇을 하도록 했다. 이 기간에 두 신은 영웅 아이아코스의 도움으로 난공불락의 트로이 성벽을 쌓았다.

그러나 성벽이 완성되자 라오메돈은 그들에게 약속한 삯을 주지 않았다. 아폴론과 포세이돈은 격노했다. 아폴론은 트로이에 역병을 보냈고, 동시에 포세이돈은 바다 괴물을 보냈다. 트로이는 점점 황폐해졌다. 라오메돈이 아폴론에게 해결책을 물으니 자신의 딸 헤시오네를 바다 괴물에게 바치면 재앙이 사라진다는 신탁이 나왔다.

라오메돈은 하는 수 없이 딸 헤시오네를 바닷가에 솟은 암초에 묶어 두고 괴물이 데려가기만을 기다렸다. 트로이를 방문한 헤라클레스는 라오메돈 왕으로부터 급박한 상황을 전해 듣고 그에게 이렇게 제안했다.

"나에게 딸 헤시오네를 주시오! 또 당신이 갖고 있다는 멋진 암말들도 주시오! 제우스 신께서 당신 아들 가니메데스를 데려가는 대신 주신 그 암말 말이오. 그러면 헤시오네를 당장 구하겠소." 라오메돈은 헤라클레스의 제안에 동의했다. 이어 괴물이 나타나자 헤라클레스는 격렬한 싸움 끝에 녀석을 죽이고 라오메돈 왕에게 약속을 지킬 것을 요구했다. 그러나 라오메돈 왕은 공주의 목숨도 건지고 역병도 물러가자 다시 마음이 변해 약속 지키기를 거부했다. 헤라클레스는 트로이와 전쟁을 불사하기에는 군사력이 턱없이 부족했다. 하는 수 없이 그는 언젠가 트로이를 가만 두지 않겠다고 경고하며 그곳을 떠났다.

헤라클레스는 남아 있는 다른 모험을 하면서도 라오메돈 왕의 일을 계속 마음에 담아 두었다. 이어 12가지 모험을 완수하자마자 즉시 그리스로 돌아가 함선과 지원병을 모집했다. 그는 마침내 50명이 노를 저을 수 있는 함선 18척과 많은 군사들을 이끌고 트로이를 향했다. 이때 그의 부관 역할을 맡은 영웅은 살라미스의 왕 텔라몬이었다. 헤라클레스는 트로이 해안에 상륙하여 아르고스 인 오이클레스만 함선에 남겨 두고 성을 향해 돌진했다. 그러나 트로이 군은 그리스 군을 우회하여 해안의 함선을 공격했다.

이 전투에서 함선을 지키던 오이클레스가 전사했다. 헤라클레스 일행이 적시에 돌아오지 않았다면 하마터면 함선들도 모두 불에 탈 뻔했다. 트로이 군은 다시 쫓겨 성으로 밀려 들어갔다. 지루한 공방전이 벌어지다가 마침내 부하 텔라몬의 활약으로 철옹성 같은 트로이 성도 무너지고 말았다. 그는 왕을 죽이고 그의 딸 헤시오네를 텔라몬에게 전리품으로 주었다. 헤라클레스는 참으로 뒤끝이 강한 영웅이었던 모양이다.

속임수로 위기에서 탈출하는 헤라클레스

《연세 한국어사전》에는 거짓말을 "(남을 속이려고) 사실이 아닌 것을 사실처럼 꾸며서 하는 말"로, 속임수는 "남을 속이는 수법이나 수단"으로 정의하고 있다. 따라서 거짓말은 일정한 문장의 형태를 취하지만 속임수는 속이기 위한 구체적인 방법이자 행동이다. 속임수도 거짓말처럼 검은 속임수와 하얀 속임수로 나눌 수 있다. 검은 속임수가 사기라면 하얀 속임수는 재치와 기지이다.

　그리스 신화의 헤라클레스는 힘만 셌던 것은 아니었던 것 같다. 한때 꾀를 발휘해서 아틀라스를 속이고 위기에서 탈출한 적이 있었기 때문이다. 이때 헤라클레스가 썼던 방법이 바로 속임수였다. 헤라클레스의 열한 번째 과업은 헤스페리데스의 황금사과를 가져오는 것이었다. 이 황금사과 나무는 가이아가 헤라의 결혼식 날 선물로 주었던 것으로, 대지의 서쪽 끝자락에 있는 정원에서 자랐다. 사과나무는 요정 헤스페리데스가 돌봤고 100개의 머리를 지닌 뱀 라돈이 지켰다.

헤라클레스는 그 정원이 어디 있는지 몰랐다. 그곳에 가는 방법은 제우스와 테미스의 딸인 에리다노스 강의 요정들이 알고 있었다. 헤라클레스가 찾아오자 강의 요정들은 네레우스를 찾아가 보라고 충고했다. 네레우스는 바다의 노인으로 변신의 귀재이자 모르는 것이 없는 현인이었다. 요정들은 친절하게도 네레우스가 사는 곳도 알려주었다.

헤라클레스가 마침내 네레우스를 찾아 그를 두 손으로 꼭 붙잡고 황금사과 정원으로 가는 길을 물었다. 노인은 온갖 것으로 변신하며 답변을 회피하면서 그의 손에서 빠져나가려 했다. 그러나 헤라클레스는 요정들이 알려준 대로 끝까지 그를 놓아 주지 않고 붙잡고 늘어졌다. 지친 노인은 다시 원래 모습으로 돌아와서는 헤라클레스에게 그곳으로 가는 길을 알려주었다. 황금 사과 정원이 어딘지는 설이 다양하다. 오케아노스 저편이라고도 하고, 북풍이 부는 저편이라고도 한다. 리비아에서 가장 외진 곳이라고도 하며, 가장 유력한 설로는 아틀라스가 어깨에 하늘을 떠메고 있는 세상의 서쪽 끝자락이다.

헤라클레스는 계속 서쪽으로 가다가 마침내 아틀라스가 어깨에 하늘을 메고 있는 곳에 도착했다. 그는 아틀라스에게 자신이 잠깐 동안 하늘을 메고 있을 테니 근처에 있는 황금사과 정원에 가서 사과 좀 얻어 달라고 부탁했다. 헤스페리데스 세자매는 그의 딸이었기 때문이다. 아틀라스는 헤라클레스의 부탁을 흔쾌히 들어주었다.

사과를 가지고 돌아오던 아틀라스는 몸이 아주 가벼워진 것을

❖ 존 싱거 서건트, 〈아틀라스와 헤스페리데스〉 1925

거짓말은 어떤 경우에는 재치와 기지로 받아들여진다. 헤라클레스가 아틀라스에게 속임수를 걸어 헤스페리데스의 사과를 얻은 경우가 그렇다. 그림에서 아틀라스가 힘겹게 어깨에 하늘을 떠메고 있고 주변에 그의 딸들인 헤스페리데스들이 누워 있다.

느끼고 깜짝 놀랐다. 어깨가 이렇게 가벼운 적이 없었다. 콧노래가 절로 나왔다. 그는 더 이상 무거운 하늘을 메고 싶지 않았다. 그는 헤라클레스에게 자신이 직접 에우리스테우스에게 사과를 갖다 주겠다고 말했다.

헤라클레스는 아무리 힘이 세고 용감하더라도 하늘을 어깨에 떠메고서는 이런 난처한 상황에서 빠져나올 길이 없었다. 위기의 순간 그는 기발한 꾀를 하나 생각해 냈다. 그는 아틀라스의 제안에 동조하는 척하면서 아틀라스에게 자신이 어깨에 쿠션을 올려놓을 때까지만 하늘을 한 번만 더 메고 있어 달라고 부탁했다. 하늘이 너무 무거워 어깨가 무척 아프다는 것이다.

　우직한 아틀라스는 그 말을 듣고 얼른 황금사과를 땅에 내려놓더니 헤라클레스에게서 하늘을 덥석 넘겨받았다. 헤라클레스는 하늘을 아틀라스에게 넘겨준 뒤 얼른 황금사과를 집어 들고 유유히 그곳을 떠나왔다. 일설에 의하면 헤라클레스는 아틀라스에게 가장 효과적으로 하늘을 멜 수 있는 방법을 물었다. 그러자 아틀라스가 얼른 하늘을 넘겨받아 시범을 보였고, 헤라클레스는 그 틈을 이용해 아둔한 그를 조롱하며 그곳을 빠져나왔다.

전쟁, 거짓과 속임수의 경연장

전쟁터는 거짓말이 난무하는 곳이다. 적을 속이기 위해 날카로운 심리전을 펼쳐야 하는 곳이기 때문에 속임수가 판을 치는 곳이다. 임진왜란 때 이순신 장군도 '강강수월래'라는 속임수를 써서 수적 열세를 극복하지 않았는가? 《삼국지》에 나오는 적벽대전에서는 제갈공명이 속임수를 써서 조조 진영에서 화살 10만 개를 거저 얻어 승리의 기선을 잡는다. 트로이 전쟁에서 트로이가 패한 것도 그리스 측의 교묘한 속임수에 속았기 때문이다. 트로이 측이 그리스 군의 거짓 철수를 꿰뚫어 보았더라면, 그리고 최소한 그들이 해변에 남긴 목마에 그리스 군의 정예병이 숨겨진 것을 알았더라면 트로이는 몰락하지 않았을 것이다. 트로이는 그야말로 교묘하게 짠 오디세우스의 속임수 각본 때문에 단숨에 무너지고 말았다. 그 과정을 한번 따라가 보자.

전쟁 10년째, 그리스 군은 아무리 해도 트로이 성이 무너지지 않자 최후의 수단으로 오디세우스의 제안에 따라 트로이 인을 속이기 위해 치밀한 계획을 세웠다. 우선 건축가 에페이오스가 이데 산의 나무를 베고 와 아테나 여신의 도움을 받아 엄청나게 큰 목마를 만들었다. 목마 안은 상당한 수의 군사들이 들어갈 정도로 넓었다. 오디세우스를 대장으로 한 일단의 그리스 군 정예병이 그 안에 숨었다. 다른 그리스 군은 모두 진영을 철거하고 목마만 해안에 남긴 채 함선을 타고 거짓으로 퇴각했다. 그들은 트로이 해안 앞쪽에 있는 테네도스 섬까지만 철수하여 섬 뒤쪽에 배를 숨긴 채 어둠이 내리기를 기다리고 있었다.

트로이 인들은 적들이 물러가는 것을 보고 환호성을 지르며 성에서 밀물처럼 몰려나왔다. 그들은 그리스 군이 주둔하던 지역에서 커다란 목마를 발견하고 놀랐지만 겉에 쓰인 문구를 보고는 고무되었다. 목마의 옆구리에는 '그리스 군이 안전한 철수를 위해 아테나 여신에게 바치노라'라고 쓰여 있었기 때문이다. 곧 트로이 인들 사이에서 이 목마를 어떻게 할 것인가를 놓고 격렬한 논쟁이 일어났다. 일부 의심 많은 트로이 인들은 그것을 부수거나, 불에 태우거나, 아니면 계곡 사이에 밀어 넣자고 했다. 낙관주의자들이나 신앙심 깊은 자들은 목마를 성 안으로 가져가야 한다고 주장했다. 그래야 아테나 여신이 그들에게 행운을 가져다준다는 것이다. 예언자이자 프리아모스의 딸 카산드라가 목마 안에 첩자들이 들어 있다고 경고했지만 아무도 그 말을 믿지 않았다. 그녀는 아폴론의 저주를 받아 옳은 예언을 해도 아무도 믿지 않았기 때문이다.

아폴론 신전의 사제인 라오코온도 두 아들과 함께 목마를 경고하기 위해 군중 앞으로 나섰다. 그는 그리스 인이 주는 선물은 거저 준대도 조심해야 한다고 말하며 창을 던져 목마의 배를 정통으로 맞추었다. 목마에서 사람의 신음소리 같은 것이 들렸지만 라오코온의 돌발적인 행동에 놀라는 사람들의 웅성거림 속에 가려 아무도 들을 수 없었다. 그러나 라오코온의 행동은 사람들의 심리가 목마의 정체를 의심하는 쪽으로 기울어지게 하기에 충분했다.

그때 그리스 군의 낙오병 하나가 잡혀 프리아모스 앞에 끌려와 심문을 당했다. 그의 팔은 상처를 입어 헝겊으로 감았고 옷은 갈기갈기 찢어져 몰골이 말이 아니었다. 겉으로 보기에는 그리스 군으

✢ 지오반니 도메니코 티오폴로, 〈트로이의 목마를 성 안으로 끌고가는 트로이 인들〉 1773
트로이는 오디세우스가 고안해 낸 기발한 속임수인 목마 작전으로 몰락한다. 트로이 인들이 목마를 성 안으로 끌고가고 있다.

로부터 버림받은 것이 분명했다. 그러나 그는 오디세우스의 밀명을 받고 잔류하고 있었다. 그는 프리아모스 앞에서 완전히 날조된 거짓말을 술술 풀어냈다.

"저의 이름은 시논이고 모신 장수는 팔라메데스이십니다. 팔라메데스께서는 오디세우스의 모함을 받아 억울하게 죽음을 당하셨습니다. 오디세우스는 평소에 자신을 전쟁에 끌어들인 팔라메데스 님께 깊은 원한을 갖고 있었던 것 같습니다. 저는 오디세우스에게 강하게 항의했습니다. 그러자 오디세우스가 저에게 앙심을 품고 예언자 칼카스를 부추겨 거짓 신탁을 내리게 했습니다. 저를 신들에게 바쳐야 그리스 군이 무사히 귀환할 수 있다는 것입니다. 다행히 저는 제물로 바쳐지기 직전 간수를 속이고 간신히 도망칠 수 있었습니다."

시논이 말을 마치자 트로이 인들은 그를 자신들 편이라고 생각했다. 그들은 그의 결박을 풀어 주고 목마에 대해 꼬치꼬치 캐물었다. 그러자 그는 다시 오디세우스와 함께 만들어 둔 각본에 따라 이야기를 시작했다.

"그리스 군이 트로이에서 아테나 여신의 신상인 팔라디온을 훔쳐오자 아테나 여신이 분노했습니다. 그래서 팔라디온의 여신의 눈에서 불꽃이 일기도 했고, 여신이 직접 나타나 원망하기도 했습니다. 그러자 칼카스가 목마를 만들어 여신을 달래야 그리스 군이 무사히 귀환할 수 있다고 예언했습니다. 그는 목마가 트로이 성안으로 옮겨져서도 안 된다고 했습니다. 그러면 앞으로 그리스의 도시들이 트로이 인들의 공격을 받고 몰락한다는 것입니다. 그래서 목마를 그렇게 거대하게 만든 것입니다."

시논이 말을 마쳤지만 트로이 인들은 아직도 그의 말을 완전히 믿지 못하고 망설이고 있었다. 바로 그때 그들의 의심을 바람에 안개가 사라지듯 싹 가시게 하는 사건이 일어났다. 갑자기 바다에서 아주 큰 뱀 두 마리가 육지로 기어오르더니 아까 목마를 조심하라고 경고하던 라오코온의 아들 둘을 칭칭 휘감아 조르기 시작했다. 더구나 뱀들은 아들들을 구하러 달려든 아버지 라오코온마저도 조르더니 급기야는 그 셋의 숨통을 끊어 놓았다.

뱀을 보낸 것은 아폴론이었다. 아폴론은 예전에 자신의 신전에서 아내와 사랑을 나눈 라오코온를 벌했던 것이다. 그러나 트로이 인들은 라오코온이 아테나의 목마에 창을 던져 신성을 모독한 벌을 받은 걸로 생각했다. 이 사건 이후 트로이 인들은 목마에 대해 품고 있던 의심의 찌꺼기를 말끔히 떨쳐버렸다. 마침내 그들은 성벽 일부를 헐어내고 목마를 트로이 성안으로 옮겼다.

그러나 몇몇 트로이 인들은 아직도 목마를 의심했다. 그중 프리아모스의 아들이자 파리스가 죽은 뒤 헬레네를 아내로 맞이한 데이포보스는 아주 신중했다. 그는 아내와 함께 목마 주위를 돌며 두드려 보기도 하고 흠집을 찾기도 하면서 유심히 살펴보았다. 그는 헬레네를 시켜 그리스 장수들 부인의 목소리를 흉내 내어 목마를 향해 남편들을 부르도록 했다. 목마 안에 들어 있던 안틸로코스가 헬레네의 꾀에 속아 하마터면 대답을 할 뻔 했다. 다행히도 오디세우스가 적시에 그의 입을 손으로 틀어막았다. 아무 소리도 들리지 않자 데이포보스는 그제야 목마 안이 비어 있다고 확신했다. 몇 시간 뒤 트로이 인들은 종전을 축하하고 아테나를 기리며 밤새 잔치를 벌인 뒤 곯아떨어졌다.

그 사이 그리스 함선들은 유유히 달빛을 받으며 트로이 해안으로 다시 돌아와 성에 신호를 보냈다. 시논이 재빨리 목마로 다가가 옆구리에 있는 비밀 문을 열어 주었다. 다른 사람들은 모두 줄을 타고 무사히 밖으로 나왔지만 에키온 만은 급한 마음에 뛰어내리다가 죽고 말았다. 그들은 잽싸게 성문을 열어 밖에서 기다리고 있던 그리스 군대를 성안으로 끌어 들였다. 그들은 무방비 상태로 아무것도 모르고 쿨쿨 자고 있는 트로이 인들을 도륙하고 재물을 약탈하기 시작했다. 트로이는 곧 불바다가 되고 말았다.

《삼국사기》에도 트로이의 목마와 비슷한 속임수를 써서 적을 굴복시킨 사례가 등장한다. 때는 지증왕 때였다. 강릉 태수였던 이사부가 지금의 울릉도인 우산국을 점령하려고 했다. 그러나 우산국 사람들이 워낙 완강하게 버티는지라 뜻을 이룰 수 없었다. 이에 이사부는 나무로 사자의 상을 많이 만들어 함선에 싣고 우산국 해안 근처에 가서 소리쳤다. "너희들이 계속 항복하지 않으면 이 사나운 짐승들을 풀어 너희들을 모두 물어 죽이겠다." 이 말을 듣고 우산국 사람들이 몹시 두려워하며 항복했다.

속임수로 인해 최후를 맞은 아킬레우스

트로이 전쟁의 최고의 영웅 아킬레우스도 트로이의 속임수에 속아 최후를 맞이한다. 트로이 전쟁 당시 전투가 잠시 소강상태로 접어들자 프리아모스의 딸 폴릭세네가 신선한 물을 긷기 위해 은밀하게 성 밖 우물가로 나왔다. 아킬레우스는 우연히 그녀를 보고 첫눈에 반했다. 그는 트로이로 전령을 보내 그녀에게 청혼을 했다. 프리아모스 왕은 무장하지 않은 채로 우물가 옆 아폴론 신전에서 단 둘이 만나 회담을 하자고 회신을 보냈다. 아킬레우스는 프리아모스의 거짓말을 믿고 약속시간에 단신으로 아폴론 신전으로 찾아왔다.

그는 프리아모스에게 폴릭세네를 아내로 주면 그리스 군을 설득해서 철수하도록 하겠다고 제안했다. 바로 그 순간 신상 뒤에서 매복해 있던 트로이의 왕자 파리스가 화살을 날렸다. 화살은 아킬레우스의 발뒤꿈치에 맞아 그를 절명시켰다. 아킬레우스는 원래 무적의 몸이었다. 그가 태어나자 어머니 테티스가 그의 발을 잡고 지하세계의 스틱스 강에 그의 몸을 적셨기 때문에 어떤 무기도 그를 다치게 할 수 없었다. 이때 손으로 잡은 그의 발뒤꿈치만 물이 닿지 않아 유일한 약점으로 남아 있었다. 파리스는 화살로 그곳을 정확하게 겨누어 맞혔던 것이다.

트로이 전쟁에서 파트로클로스가 아킬레우스의 갑옷을 입고 트로이 군을 혼내준 것도 일종의 속임수이다. 이처럼 갑옷을 이용해 적을 속인 이야기는 고려 태조 왕건의 이야기에도 나타난다. 왕건은 공산 전투에서 견훤의 포위망에 빠져 죽을 위기에 처한다. 이때 그의 충신 신숭겸이 왕건의 갑옷을 입고, 왕건은 일반병졸로 변복한다. 적군의 공격이 신숭겸에게 쏠리는 사이 왕건은 무사히 탈출하지만 신숭겸은 장렬하게 전사한다.

영화 〈굿바이 레닌〉과 이타적 거짓말

우리나라에서 2003년 개봉된 독일 감독 볼프강 베커 감독의 〈굿바이 레닌〉은 거짓말을 모티프로 한 영화로 유명하다. 주인공은 알렉산더 코이너이고, 그의 어머니는 크리스티아네이다. 때는 베를린 장벽이 무너지기 바로 직전인 1989년 10월 동독. 크리스티아네는 남편이 서독으로 망명한 뒤 심한 우울증으로 고생하다 병원 치료를 받고 완치된 뒤 열렬한 사회주의자로 변신한다. 그녀가 자식들에게 한 말로는 남편은 서베를린으로 세미나를 갔다가 서독 여자와 눈이 맞아 자신을 버리고 망명을 했다.

크리스티아네는 직장에서 돌아오던 어느 날 반정부 데모대에 길이 막혀 택시에서 내려 지하철을 타려다가 경찰에게 끌려가는 아들의 모습을 보고 졸도하여 식물인간이 된다. 그녀는 8개월 후 의식을 회복했지만 걸을 수는 없었고 침대에서만 생활이 가능하다. 아들 코이너는 의사의 만류에도 불구하고 어머니를 집으로 데려왔지만 그녀는 절대적 안정이 필요하다. 정신적 충격을 받으면 다시 졸도할 가능성이 크고 그때는 손을 쓸 수 없기 때문이다.

어머니가 혼수상태로 있던 8개월 사이에 베를린 장벽이 무너지고 동독은 서독에 흡수되었지만 코이너는 어머니에게 그것을 알리지 못한다. 조국 동독의 미래에 희망을 걸고 있던 어머니가 충격을 받고 쓰러질 수 있기 때문이다. 코이너의 거짓말은 이런 동기로 시작되어 점점 대담해진다. 그는 어머니의 방을 옛 동독 시절의 분위기로 꾸며 놓는다. 커피와 오이 피클 등도 그때 어머니가 즐겨 먹던 것으로 구해 온다. 구동독의 제품은 이미 사라졌지만 그는 쓰레기통을 뒤져 병이라도 구해 그 안에 다른 제품을 채워 어머니에게 갖다 준다.

　코이너는 어머니의 생일에는 지금은 실업자가 된 어머니의 직장 동료에게 부탁하여 거짓으로 동독 공산당인 독일사회주의통일당의 이름으로 그녀에게 쾌유를 빌며 선물을 전달하도록 한다. 또 어머니가 TV를 보고 싶다고 하자 옛 동독 시절의 프로그램을 구해 복사해서 비디오로 틀어 준다. 심지어 위성 안테나 회사에 근무하는 친구와 함께 가끔 텔레비전 뉴스도 조작해서 공급한다. 급기야 그가 출근한 사이 어머니가 잠시 침대에서 일어나 외출하여 이웃으로 이사 오는 서독 사람들을 보고 장벽이 무너진 것을 눈치 채자, 서베를린 사람들이 장벽을 부수고 동독으로 밀려와서 정부가 그들의 망명을 받아 주기로 했다고 둘러대기도 한다.

　그러던 어느 날 다시 심장발작을 일으킨 크리스티아네는 죽음이 임박했음을 알고 아들에게 그동안 가슴 깊이 묻어 두었던 진실을 고백한다. 아버지가 서독 여자 때문에 가족을 버린 게 아니라 서독으로 망명하자는 아버지의 뜻을 자신이 따르지 않았다는 것이다. 이어 그녀는 아들에게 마지막으로 아버지와의 만남을 주선해 달라고 부탁하여 임종전 남편과도 해후한다. 남편도 물론 아들의 이야기를 듣고 그녀에게 동독이 서독에 흡수 통일된 사실을 감춘다. 결국 그녀는 자신이 자랑스럽게 생각했던 조국 동독이 지구상에서 사라진 줄도 모른 채 평화스럽게 죽음을 맞이한다.

　영화 끝자락에 주인공 코이너는 말한다. "나는 진실을 숨긴 걸

후회하지 않는다. 어머니는 이제 저 하늘 어딘가에서 우릴 내려다 보고 계시겠지. 어머니가 마음속에 담고 간 조국은 그녀의 믿음이 실현된 이상향이었다. 그것은 세상엔 절대 존재할 리 없지만 어머니와 함께 내 기억 속에 항상 남아 있을 것이다." 이어 코이너는 다음과 같은 아주 인상 깊은 구절로 자신의 독백을 마무리한다. "본래 진실이란 모호한 것이다 보니 어머니에 맞게 각색하기도 쉬웠다."

제레미 캠벨의 《거짓말쟁이 이야기》에 따르면 자연계에서 "많은 경우 속임수는 예외라기보다는 오히려 규칙이다." 예를 들어 "거미는 먹이가 될 곤충들에게 거미줄의 위험을 경고할 의무가 없다. 여우도 살아남기 위해서나 배가 고플 때 죽은 체하는 것을 미안하게 생각할 필요가 없다. 승리가 중요한 목적일 때, 속임수는 일종의 윤리이고, 좀더 위대한 자연의 섭리를 따르는 사소한 거짓말이다."

또 "뻐꾸기는 다른 새의 둥지에 무단 침입하여 둥지 주인이 낳아 놓은 알과 비슷한 알을 낳는다. 개개비는 뻐꾸기가 자기 둥지에 낳아 놓은 녹색 알을 거두어 키우는데, 뻐꾸기는 이렇게 다른 새들을 속임으로써 양육시설과 보모를 공짜로 이용하는 전문 사기꾼이다. 들종다리도 갈색 얼룩이 있는 알들에 속아 넘어간다. 가짜 알에서 부화한 새끼는 배은망덕하게도 재빨리 진짜 알들을 둥지 밖으로 떨어뜨린다."

제레미 캠벨은 이와 유사한 자연계의 수많은 거짓말과 속임수를 예로 든 다음 결국 자연계의 현상이나 인간의 행동 사이에는 유사성이 있다고 결론을 내린다. 이어 영국의 유전학자 로버트 미첼이 구분한 자연계에 존재하는 네 단계의 속임수를 소개한다. "첫 번째 가장 단순한 단계에서 생물 종은 속이는 것 말고는 아무것도 할 수 없기 때문에 속인다." "두 번째 단계에서는 속아 넘어가는 다른 생물이 가까이 있을 때에만 거짓행위가 일어난다." "세 번째 단계에서 속임수는 자동적인 것이 아니라 시행착오를 거쳐 습득되는 것이다. 거짓 행동은 효과가 있느냐 없느냐에 따라 수정된다." "네 번째 가장 높은 단계에서는 단순한 조작이 아니라 의도적인 속임수가 나타난다."

캠벨에 의하면 인간은 바로 네 번째 단계의 속임수와 거짓말에 능통하다. 그리스 신화의 오디세우스가 트로이의 목마를 만들어 트로이 몰락에 계기를 마련해 준 것이나, 자신을 모욕한 팔라메데스에게 복수하기 위해 의도적으로 거짓말을 만들어 낸 것이 이에 속한다. 그러나 캠벨은 인간에게는 동물계에 없는 또 하나의 거짓말이 있다는 사실은 간과하고 있다. 바로 영화 〈굿바이 레닌〉에서 주인공 코이너가 어머니에게 하는 의도적이지만 '이타적인 거짓말'이다. 인간이 동물과 다른 점은 바로 이타적인 거짓말을 할 수 있는 존재이기 때문일 것이다.

후흑학, 공맹과 조조가 만나다

1912년 중국의 리쭝우가 제창한 '후흑학厚黑學'이란 게 있다. 후흑은 '면후面厚'와 '심흑心黑'을 합성한 말이다. 면후는 두꺼운 얼굴이니 '뻔뻔함'을, 심흑은 검은 마음이니 '음흉함'을 의미한다. 따라서 후흑학은 뻔뻔함과 음흉함에 대한 학문으로 오해할 수 있다. 거짓말과 속임수를 이용한 처세술로 잘못 받아들일 수도 있다. 그러나 후흑학은 그렇게 부정적인 학문이 아니라 헤겔처럼 변증법적인 역사의 발전을 믿는 긍정과 희망의 철학이다.

후흑학에 의하면 역사는 세 시기로 구분할 수 있다. 제1기의 무대는 태고시대로 사람들이 너무 천진난만해서 뻔뻔함과 음흉함이 없던 시대이다. 중국으로 치면 이런 시대는 요순시대이고, 그리스 신화로 치면 황금시대이다. 공자와 맹자가 회복하거나 돌아가자고 외치던 시대이다. 제2기는 사회가 점차 분화되면서 조조처럼 뻔뻔하고 유비처럼 음흉한 인물들이 판을 치던 시대이다. 그야말로 군웅할거의 시대이다. "이와 같은 시대에는 공맹이 다시 태어난다 해도 반드시 실패하게 되어 있었다." 신화로 치면 영웅시대이다. 제3기는 후흑학의 창시자 리쭝우가 살던 시대이자 바로 우리가 살고 있는 시대이다. 이 시대는 조조와 유비 같은 사람들이 넘쳐나지만 절대로 그들의 생각이 제대로 실현되지 못한다.

왜 그럴까? 조조와 유비는 이미 구시대의 인물이기 때문이다. 그들에게는 변화한 새 시대에 맞는 철학이 부족하다. 그들이 성공하려면 자신들의 기술에 반드시 공자와 맹자의 도덕을 접목시켜야 한다. "바꿔 말해 반드시 공맹의 자세로 조조와 유비의 기술을 행하면 제3기에 합당한 바를 얻을 수 있을 것이다." 마찬가지로 이 시기에 공자와 맹자가 다시 살아난다 해도 반드시 실패할 수밖에 없다. 조조와 유비의 꾀를 구비하고 있지 않기 때문이다.

현대 사회는 전쟁터에 비유되곤 한다. 그만큼 거짓말과 속임수가 난무하는 시대라는 말일 것이다. 이런 시대에 리쭝우의 후흑학은 우리에게 무엇을 말해 주고 있는가? 그것은 조조와 유비처럼 거짓말과 속임수를 위한 철학을 설파하라는 것도 아니다. 공자와 맹자처럼 거짓말과 속임수를 무조건 거부하라는 것도 아니다. 그것은 조조와 유비로부터는 거짓말과 속임수를 만들어 낼 때 썼던 꾀와 재치를 공자와 맹자로부터는 거짓말과 속임수를 단호하게 부정할 수 있는 정신의 힘을 배우라는 말이다.

숫자
3

—
세계 신화의
공통분모

리어 …… 딸들아 말해 봐라. / 짐은 이제 통치권과 영토의 소유권 / 및 국사의 근심을 떨치려고 하니까 / 누가 이를테면 가장 사랑하는지, / 그래서 효성과 자격 갖춰 요구하는 딸에게 / 최고상을 내릴 수 있도록. 짐의 맏딸, / 고너릴이 먼저 하라.

고너릴 전하, 제 사랑은 말로 표현 못합니다. / 시력이나 걸림 없는 자유보다 소중하게, / 가장 값지다거나 희귀한 것 이상으로, / 은총, 건강, 미와 명예 갖춘 삶에 못지않게. / 일찍이 자식은 사랑하고 아버지는 받은 만큼, / 입 열고 말하면 빈약해질 사랑으로 / 모든 한계 다 넘어 전하를 사랑하옵니다.

리어 이 모든 영토에서 이 선부터 이 선까지, / 그늘진 살림과 풍요로운 들판에다 / 풍부한 강 드넓은 평야가 있는 땅을 / 네 소유로 해 주마, 너와 네 올바니의 자식들이 / 영원히 상속토록, 짐의 둘째, 콘월 부인, / 짐이 가장 사랑하는 리간은 뭐라 하지?

리건 전 언니와 타고난 자질이 같사오니 / 사랑도 같은 값이옵니다. 진심으로 / 언니는 제 사랑을 조목조목 밝혔어요. / 다만 크게 빠뜨린 부분은, 저는 가장 민감한 / 인간의 감각이 누리는 다른 모든 기쁨을 / 적이라 공언하고 오로지 전하의 / 귀중한 사랑 속에서만 행복하여진다는 / 사실이옵니다.

리어 너와 네 후손에게 영구히 세습으로 / 고너릴이 하사받은 땅보다 크거나 값어치, / 기쁨 또한 못지않은, 짐의 고운 왕국의 / 방대한 삼분의 일 남으리라. 자 이제, / 막내지만 내 즐거움, 내 사랑과 인연을 / 프랑스는 포도로 버건디는 우유로 맺자는데 / 언니들 것보다 더 비옥한 삼분의 일을 위해 / 네가 할 수 있는 말은? 말하라.

코딜리아 소녀 비록 불운하나 제 마음을 입에 담진 / 못하겠습니다. 전 전하를 도리에 따라서 / 사랑하고 있을 뿐, 더도 덜도 아닙니다.

리어 뭐, 뭐라고, 코딜리아? 말을 좀 고쳐봐라. / 네 행운을 망치지 않으려면.

코딜리아 아버님은 / 저를 낳아 기르시고 사랑해주셨기에 / 전 그에 합당한 의무로 보답고자 / 복종하고 사랑하며 가장 존경합니다. / 언니들이 아버님만 사랑한다 말할 거면 / 남편들은 왜 있지요? 제가 만일 결혼하면 / 제 서약을 받아들일 그분은 제 사랑과 / 걱정과 임무의 절반을 가져갈 것입니다. / 전 분명코 언니들처럼 아버님만 사랑하는 / 결혼은 절대로 않겠어요.

셰익스피어, 《리어왕》

셰익스피어의 〈리어 왕〉과 세 딸

리어 왕에게는 딸이 셋 있었다. 그는 은퇴할 팔순의 나이가 되자 딸들을 불러 자신을 얼마나 사랑하는지 물었다. 사랑의 정도에 따라 영토와 재산을 물려주겠다는 것이다. 첫째 고너릴과 둘째 리간은 온갖 미사여구로 아버지에 대한 사랑을 늘어놓았다. 흐뭇해진 리어 왕은 그들에게 각각 영토와 재산의 3분의 1씩을 하사했다. 이제 남은 것은 리어 왕이 가장 사랑하는 막내 코딜리아. 그녀는 언니들이 아버지에게 마음에도 없는 말을 구구절절 늘어놓는 동안 갑자기 황당한 생각이 들었다. 딸이 아버지를 사랑하는 것은 당연한 것 아닌가. 언니들처럼 무슨 가식적인 감언이설이 필요할까? 코딜리아는 결국 '도리에 따라서 전하를 사랑할 뿐' 더 이상 할 말이 없다고 잘라 말했다. 리어 왕은 막내딸의 얘기를 듣고 분노하며 그녀의 몫을 첫째와 둘째에게 나누어 주어 버렸다.

《리어왕》에서처럼 전 세계 소설과 동화에는 세자매나 삼형제 이야기가 아주 많다. 이야기 속 세자매나 삼형제 중 보통 첫째와 둘째는 탐욕스럽고 사악하다. 집안의 재산이나 좋은 것은 모두 독차지한다. 그에 비해 막내는 수더분하고 착하다. 모든 고통을 감수한다. 형들이나 언니들에게 당하고도 아무 말도 하지 못한다. 그러나 최후의 승리자는 막내로 그려진다. 막내는 형들이 탕진한 집안의 재산을 회복한다. 아버지나 어머니의 우환을 깨끗이 없애 준다. 심지어 자신을 구박만 했던 형들과 언니들까지도 포용한다.

셋째 딸은 보지 않고도 신붓감으로 데려간다는 말이 괜히 나온

게 아닌 모양이다. 한때 〈최진사댁 셋째 딸〉이라는 노래가 유행한 적도 있지 않은가. 예로부터 셋째 딸은 복덩이로 통한다. 물론 《리어 왕》의 막내 코딜리아처럼 예외는 있다. 나라의 실권을 장악한 코딜리아의 언니들은 마침내 사악한 속내를 드러낸다. 그들은 팔순의 아버지 리어 왕을 학대하더니 결국 궁에서 쫓아낸다. 고너릴은 동생 리건을 독살한다. 막내 코딜리아가 남편 프랑스왕의 힘을 빌려 아버지를 도우려 하지만 뜻대로 되지 않는다. 결국 코딜리아도 큰언니 고너릴의 흉계로 목숨을 잃는다. 아무래도 문학작품은 비극적이어야 제격인 모양이다.

그리스 신화의 삼형제와 세자매

그리스 신화에도 삼형제나 세자매가 자주 등장한다. 우선 가이아와 우라노스의 아들인 키클로페스와 헤카톤케이레스 삼형제가 있다. 키클로페스는 각각 천둥, 번개, 벼락을 뜻하는 브론테스, 스테로페스, 아르게스이고, 헤카톤케이레스는 손이 100개나 달린 거인으로 코토스, 브리아레오스(혹은 아이가이온), 기게스(혹은 기에스)이다. 제우스와 법의 여신 테미스의 딸이자 계절의 여신 호라이도 세자매이다. 그들은 에우노미아, 디케, 에이레네라고 불렀으며 각각 질서, 정의, 평화를 뜻한다. 거세당한 우라노스의 남근에서 떨어진 피가 땅에 스며 태어난 복수의 여신 에리니에스도 세자매로 알렉토, 테이시포네, 메가이라로 불린다. 또한 제우스와 오케아노스의 딸 에

✥ 페테르 파울 루벤스, 〈카리테스 세자매〉 1636-1638
신화를 비롯한 수많은 이야기에는 삼형제와 세자매의 이야기가 많은데, 보통 막내가 가장 착한 것으로 묘사된다.

우리노메의 딸이자 우미의 여신인 카리테스도 에우프로시네, 탈리아, 아글라이아 등 세자매이고, 고르고네스도 스테노, 에우리알레, 메두사 등 세자매이다.

고르고네스는 태초의 바다의 신인 포르케스와 케토의 딸이며 머리카락 한 올 한 올이 실뱀이고 얼굴은 하도 흉측해서 인간이든 동물이든 그들을 보기만 하면 돌로 변하게 만들었다. 다른 설에 의하면 그들의 눈빛이 너무 강렬해서 인간이나 동물이 그들의 시선과 마주치면 돌로 변했다. 고르고네스는 세자매를 모두 포괄하는 복수형으로 단수형은 고르고 혹은 고르곤이다. 그러나 일반적으로 고르고나 고르곤이 메두사를 지칭하는 것을 감안하면 메두사는 고르고네스의 대명사인 셈이다. 고르고네스는 세상의 서쪽 끝자락에 살았으며 멧돼지의 어금니, 청동 손, 황금 날개를 지니고 있었다. 세자매 중 유일하게 메두사만 유한한 생명을 갖고 있었으며, 다른 두 자매는 불사의 몸이었다. 메두사의 머리는 후에 영웅 페르세우스가 잘라내 모험할 때 무기로 사용했다.

운명의 여신 모이라이도 세자매이다. 모이라이 중 막내 클로토(실을 잣는 자)는 손에 물레를 들고 생명의 실을 잣는다. 어머니의 자궁 속에서 아이를 만드는 것이다. 둘째 라케시스(측정하는 자)는 클로토가 정성들여 꼰 생명의 실의 길이를 결정한다. 새 생명의 수명을 정하는 셈이다. 첫째 아트로포스(피할 수 없는 여자)는 끔찍한 가위로 생명의 실을 끊는다.

고르고네스와 자매 사이인 그라이아이도 에니오, 페프레도(혹은 펨프레도), 데이노 등 세자매이다. 그들은 태어날 때부터 백발이 성성한 노파였으며 눈과 이빨이 하나밖에 없어 번갈아 가며 사용해야 했다. 그들의 임무는 자매인 고르고네스에게 가는 길목을 지키는 것이었다. 그들은 눈이 하나밖에 없었기 때문에 하나가 보초를 서는 동안 다른 두 명은 차례가 될 때까지 잠을 잤다. 메두사를 죽이러 가던 페르세우스는 그들과 맞닥뜨리게 되자 기지를 발휘하여 그들의 하나밖에 없는 눈을 훔쳐 세자매 모두를 잠들게 한 뒤 그곳을 통과한다. 다른 설에 의하면 그라이아이는 신탁을 맡았다. 그들은 특히 페르세우스가 고르곤 메두사를 죽이는 데 필요한 무기들을 알고 있었다. 페르세우스는 메두사의 머리를 자르기 위해서는 어떤 요정들로부터 날개 달린 신발, 사람을 보이지 않게 만들어 주는 마법 투구, 메두사의 머리를 안전하게 담을 마법자루인 키비시스 등을 얻어야했다. 그라이아이는 처음에는 페르세우스에게 그 요정들이 사는 곳을 알려주지 않았지만 그가 자신들에게서 하나밖에 없는 눈을 빼앗아 협박하자 어쩔 수 없이 그 비밀을 털어놓았다.

세계 신화의 공통분모 숫자 3

숫자 3은 그리스 신화뿐 아니라 세계 각국의 신화에 단골손님처럼 등장한다. 게르만 신화에도 최초의 신들은 오딘, 빌리, 베 등 삼형제다. 성서에서는 성부, 성자, 성령의 삼위일체를 말한다. 동방박사도 셋이고, 그들이 가져온 선물도 황금, 몰약, 유황 등 세 개이다. 예수도 세 가지의 유혹을 받았다. 사탄은 예수에게 돌을 빵으로 만

✥ 소도마, 〈모이라이 세자매〉 1525년경

숫자 3은 세계 신화의 공통분모이다. 그것은 고대인들의 달 숭배와 깊은 관계가 있다. 달은 일반적으로 초승달, 보름달, 그믐달 세 가지 모습으로 변한다. 그래서 그들은 모든 것을 숫자 3으로 환원해서 생각했다.

들고, 성전 위에서 아래로 뛰어내리고, 자신에게 절을 해서 천하를 얻으라고 유혹한다. 노아의 아들도 셈, 야벳, 함 등 삼형제다. 아담과 이브의 아들도 카인, 아벨, 셋 삼형제다. 힌두 신화에는 브라마, 비슈누, 시바 등 3대 주신이 있다. 특히 그리스 신화의 제우스가 신들의 제왕이 되고 나서 자신은 하늘을, 하데스에게 지하세계를, 포세이돈에게 바다를 다스리게 하여 천하를 삼등분한 것도 이채롭다.

왜 세계 신화는 숫자 3을 이처럼 즐겨 사용했을까? 그것은 고대인의 달숭배사상과 깊은 관계가 있다. 고대인들은 해보다는 달을 더 숭배했다. 그들은 달을 위대한 여신으로 모시고 복을 빌었다. 달은 크게 초승달, 보름달, 그믐달 등 세 가지의 모습으로 변한다. 숫자 3이 세계 신화에서 신성한 숫자로 여겨지며 빈번하게 등장한 것은 바로 그 때문이다.

그래서 우리나라 신화에 숫자 3이 흔하게 나오는 것도 어쩌면 당연하다. 단군신화의 환인, 환웅, 단군은 삼신으로 모셨다. 또한 천제 환인의 서자 환웅은 천부인 세 개와 3000명을 이끌고 태백산 꼭대기의 신단수 밑으로 내려왔다. 고구려의 시조 주몽의 어머니 유화도 세자매 중 큰언니였다. 주몽이 고향을 떠날 때 따라왔던 신하들도 오이, 마리, 협보 세 명이었다. 주몽의 아들 유리가 아버지를 찾아 나설 때도 옥지, 구추, 도조라는 세 명의 부하들이 그를 따라왔다.

그리스 신화에서 발이 셋 달린 청동 세발솥은 신성하게 여겨졌다. 디오니소스 제전 때 열린 시인 경연대회에서 우승자가 받았던 것도 이 세발솥이었다. 운동경기의 우승자에게 트로피를 주는 것은 이런 전통에서 온 것이 아닐까? 아르고 호의 이아손도 세발솥 두 개를 갖고 황금양피를 찾아 모험을 떠난다. 세발솥이 그들을 위험에서 지켜 줄 것이라고 믿었기 때문이다. 델포이에 있는 아폴론 신전의 여사제 피티아도 트리푸스라는 커다란 의자 모양의 세발솥에 앉아 신탁(신의 뜻)을 내렸다. 우리가 제사지낼 때 향을 피우던 향로의 발이 세 개인 것은 이것과 관계가 있는 것은 아닐까?

성스럽게 여겨졌던 3이라는 숫자는 신화의 시대인 고대뿐 아니라 현재까지도 그 힘을 발휘한다. 로마에는 삼두정치의 세 주역이 있었다. 카이사르, 폼페이우스, 크라수스가 바로 그들이다. 케플러는 행성운동의 삼원칙을, 뉴턴은 세 가지 운동의 법칙을 밝혀냈다. 유명한 소설《삼총사》도 아토스, 포르토스, 아라미스 등 세 명의 절친한 국왕 호위무사가 벌이는 무용담이다. 친한 친구는 세 명이 될 때 호흡이 잘 맞는다. 삼각형의 피라미드가 안정감을 주는 것과 같은 이치다. 전 세계 동화에는 삼형제 이야기뿐 아니라 세자매 이야기가 아주 많다. 영국 동화에 나오는 '아기 돼지 삼형제'를 생각해 보라. 사랑의 신 에로스의 아내 프시케도 세자매 중 가장 예뻤던 막내가 아니었던가?

우리나라는 예로부터 삼천리 금수강산이라고 불렀고, 고구려, 백제, 신라 삼국으로, 마한, 진한, 변한 삼한으로 불렸다. 제주도도 돌, 여자, 바람이 많아 삼다도라 하지 않는가? 우리는 만세도 세 번 하고, 내기를 해도 세 번 한다. 우리의 음식문화도 간장, 고추장, 된장 등 삼장이 토대를 이루고 있다. 고구려 고분을 지키던 까마귀도 다리가 세 개가 달렸다. 우리는 제사를 지낼 때 절도 세 번, 술도 세 번 올린다. 국회에서 의사봉도 세 번 두드린다. 가위, 바위, 보 놀이도 세 가지 아닌가?

서양 신화에서는 12라는 숫자도 3 못지않게 자주 쓴다. 12는 3에 3을 3회 더한 숫자다. 3, 6, 9, 12식이다. 3의 배수인 6과 9도 꽤 흔히 쓰인다. 우리나라에서도 한때 3, 6, 9게임이 인기를 끌지 않았

✧ 안드레아 만테냐, 〈파르나소스 산〉 1497

숫자 3은 고대뿐 아니라 현재까지도 신성한 숫자로 인식된다. 그리고 3의 배수인 6, 9, 12 역시 마찬가지다. 예술을 담당했던 뮤즈 여신들도 아홉 명이었다. 그림 가운데에서 원을 그리며 춤을 추고 있는 소녀들이 뮤즈 여신들이다. 그들은 각각 담당 분야가 달랐다. 클리오는 역사, 멜포메네는 비극, 에우테르페는 피리, 에라토는 사랑의 노래, 우라니아는 천문학, 폴림니아는 리라, 그리고 맏언니 칼리오페는 서사시와 수사학을 관장했다. 아홉 명의 뮤즈 여신들이 춤추며 노래하는 모습은 마치 우리나라 걸그룹 '소녀시대'의 공연을 연상시킨다.

는가? 그러나 6과 9는 12보다는 드물게 나타난다. 가령 제우스의 형제자매는 6형제이고 제우스와 기억의 여신 므네모시네와 사이에서 태어난 무사이 여신은 9명이다.

그리스 신화에서 가이아와 우라노스가 낳은 자식들은 티탄 12신이었고, 올림포스 신족의 주신도 12명이었다. 헤라클레스가 했던 과업도 12가지였다. 성경에 나오는 예수의 제자도 12명이었고 유대교에는 12지파가 있었다. 영국의 아서 왕의 전설에 등장하는 원탁의 기사도 랜슬롯을 비롯한 12명이었다. 서양인들은 12가지 별자리를 보고 인간의 운명을 예견했다. 1년도 12달이 아닌가? 우리나라에의 왕릉 호석에 12지신상이 새겨져 있는 것은 무슨 이유일까?

서양인들은 이 12에 신을 의미하는 1을 더한 13을 불길한 숫자로 생각했다. 예수와 12제자를 합하면 13이다. 예수를 판 가롯 유다를 뺀 숫자가 12이다. 13이라는 숫자가 불길하게 여겨진 것은 그 때문이 아닐까? 13일의 금요일이라는 말을 들으면 오싹하다. 서양에는 엘리베이터나 기차의 객차에 숫자 13이 없다. 극장의 좌석이나 열에서도 13이라는 숫자를 찾아볼 수 없다. 우리나라에서 4를 기피하는 것과 같은 이치이다.

지하세계 방문

―
진정한 영웅이
되기 위한
통과의례

그리스의 유명한 도시인 라케다이몬은 여기서 그리 멀지 않는 곳에 있다. 그곳에 가거든 타이나로스의 숨겨진 동굴을 찾아라. …… 조금 열린 문에서 바라보면 아무도 밟지 않는 길이 있을 것이다. 문을 통과하여 그 길로 계속 가면 너는 플루토의 집이 있는 곳에 이를 것이다. 그러나 이런 어둠을 맨손으로 지날 생각은 하지 마라. 너는 양손에 꿀물을 적신 빵을 각각 한 쪽 씩 들고, 입에는 동전 두 개를 물고 가도록 해라. …… 그러면 머지않아 카론이 지키는 사자들의 강에 도착할 것이다. 그는 허름하기 짝이 없는 배로 여행자들이 강을 건널 수 있게 해주지만, 공짜가 아니라 돈을 받고 건네주는 것이다. …… 너는 이 추저분한 늙은이에게 뱃삯을 내야 한다. 그러니 네가 지닌 동전 중 하나를 주어라. 그러나 네 손으로 직접 주지 말고 그가 네 입에서 동전을 가져가도록 주의해야 한다. 강을 건넌 후 조금만 더 가면 …… 너는 사자들을 향해 송곳니를 보이며 한 시도 쉬지 않고 짖어대는 아주 커다랗고 사납게 생긴 세 개의 머리를 지닌 케로베로스를 볼 것이다. 그러나 …… 빵 한 조각을 던져 그들의 주의를 산만하게 하면, 너는 별 어려움 없이 그곳을 통과하여 프로세피나가 있는 곳에 도착할 것이다. …… 네가 온 이유를 설명하면, 그녀는 네가 원하는 것을 줄 것이다. 그리고 그것을 받아 밖으로 나올 때, 다시 빵 한 조각을 주어 사나운 개들을 피하도록 하라. 그런 후 다시 수전노 뱃사공에게 네가 간직하고 있던 동전을 주어서 강을 건너라.

루키우스 아풀레이우스, 〈황금 당나귀〉

프시케의 지하세계 방문

프시케는 사랑의 신 에로스의 아내였지만 신랑의 정체를 알 수 없었다. 에로스는 부하이자 서풍의 신 제피로스를 시켜 프시케를 은밀하게 데려갔을 뿐 아니라 밤에만 신방을 찾아왔다. 또 첫날 밤 아내에게 앞으로 자신의 얼굴을 보려 해서는 안 된다고 단단히 일러두기까지 했다. 그러던 어느 날 밤 프시케는 며칠 전 다녀간 두 언니들이 부추겨 놓은 호기심을 이기지 못하고 신랑이 잠든 사이 등잔불을 가져와 그만 그의 얼굴을 보고 말았다. 수려한 에로스의 모습을 확인한 프시케가 소스라치게 놀란 나머지 심하게 몸이 흔들려 등잔기름 몇 방울이 튀어나와 곤히 잠들어 있던 신랑의 어깻죽지에 떨어졌다.

갑자기 잠에서 깨어난 에로스가 사태를 파악하고 금기를 어긴 프시케에게 깊이 실망하여 홀연히 아내 곁을 떠나 버렸다. 프시케는 밤낮으로 참회의 눈물을 흘리며 신랑을 기다렸건만 단단히 마음이 상한 에로스는 돌아올 줄 몰랐다. 고심하던 프시케는 시어머니 아프로디테를 찾아가 신랑 에로스를 만나게 해달라고 간청했다. 그러자 여신은 프시케를 심하게 꾸짖으며 신랑의 마음을 다시 얻는 조건으로 네 가지의 과업을 주었다. 그중 마지막이 지하세계에 가서 하데스의 부인 페르세포네의 화장품을 얻어오는 것이었다. 위 인용문에서 플루토는 하데스, 프로세피나는 페르세포네의 로마식 이름이다.

프시케는 산 자로서 지하세계를 다녀오는 것은 불가능하다고 생

❖ 자코포 주키, 〈에로스와 프시케〉 1598
프시케가 왼손에 등잔을 들고 오른손에는 칼을 든 채 잠자는 에로스의 얼굴을 확인하고 있다. 그녀는 이런 의심 때문에 에로스의 사랑을 다시 얻기 위해 지하세계를 다녀오는 혹독한 대가를 치러야 했다.

각했다. 그녀는 지하세계를 다녀오라는 것은 죽으라는 것과 마찬가지라고 생각하고 높은 탑 위로 올라갔다. 죽어서 영혼으로라도 지하세계가 들어갈 작정이었다. 프시케가 탑 꼭대기 올라서서 눈을 감고 투신을 하려는 순간 갑자기 탑이 사람의 말을 토해내며 그녀를 말렸다. 이어 그녀에게 산 채로 지하세계에 내려가는 방법을 자세하게 일러주었다.

고대 그리스와 로마 인들의 상상에 의하면 하데스에게 가는 길은 두 가지가 있었다. 하나는 깊은 동굴을 이용하는 방법이었고, 다른 하나는 대지를 감싸고 흐르는 엄청나게 큰 강인 오케아노스를 이용하는 방법이었다. 탑은 프시케에게 펠로폰네소스 반도 끄트머리에 있는 타이나론(로마식 표현은 타이나로스) 곶 근처의 동굴을 이용하라고 말했다. 지하세계에는 죽은 자들이 반드시 건너야 되는 스틱스 강이 흐르고 있었고, 뱃사공 카론이 죽은 자들을 배에 태워 그 강을 건네주었다. 그는 장례를 치른 혼령들만 시신의 입 안에 들어 있는 오볼로스라는 동전을 배 삯으로 받고 배에 태워 주었다. 탑이 동전을 꼭 입으로 물어 건네주라는 것도 그 때문이리라. 강 건너편에는 케르베로스라는 머리가 셋 달린 개가 혼령이 다시 지상으로 돌아가지 못하도록 지켰다. 프시케는 탑의 지시대로 지하세계를 오갈 때 쓰기 위해 오볼로스 동전 두 개와 꿀물을 적신 빵 두 쪽을 들고 갔다.

지하세계 방문 모티프의 발달사

지하세계를 여행하는 신화가 만들어진 것은 산 자에게는 입장이 허용되어 있지 않으며 인간이 사후에 들어간 뒤로 지금까지 한 번도 되돌아온 적이 없는 곳에 대해 알고 싶어 하는 인간의 동경 때문이다. 신화에서는 반신반인의 영웅들이나 특별히 신의 은총을 받은 인간들만이 그런 여행을 할 수 있는 행운을 얻는다. 위 인용문의 프시케처럼 이런 선택받은 자들만이 동시대 사람들에게 지하세계의 모습을 알려줄 수 있는 특권을 부여받는다.

고대 동양의 이중적 세계관으로 보면 지하세계 방문은 빛의 힘과 어둠의 힘이 싸우는 것과 관계가 깊었다. 그래서 이집트, 바빌로니아, 이란 등의 신화에서 지하세계의 힘을 의미하는 어둠과의 싸움은 아주 흔한 주제로 나타났다. 이 과정에서 빛이 어둠의 힘을 정복하는 것은 죽은 자뿐 아니라 산 자의 행복에도 기여했다. 가령 이집트에서 태양신 '라'는 지하세계를 지키는 커다란 뱀 '아포피스'와 자주 싸운다. 이때 라가 대부분 이겼지만 가끔 지기도 했다. 고대 이집트 인들은 태양이 빛을 잃는 일식이 바로 태양신 라가 아포피스에게 패배하는 때라고 해석하였다.

고대 그리스와 로마 인은 현세 중심적 세계관을 갖고 있었다. 게다가 동양의 종교가 갖고 있던 이중적 세계관을 몰랐다. 그래서 올림포스와 하데스가 지배하는 지하세계의 대립을 지양하였다. 그들은 세상을 하늘, 바다, 지하세계로 삼등분하여 각각 제우스, 포세이돈, 하데스에게 배분되어 있다고 생각했다. 그러나 그들도 세월이 흘러감에 따라 점점 동양의 영향을 받아 지하세계에서 가장 깊은 곳 타르타로스는 지옥으로, 그곳의 지배자인 하데스는 악마와 같은 인물로 상상했다.

유럽 문학에서 지하세계 방문의 모티프가 계속 나타나는 것은 고대 켈트 신화나 게르만 신화의 영향 때문이다. 가령 게르만 신화를 보면 오딘의 아들 헤르모드가 로키의 계략으로 억울하게 죽은 형제 발드르를 데리러 지하세계를 방문한다. 그러자 지하세계의 신 헬이 조건을 내건다. 지상의 모든 것들이 발드르의 죽음을 애도하여 눈물을 흘리면 발드르를 돌려주겠다는 것이다. 헤르모드는 기쁜 마음으로 지상으로 돌아오지만 한 거인 여자가 눈물을 거부하는 바람에 목적을 달성하는 데 실패한다. 그녀는 바로 심술꾸러기 신 로키가 분장한 여자였다.

고대에는 지하세계 방문은 주로 죽은 자를 데려오거나 미래의 일을 알아보기 위해 이루어진다. 가령 오르페우스는 죽은 아내를 데리러 지하세계로 내려간다. 또 오디세우스는 집으로 돌아가는 길을 알아보기 위해 이미 고인이 된 지하세계의 예언자 테이레시아스를 방문한다.

중세에는 예수의 지하세계 방문 경험을 토대로 많은 이야기들이 만들어진다. 예수가 죽었다가 사흘 만에 다시 살아나는 것도 일종의 지하세계 경험이라고 볼 수 있기 때문이다. 그중 한 이야기에서는 예수가 죽어 지하세계의 지옥으로 내려가 그곳 감옥에 갇혀 있는 영혼들을 구하려 한다. 지하세계의 왕은 예수를 저지하기 위해 막아선다. 그러자 예수는 강제로 그를 밀쳐내고 지하 감옥의 벽과 문을 부순다. 지하세계의 어둠의 세력들은 예수가 다가서면 공포에 빠지며 구세주인 그를 보기만 해도 힘을 잃는다. 그래서 예수가 죽어 지하세계로 내려가는 것은 패배가 아니라 승리의 시작이다. 이런 이야기의 특징을 든다면 지하세계로 내려가는 것이 더 이상 인간이 아니라는 것이다. 이제 예수가 그 역할을 떠맡는다.

중세의 교훈문학은 인간들에게 하느님을 경외하는 삶을 살도록 하기 위해 지하세계 방문 이야기를 활용한다. 이때 주로 죽었다가 살아난 사람이 자신이 본 지하세계, 즉 지옥, 연옥, 천국 등을 이야기하면서 지옥의 형벌을 자세하게 묘사한다. 단테의 《신곡》이 이에 속한다. 중세 세속문학에서는 이 모티프가 갖고 있는 모험적인 측면이 부각된다. 어떤 이야기에서는 기사 랜슬롯 경이 지하세계로 내려가 그곳에 유괴되어 있는 아서 왕의 귀네비어 왕비를 구해 온다.

르네상스 시대가 되자 고대의 지하세계 방문 이야기를 그대로 모방한 이야기들이 유행한다. 지하세계가 비교적 종교적 선입관 없이 있는 그대로 묘사된다.

바로크 시대에는 고대 신화의 지하세계 방문 모티프가 작품에 많이 사용되지만 기독교적으로 해석된다. 가령 그리스 신화의 오르페우스와 에우리디케의 이야기는 이브와 예수의 이야기로 새롭게 만들어진다. 즉 오르페우스의 이야기에는 루시퍼에 의해 납치당한 이브를 구하러 지옥을 찾아가는 예수의 이야기가 숨어 있다는 것이다.

이후 지하세계 방문 모티프가 풍자적으로 사용되는 경우가 나타난다. 광인이 주인공으로 등장하여 자신이 사자들을 재판하는 심판관 앞에 있다고 상상한다. 그는 혼잣말로 자신의 잘못을 고백하고 후회하며 자신에게 부과된 형벌을 받아들인다.

19세기가 되면서 지하세계 방문의 모티프는 지하세계의 음울하고 무서운 면에 대한 관심보다는 그 기능과 의미에 더 무게가 주어진다. 많은 경우에서 지하세계 방문은 카타르시스의 기능을 갖는다. 예를 들어 괴테의 《타우리스의 이피게네이아》에서 오레스테스는 어머니를 죽인 것에 대한 양심의 가책으로 광기에 시달리다가 환상 속에서 지하세계로 내려가 조상들이 서로 화해하는 모습을 보고 자신의 가문에 내린 저주가 풀렸다고 느낀다. 괴테의 파우스트가 지하세계를 방문하여 죽은 헬레네를 데려오는 것도 일종의 심적인 갈등이나 고통을 무마하기 위해서였다.

20세기에는 심리학과 실존주의의 시대답게 지하세계 방문 모티프가 문학 작품에 더욱더 활발하게 이용된다. 그것은 지하세계 방문이 지상과 지하세계의 경계를 열어 인간의 심리와 죽음을 다루기 때문일 것이다.

그리스 신화의 지하세계 방문의 유형

그리스 신화에 나타난 지하세계 방문의 유형은 목적에 따라 크게 네 가지로 구분할 수 있다. 첫째는 죽었다가 살아난 자가 지하세계에 대해 설명하는 유형이다. 플라톤의 《국가》는 '에르'라는 인물의 지하세계 방문기를 소개한다. 에르는 전쟁터에서 전사했다. 가족들은 열흘 만에 그의 시신을 거두어 이틀간 안치한 후 화장을 하기 위해 장작더미에 올렸다. 그런데 에르는 가족들이 막 불을 지피려는 순간에 다시 살아난다. 그 뒤 그는 열이틀의 사후체험을 자세히 설명한다.

지하세계에 도착한 에르는 길이 두 쪽으로 나누어지는 신비한 뜰에 도착한다. 그러나 그 길은 오른쪽과 왼쪽으로 난 단순한 갈림길이 아니다. 길은 위와 아래로 구분되어 있고 각각 두 개의 구멍이 뚫려 있다. 구멍을 자세히 설명하자면 이렇다. 위쪽 두 개는 지상에서 훌륭한 삶을 살았던 사람들이 오른쪽으로 들어갔다가 왼쪽으로 나오는 구멍이다. 이에 비해 아래쪽 두 개는 그와는 정반대의 삶을 살았던 사람들이 오른쪽으로 들어갔다가 왼쪽으로 나오는 구멍이다.

가령 지상에서 잘못을 한 사람들은 벌을 받으러 아래 오른쪽 구멍으로 들어갔다가 왼쪽 구멍으로 나온다. 그러나 선행을 해서 올바른 삶을 살았다면 같은 식으로 위에 있는 오른쪽 구멍으로 들어가 보답을 받은 뒤 다시 왼쪽 구멍으로 나온다. 일반적으로 벌이나 상을 받는 기간은 인간의 수명을 100년으로 했을 때 그 열 배인 1000년이 된다. 그러나 아주 못된 짓을 많이 한 어떤 참주의 영혼들은 1000년이 되어 다시 나오다가 문지기에게 잡혀 다시 타르타로스에 내동댕이쳐지는 경우도 있다.

혼령들은 벌을 받거나 상을 받은 다음 구멍에서 나와 앞에 있는 신비한 뜰에서 다시 만나 경험을 교환한다. 이어 새로운 삶의 주기가 시작되면 그들은 운명의 신 모이라이 세자매 중 라케시스 앞으로 간다. 그들은 우선 제비뽑기로 라케시스가 펼쳐놓은 수많은 새로운 삶 중에서 하나를 선택할 순서를 정한 후, 순서대로 여러 삶들 중 하나를 선택한다. 물론 그들이 선택할 수 있는 삶의 수는 그들 숫자보다 훨씬 많다.

그러나 혼령들이 수많은 삶들 중에서 자기가 원하는 삶을 택하기는 쉽지 않다. 그래서 삶을 잘못 선택한 후 그것을 후회하는 혼령들의 탄식소리가 자자하다. 또 선택은 주로 이전에 살았던 삶에 따라 정해지는 경우가 많기 때문에 그것이 올바른 선택이었는지 가늠하기가 어렵다. 에르는 지하세계에서 많은 혼령들이 이전의 삶을 증오하며 다른 삶을 택하는 것을 목격했다. 가령 오르페우스는 자신을 죽인 여성들을 증오하며 백조의 삶을 선택했다. 트로이 전쟁의 영웅 아이아스도 인간의 삶을 피했다. 그는 오디세우스와 아킬레우스의 갑옷을 놓고 설전을 벌이다가 결국 갑옷이 오디세우스의 차지가 되자 자결한 인물이다. 아마 그는 인간에 염증을 느꼈을 것이다. 아내에게 살해당한 아가멤논도 인간이 아닌 독수리의 삶을 선택했다.

혼령들은 이렇게 각각 원하는 삶을 선택한 뒤에는 또 다른 운명의 여신 클로토와 아트로포스를 찾아간다. 클로토는 혼령들이 선택한 운명을 확인해 주었고, 아트로포스는 일단 한번 꼰 운명의 실은 되돌릴 수 없도록 만들었다. 마지막으로 혼령들이 찾아간 곳은 망각의 강 레테였다. 플라톤의 《국가》에 의하면 레테 강은 제우스의 아버지 크로노스가 지배하고 있는 엘리시온에 있다. 레테 강변에는 새로운 삶을 준비하는 영혼들이 무리를 지어 모여 있다. 이들은 강물을 마시며 전생의 일을 잊어버리고 새로운 삶을 살 준비를 한다.

둘째는 자신의 용기를 증명하는 유형이다. 그리스 신화의 영웅은 지하세계의 힘과 싸워 자신의 용기와 힘을 보여 주려 한다. 따라서 영웅이 하데스의 나라로 들어가는 것은 동양의 종교나 기독교에서처럼 악의 세력에 대한 승리를 의미하는 것이 아니라 죽음의 법칙을 깨뜨리는 것을 의미했다. 프시케가 아프로디테의 명령으로 지하세계에 다녀온 것도 이 유형에 속한다.

헤라클레스는 12번째 과업으로 지하세계로 내려가 케르베로스를 지상으로 데려와 바보 왕 에우리스테우스에게 보여 준 뒤 다시 하데스에게 데려다 준다. 이때 그는 하데스에게 잡혀 있는 테세우스를 구해 데려온다. 테세우스는 그 당시 겁도 없이 친구 페리이토오스와 함께 하데스의 왕비 페르세포네를 납치하러 지하세계로 갔다가 하데스에게 잡혀 의자에 앉은 채 죽음과도 같은 잠에 빠져 있었다.

셋째는 오르페우스처럼 단순히 죽은 자를 데려오기 위해 지하세계를 방문하는 유형이다. 음악의 달인 오르페우스는 결혼한 지 사흘 만에 아내 에우리디케가 독사에 물려 죽자 그녀를 찾아 지하세계로 내려간다. 그는 절묘한 리라 연주와 노래의 힘으로 스틱스 강을 지키는 카론과 케르베로스를 달래 지하세계의 관문을 통과한다. 하데스와 페르세포네도 그의 리라 연주와 노래에 감동하여 그에게 아내를 데려가도록 허락한다. 조건은 지하세계의 문을 나설 때까지 뒤를 돌아보지 말라는 것이다. 그러나 오르페우스는 마지막 순간에 그만 뒤를 돌아보는 바람에 아내를 영영 잃어버린다. 헤라클레스는 남편 아드메토스를 위해 죽은 알케스티스를 데려오기 위해 지하세계를 방문한다.

아리스토파네스의 희극 《개구리》에도 이 유형이 나타난다. 이 작품은 디오니소스 신이 죽은 자를 데려오기 위해 지하세계를 다녀온 이야기를 코믹하게 묘사하고 있다. 디오니소스는 펠로폰네소스 전쟁으로 피폐해진 아테네의 극장을 부흥시키기 위한 묘책을 물어보기 위해 이미 죽은 그리스의 비극 작가들 중 하나를 데리러 지하세계로 내려간다. 그는 우스꽝스럽게도 헤라클레스의 복장을 하고 종복 크산티아스를 데리고 헤라클레스가 이용한 적이 있는 길을 이용해 지하세계로 내려간다. 지하세계에서 이미 고인이 된 아이스킬로스와 에우리피데스는 디오니소스로부터 사정을 전해 듣고 자기가 왜 먼저 지하세계를 나가야 하는지를 놓고 서로 논쟁을 벌인다. 디오니소스는 결국 아이스킬로스를 선택한다.

넷째는 미래를 알아보기 위해 지하세계를 방문하는 유형이다.

✤ 〈헤라클레스와 케르베로스〉 BC 525년경의 흑색상 히드리아 도기

지하세계에는 아무나 갈 수 없고 또한 나올 수도 없다. 머리가 셋 달린 무시무시한 괴물 개 케르베로스가 지하세계로 들어가는 관문을 지키고 있기 때문이다. 그림에서 헤라클레스가 마지막 12번째 과업으로 케르베로스를 데려오자 에우리스테우스 왕이 겁에 질려 항아리 속으로 몸을 숨기고 있다.

《오디세이아》의 11권에서 오디세우스는 키르케의 충고로 지하세계를 방문한다. 이미 죽은 그리스 최고의 예언자 테이레시아스를 만나 자신의 미래를 알아보기 위해서이다. 이때 오디세우스는 동굴이 아니라 오케아노스를 이용해 지하세계로 들어간다. 오디세우스가 그리는 지하세계는 형체가 없는 "그림자들"만 사는 무미건조한 곳이다. 오디세우스가 트로이 전쟁에서 죽은 아킬레우스의 혼령을 만나는 장면은 호메로스가 생각하는 지하세계의 실상을 암시해 준다.

오디세우스가 아킬레우스에게 죽어서도 사자들의 제왕노릇을 한다며 부러워하자 그는 손사래를 흔들며 말한다. "오디세우스여, 나를 위로하려고 하지 마시오. 나는 지하세계에서 죽은 자들의 제왕 노릇을 하느니 차라리 산 자로서 다른 사람의 머슴으로 살고 싶소!"

지하세계의 타르타로스와 엘리시온

호메로스를 비롯하여 초기 그리스 신화 작가들은 지하세계에 대해 구체적인 묘사를 하지 않았다. 막연히 사람이 죽어 혼령이 가는 곳이라고 생각했을 뿐이다. 아마 고대 그리스 인들의 현세중심적인 사고가 반영된 것일 게다. 헤시오도스도 《신통기》에서 지하세계에서 가장 깊은 곳 타르타로스를 "칠흑같이 어둡고" "소름끼치고 퀴퀴한 냄새가 나서 신들조차도 전율을 느끼는" 곳이라고만 했을 뿐이다. 그는 물론 그 깊이가 아주 깊다는 것은 강조했다. 그에 의하면 타르타로스는 청동모루를 지상에서 떨어뜨려 아흐레 밤낮을 내려가야 하는 곳에 있다. 그러나 그게 전부였다. 헤시오도스의 타르타로스는 지상에서 사악한 짓을 많이 한 혼령들을 가두어 두는 곳은 아니었다. 기껏해야 제우스가 티탄 족들을 제압하고 그곳에 가두고 헤카톤케이레스 삼형제에게 지키도록 했다.

호메로스가 생각한 타르타로스도 헤시오도스의 것과 유사하다. 타르타로스에 갇힌 자들이 티탄 신족 이외에 몇 명 더 늘어났을 뿐이다. 호메로스에 의하면 신들에게 엄청난 범죄를 저지른 탄탈로스, 시시포스, 거인 티티오스 등이 그곳에서 형벌을 받고 있다. 탄탈로스는 신들을 시험한 죄로 죽어 그곳에 갇힌 채 끝없는 허기와 갈증에 시달렸다. 그는 허리까지 물이 차 있는 호수에 서 있다. 호숫가에는 온갖 종류의 과일나무가 늘어서 있다. 가지에는 과일이 탐스럽게 주렁주렁 매달려 있다. 그러나 탄탈로스가 목이 말라 물을 마시려고 허리를 숙이면 순식간에 바닥이 드러났고, 배가 고파 과일 나무에 손을 뻗으면 가지가 멀리 도망쳤다.

✤ 장 밥티스트 카미유 코로, 〈지하세계에서 에우리디케를 데려오는 오르페우스〉 1861
지하세계에 내려가는 것은 불가능을 가능케 하려는 강한 의지의 표현이다. 죽은 사람들만 갈 수 있는 지하세계에 사랑하는 아내를 데리러 간 오르페우스의 모습에서 강력한 사랑의 힘을 볼 수 있다.

시시포스는 죽음을 거부한 죄로 타르타로스에 있는 가장 높은 산 정상에 커다란 바위를 올려놓는 형벌을 받았다. 그러나 시시포스가 바위를 낑낑대며 간신히 정상에 올려놓으면 바위는 저절로 산 아래로 굴러갔다. 시시포스는 다시 산 아래로 내려와 계속해서 그 바위를 올려야 했다. 티티오스는 아폴론과 아르테미스의 어머니 레토 여신을 욕보이려다 잡혀서 그곳에 갇혀 독수리에게 고통을 받고 있었다. 그는 온몸을 묶인 채 단말마의 비명을 지르며 독수리에게 간을 쪼아 먹히고 있었다.

로마 시대의 신화학자 베르길리우스의 《아이네이스》에서 아이네이아스도 이미 고인이 된 아버지 앙키세스가 꿈에 나타나 명령한 대로 지하세계로 내려간다. 그는 황금가지를 든 시빌레 여신의 도움으로 케르베로스를 진정시키고 지하세계로 들어간다. 이때 베르길리우스가 묘사하는 지하세계는 이전과 사뭇 다르다. 호메로스 이

❖ 티치안, 〈시시포스〉 1548년경
죽음을 거부할 수 있을까? 지하세계로 내려가길 거부한 죄로 시시포스는 지하세계에서 가장 깊은 곳인 타르타로스의 산 정상에 커다란 바위를 올려야 하는 벌을 받는다. 그가 정상에 바위를 올려놓는 순간 바위는 저절로 산 아래로 굴러가서 그는 영원히 그 일을 반복해야 한다.

후 800년의 세월이 흐름을 반영한 것이리라. 베르길리우스는 지하세계의 가장 깊은 곳 타르타로스에 기독교 지옥의 이미지를 가미하였다.

베르길리우스에 의하면 지하세계는 크게 지하 감옥 타르타로스, 하데스의 궁전과 이상향 엘리시온 등 세 부분으로 나누어져 있다. 타르타로스와 하데스의 궁전 뒤쪽 엘리시온으로 갈라지는 갈림길엔 심판관 미노스가 앉아 있다. 그는 혼령들을 지상에서의 죄과에 따라 타르타로스로 보내야 할지 아니면 엘리시온 쪽으로 보내야 할지를 심판한다. 타르타로스의 지배자는 미노스의 형제 라다만티스였다.

타르타로스는 불의 강 플레게톤 강에 둘러싸여 있고 삼중으로 청동 울타리가 쳐져 있었다. 라다만티스는 혼령들을 심문하여 지상에서 지은 죄를 자백하게 한 다음 경중에 따라 벌을 내렸다. 타르타로스의 입구에 서 있는 높은 탑에는 복수의 세 여신 중 하나인 티시포네가 피투성이가 되어 뱀 채찍을 들고 혼령들을 감시하고 있다. 아이네이아스는 타르타로스 쪽에서 들려오는 비명소리에 오금을 저리며 엘리시온으로 들어가 마침내 아버지와 해후하여 미래의 운명을 전해 듣는다.

지하세계 방문은 고래의 배

헤라클레스, 테세우스와 페이리토오스, 오디세우스, 아이네이아스 등 대다수의 그리스 신화의 영웅들은 약속이라도 한 듯이 지하세계를 방문한다. 그것은 무엇을 의미할까? 그것은 혹시 일종의 성인식처럼 통과의례가 아니었을까? 영웅다운 영웅이 되기 위해서 꼭 거쳐야 하는 관문이 아니었을까? 조지프 캠벨도 영웅들의 지하세계 방문을 '고래의 배'라는 상징적인 말로 표현하고 있다. 성서 속 요나는 고래의 배에 들어가 죽음을 경험한 이후에야 비로소 자신이 해야 할 사명이 무엇인지를 깨닫는다. 보글러도《신화, 영웅 그리고 시나리오 쓰기》에서 신화 속 지하세계 방문을 '동굴 가장 깊은 곳으로의 접근'이라고 표현했다. 그가 말하는 동굴 가장 깊은 곳이란 바로 영화 속 주인공이 겪게 되는 가장 큰 시련이다.

영웅들의 지하세계 방문이 통과의례라는 상징적인 의미를 갖는 것이라면 지하세계를 방문하지 않은 영웅들도 그것에 필적하는 시련을 겪었음에 틀림없다. 그렇다면 영웅 페르세우스에게 지하세계 방문에 버금가는 시련은 무엇이었을까? 그것은 메두사의 목을 자르러 그 본거지를 찾아간 것이 아니었을까?

지하세계 방문이 비단 영웅들에게만 의미가 있는 것은 아니다. 그것은 우리 보통 인간에게도 그 필요성을 역설해 준다. 인간이 무엇인가 이루어내기 위해서는 지하세계에 다녀올 만큼 혹독한 시련을 겪어야 한다고 말이다.

갈림길

―
못 가본 길이
더 아름답다

단풍 든 숲 속에 두 갈래 길이 있더군요. / 몸이 하나니 두 길을 다 가볼 수는 없어 / 나는 서운한 마음으로 한참 서서 / 잣나무 숲속으로 접어든 한쪽 길을 / 끝 간 데까지 바라보았습니다.
그러다가 또 하나의 길을 택했습니다. / 먼저 길과 똑같이 아름답고, / 아마 더 나은 듯도 했지요, / 사람이 밟은 흔적은 / 먼저 길과 비슷하기는 했지만, / 풀이 더 무성하고 사람을 부르는듯했으니까요.
서리 내린 낙엽위에는 아무 발자국도 없고 / 두 길은 그날 아침 똑같이 놓여 있었습니다. / 아 먼저 길은 다른 날 걸어 보리라! 생각했지요 / 인생길이 한번 가면 어떤지 알고 있으니 / 다시 보기 어려우리라 여기면서도
오랜 세월이 흐른 다음 / 나는 한숨지으면서 이야기하겠지요 / "두 갈래 길이 숲속으로 나 있었다. 그래서 나는 ―사람이 덜 밟은 길을 택했고, 그것이 내 운명을 바꾸어놓았다"라고

로버트 프로스트, 〈걸어보지 못한 길〉

'걸어 보지 못한 길'과 '좁은 문'

내일모레면 불혹을 지나 지천명의 나이라면, 이미 갈림길에 서 있을 나이가 아니다. 마음 설레며 두 길 중 어느 길을 택할까 저울질하던 시기는 지나도 한참 지났다. 벌써 하나를 택해 그 길에서 안정을 취할 나이이다. 그러나 고등학교 시절 프로스트의 시 〈걸어보지 못한 길〉을 처음 대할 때의 감흥 때문일까? 아니면 아직도 정착하지 못하고 방랑을 계속하고 있어서일까? 그의 시는 지금 읽어도 여전히 가슴에 와 닿는다.

 이 시를 국어 교과서에서 배웠을 때가 언제인지 정확하게 기억이 나지 않는다. 아마 문과와 이과로 나누던 고등학교 2학년 때쯤이었던 것 같다. 문과를 갈 것인가, 아니면 이과를 갈 것인가를 놓고 심각하게 고민하던 시기에 배웠던 시였기에 더 매력적으로 느꼈는지 모른다. 그런데 도대체 이 시의 무엇이 내 맘을 사로잡았던 것일까? 그것은 화자가 두 갈래 길 중 "풀이 더 무성하고", "사람이 덜 밟은 길"을 택했다고 고백하고 있는 대목 때문이었을 것이다.

 성서에서도 프로스트의 〈걸어보지 못한 길〉에서처럼 유명한 갈림길 모티프가 나타난다. 《마태복음》 7장 13절과 14절에서 예수는 좁은 천국문과 넓은 지옥문을 놓고 갈림길에서 서 있는 신도들에게 이렇게 말한다. "좁은 문으로 들어가라. 멸망으로 인도하는 문은 크고 그 길이 넓어 그리로 들어가는 자가 많고 생명으로 인도하는 문은 좁고 길이 협착하여 찾는 이가 적음이니라."

갈림길에 선 청년 헤라클레스

헤라클레스, 이아손, 오디세우스, 아킬레우스, 테세우스, 아이네이아스 등 그리스 신화의 영웅들도 모두 하나같이 갈림길에서 갈등했다. 이어 약속이나 한 듯이 그 갈림길에서 향락이나 황금보다는 명예나 명성을 얻는 길을 택했다. 그 길은 고난의 길이자 고통의 길이었다. 그러나 바로 그렇기 때문에 영웅은 진정한 영웅으로 거듭날 수 있었다. 영웅들은 쉽고 밋밋한 길을 싫어했다. 그들은 본능적으로 어렵고 꼬불꼬불한 길을 찾아다녔다.

프로디코스의 우화 《갈림길에 선 헤라클레스》에 따르면 헤라클레스는 막 청년기로 들어선 어느 날, 비몽사몽간에 자신이 갈림길에 서 있음을 보았다. 한쪽 길에서는 요염하게 생긴 여자가 그에게 오라고 손짓했다. 그녀는 자기와 함께 가는 길은 고통이 없고, 늘 장밋빛이고, 육체의 욕망을 비롯하여 모든 욕구를 마음껏 채울 수 있다고 말했다. 또 다른 길에선 시선과 몸가짐이 단정하고 우아한 여자가 그에게 오라고 손짓했다. 그녀는 자기와 함께 가는 길은 고통스럽고 힘들지만, 정의로우며, 참된 행복을 얻을 수 있다고 말했다.

한참을 고민하던 헤라클레스는 후자의 길을 택했다. 여기서 바로 '헤라클레스의 선택'이라는 고사성어가 유래했다. 그것은 인생에서 쉽지만 타락한 길이 아니라, 힘들지만 정의의 길을 택하는 중요한 결단을 의미한다. 삶에 대한 이러한 태도는 거의 모든 그리스 신화 속 영웅들의 공통분모이자 가장 중요한 특성이다.

렘노스 섬의 아르고 호의 영웅들

흑해 연안으로 황금양피를 찾아 모험을 떠난 이아손도 갈림길에 선 적이 있었다. 이아손의 아르고 호 원정대가 그리스를 출발하여 식수와 식량을 조달하기 위해 맨 먼저 정박한 곳은 렘노스 섬이었다. 트라키아 쪽으로부터 아르고 호가 해안에 도착하자 렘노스는 공황 상태에 빠졌다. 렘노스 인들은 트라키아의 침공을 두려워했다. 그 이유는 이렇다.

몇 년 전 렘노스 여인들이 아프로디테 여신을 섬기는 것을 게을리 한 적이 있었다. 여신은 그 벌로 여인들에게서 지독한 악취가 풍기게 했다. 남편들은 그때부터 아내들을 거들떠보지 않았다. 그들은 트라키아를 약탈하여 여인들을 집으로 납치해 와 사랑을 나누었다. 자식들도 트라키아의 여인들에게서만 생겨났다.

렘노스의 여인들은 질투심으로 눈이 뒤집혔다. 그들은 어느 날 남자들이 없는 틈을 타 회의를 소집하여 렘노스의 모든 남자들을 몰살하기로 결의했다. 그들은 바다로 일하러 나갔던 남편들이 돌아오자 그들뿐 아니라 트라키아의 여인들도 모두 죽였다. 후환을 없애기 위해 자신들이 낳은 아들뿐 아니라 트라키아의 여인들이 낳은 아들들도 모두 몰살했다. 렘노스를 여인왕국으로 만든 것이다. 그때부터 그들은 트라키아가 자국 여인들의 원수를 갚으러 오지 않을까 전전긍긍하고 있었다. 그래서 아르고 호가 렘노스 섬에 상륙하자 렘노스는 비상사태에 돌입했던 것이다. 아르고 호의 영웅들을 트라키아 인으로 오해했기 때문이다.

렘노스의 여인들은 완전 무장을 하고 시장 광장에 모였다. 여왕 힙시필레는 렘노스 섬의 왕이었던 아버지 토아스의 무구로 무장했다. 그녀는 아버지를 차마 죽일 수 없어 은밀히 배에 태워 살려 보냈었다. 이아손은 그녀에게 헤르메스의 아들 아이탈리데스를 전령으로 보내 식수와 식량을 지원해 달라고 정중하게 부탁했다. 여왕 힙시필레는 렘노스 여인들에게 영웅들을 해변에 묵게 한 다음 아침에 물품을 충분하게 주어 조용히 떠나 보내자고 제안했다.

힙시필레의 늙은 유모 폴릭스가 그 말에 반대했다. 그녀는 자신들이 늙어 죽고 나면 누가 렘노스의 주인이 될지 생각해 보라고 충고했다. 그녀는 점점 줄어들기만 하는 인구 문제를 해결하기 위해 영웅들을 아예 하나씩 성 안 각자의 집으로 초대하여 눌러 앉게 하자고 제안했다. 여인들은 약간 두렵기는 했지만 그녀의 말에 동의했다. 힙시필레는 전령을 보내 영웅들을 초대했다.

이아손을 비롯한 다른 영웅들은 이 초대에 기꺼이 응했다. 그러나 헤라클레스는 이아손의 행동이 마뜩찮았다. 그는 시종 힐라스를 비롯해 몇몇 영웅들과 함께 배에 남았다. 이아손은 힙시필레의 궁전으로 가고 다른 영웅들도 각각 여인 하나씩을 정해 그들 집으로 떠났다.

힙시필레는 이아손을 극진하게 대접하며 렘노스에 남자들이 없는 이유를 자신들에게 유리하게 바꾸어서 전했다. 자신들에게 소홀한 남편들을 집에 못 들어오게 했더니 트라키아의 여인들과 함께 아들들을 데리고 트라키아로 모두 떠나 버렸다는 것이다. 그녀는 이아손에게 렘노스에 남아서 왕위를 맡아 달라고 부탁했다. 이아손은 즉답을 피하고 얼버무렸다. 아마 여왕 힙시필레의 요청을 받아들일 것인가, 아니면 거절할 것인가를 놓고 한순간 갈등에 빠졌을 것이다.

며칠이 흘러도 이아손을 비롯한 영웅들이 돌아오지 않자 헤라클레스는 부아가 치밀어 올랐다. 그는 힙시필레의 집에 있는 이아손에게 전령을 보내 여자들과 놀아나려고 원정대를 조직했냐고 비아냥거렸다. 이아손은 즉시 영웅들을 소집하여 부랴부랴 아르고 호로 돌아왔다. 렘노스의 여인들은 슬펐지만 그들을 떠나보내지 않을 수 없었다. 일단 목적은 이루지 않았는가.

영웅들이 떠난 뒤 렘노스에 죽은 남자들을 대신해 줄 새로운 세대가 태어났다. 힙시필레는 에우네오스와 데이필로스라는 두 아들을 낳았다. 그녀는 아들을 낳으면 이올코스에 있는 할아버지 아이손에게 보내라는 이아손의 지시를 따르지 않았다. 그 후 여왕 힙시필레는 렘노스의 모든 남자들을 죽이자는 결정을 따르지 않고 아버지 토아스를 살려준 사실이 밝혀져 렘노스의 여인들에 의해 노예로 팔렸다. 그러나 그녀의 아들 에우네오스는 트로이 전쟁 당시 렘노스의 왕이었다.

만약 이아손이 헤라클레스의 경고를 무시하고 렘노스 섬에 그냥 정착해 버렸다면 어떻게 되었을까? 황금양피를 가져오는 위업을 달성할 수 없었을 것은 당연하다. 그는 헤라클레스의 경고를 듣고 체류할 것인가, 아니면 떠날 것인가를 놓고 심각하게 고민했을 것이다. 렘노스의 왕이 되어 달라는 여왕 힙시필레의 말도 계속해서 곱씹어 보았을 것이다. 그러나 그는 결국 쉬운 길을 포기하고 어려운 길을 택했다. 안정된 왕위가 아니라 험난한 모험을 떠나 명성을 얻기로 한 것이다.

최초의 병역기피자 오디세우스

오디세우스도 갈림길에 선 적이 있었다. 그는 트로이 전쟁이 일어나자 참전을 놓고 망설였다. 그 내막을 알아보기 전에 우선 트로이 전쟁에 왜 오디세우스를 비롯한 그리스의 영웅들이 참전할 수밖에 없었는지 밝히는 것이 필요하다. 이야기는 트로이 전쟁이 일어나기 훨씬 전으로 거슬러 올라간다.

그 당시 그리스 도시국가의 내로라하는 영웅들이 거의 모두 그런 것처럼 오디세우스도 또한 스파르타의 왕 틴다레오스의 딸 헬레네의 구혼자였다. 그는 젊은 여자들의 성격을 꿰뚫어보고 있었기 때문에 헬레네가 남편감으로 부자인 메넬라오스를 선택할 것이라는 것을 간파했다. 그래서 그는 쓸데없이 그녀의 마음을 사기 위해 선물을 쓰지 않고 틴다레오스와 다른 협상을 벌였다. 정말 꾀돌이다운 행동이다.

틴다레오스는 헬레네가 구혼자들 중 하나를 선택하면 선택받지 못한 구혼자들이 폭동을 일으킬까 봐 두려웠다. 오디세우스는 그의 마음을 간파하고 틴다레오스에게 만약 그의 형제인 이카리오스를 설득하여 딸 페넬로페를 자신의 아내로 주도록 한다면 그 골치 아픈 문제를 말끔히 해결해 주겠다고 약속했다. 틴다레오스가 자신의 말에 동의하자, 오디세우스는 그에게 기발한 아이디어를 제공했다. 정혼을 하기 전 우선 구혼자들로부터 헬레네의 남편이 정해지면 그 결과를 받아들일 것이며 이후 그녀에게 불행한 일이 생기면 힘을 합해 도와주겠다는 맹세를 받아 내라는 것이다. 구혼자들이 모두 맹세하자 틴다레오스는 즉시 메넬라오스를 사위로 선정하고, 형제 이카리오스에게는 오디세우스를 사위로 천거했다.

오디세우스의 재치 있는 충고로 틴다레오스는 어려움에서 벗어나지만 오디세우스는 곧 난처한 상황에 빠진다. 메넬라오스와 결혼한 지 얼마 되지 않아 헬레네가 트로이의 왕자 파리스에 납치당하는 사건이 벌어진다. 메넬라오스는 형이자 미케네의 왕 아가멤논에게 도움을 요청한다. 아가멤논은 트로이를 정벌할 심산으로 헬레네의 구혼자들에게 전령을 보내 그들이 헬레네에게 불행한 일이 생기면 도와주겠다고 약속한 맹세를 근거로 출정을 요구했다.

달콤한 신혼생활에 빠져 있던 오디세우스는 귀찮은 의무에서 벗어나 보려고 늦장을 부렸다. 이때 오디세우스를 찾아간 전령이 바로 메넬라오스와 팔라메데스였다. 오디세우스는 그들이 온다는 얘기를 듣고 들판에 나가 미친 시늉을 했다. 그는 어릿광대 모자를 쓰고 말과 황소가 끄는 쟁기로 밭을 갈며 씨앗대신 소금을 뿌렸다. 그러나 팔라메데스가 오디세우스의 술수를 금방 꿰뚫어보았다. 그는 오디세우스의 어린 아들 텔레마코스를 쟁기 앞에 갖다 놓으며 당장 장난을 그만 두라고 꾸짖었다. 그러자 오디세우스는 아들을 피해 쟁기를 몰 수밖에 없었고 그의 속임수는 금방 들통이 나고 말았다.

다른 설에 의하면 팔라메데스는 오디세우스 앞에서 아들을 칼로

치려는 시늉을 했다. 그러자 오디세우스가 기겁을 하며 말렸다. 계책이 탄로 나자 오디세우스는 어쩔 수 없이 트로이 원정에 동참했다. 이렇듯 마지못해 전쟁에 참여한 오디세우스였지만 아가멤논은 모든 동료 장수들 중 그를 가장 미더워했다. 오디세우스는 계책과 꾀에 능통한 꾀돌이이자 책사였기 때문이다.

오디세우스의 교활함을 두둔하고 싶지는 않다. 그가 트로이에 가지 않으려고 잔꾀를 부린 것은 부인할 수 없기 때문이다. 그러나 그는 결국 금방 자신의 실수를 인정하고 팔라메데스를 따라 전쟁에 참전했다. 또 그가 트로이 전쟁에서 세우는 혁혁한 전공을 보라. 그가 없었다면 트로이를 몰락시킨 목마를 누가 고안해 낼 수 있었겠는가. 그가 전투에 소극적이었다면 그런 행동이 나올 수 있었을까? 그는 순간적으로 갈림길에서 길을 잘못 들었다가 즉시 방향을 바꿔 올바른 길을 택했다.

죽음을 각오한 아킬레우스의 선택

아킬레우스는 펠레우스와 테티스의 아들로, 헬레네가 결혼할 당시 너무 어려 그녀의 구혼자가 아니었기 때문에 출병할 의무는 없었다. 그는 신탁대로 인간 아버지 펠레우스보다 훨씬 뛰어난 전사로 자라났다. 바다의 여신 테티스는 일찍부터 아들이 전쟁에 참가하면 반드시 죽으리라는 신탁을 받았다. 그녀는 전쟁의 기운이 감돌기 시작하자 어린 아들을 미리 숨기기로 결심했다. 아킬레우스는 성격

❖ 장 드 브레이, 〈오디세우스 때문에 정체가 드러나는 아킬레우스〉 1664
트로이 전쟁이 발발하자 아킬레우스는 처음에는 참전을 꺼리지만 한번 싸우기로 결심하자 후회 없이 혁혁한 전공을 세운다. 그림 왼쪽 인물은 방물장수로 변장하고 리코메데스의 궁전으로 아킬레우스를 찾으러 간 오디세우스이다. 그림 오른쪽에서 칼을 만지작 거리고 있는 여자가 바로 공주로 변장한 아킬레우스이다.

상 전쟁이 일어나면 틀림없이 동참할 것이라고 생각했기 때문이다.

그녀는 아들을 스키로스의 리코메데스 궁전으로 보내 여장을 하고 수많은 공주들 사이에서 지내도록 했다. 아킬레우스는 공주들 사이에서 9년 동안 지내면서 그중 한 명인 데이다메이아와 사랑을 나누어 네오프톨레모스를 낳기도 했다. 그리스 군이 출병할 때가 임박해지자 예언자 칼카스는 아킬레우스가 없으면 전쟁에서 이길 수 없다고 예언했다. 이번에는 오디세우스가 아킬레우스를 찾아 데려오는 임무를 받았다. 오디세우스는 수소문 끝에 아킬레우스가 리코메데스 궁전의 공주들 사이에 숨어 있다는 사실을 알아냈다.

방물장수로 변장한 오디세우스가 공주들을 찾아갔지만 어찌도 교묘하게 위장을 했는지 공주들 중 누가 아킬레우스인지 알 수가 없었다. 고민 끝에 오디세우스는 공주들 앞에 장신구들과 자수용품을 늘어놓으면서 멋진 칼을 하나 섞어 놓았다. 유난히도 한 공주가 그 칼을 만지작거리며 애착을 보였다. 오디세우스는 그가 아킬레우스임을 직감하고 자신의 변장을 풀며 아킬레우스를 설득했다.

헬레네의 구혼자도 아닌 아킬레우스가 전쟁에 참여하기까지는 갈림길에서 분명 깊은 고민을 했을 것이다. 오디세우스가 떠나고 얼마 후 그는 마침내 리코메데스 궁전을 떠나 고향 프티아로 돌아와 바닷가로 가서 어머니를 불러 자신의 결심을 전했다. 그의 어머니 테티스 여신이 바닷속에서 나타나더니 그에게 다시 한번 경고를 했다. 전쟁에 참전하면 불멸의 명예를 얻지만 요절할 것이고, 참전하지 않으면 이름은 날리지 못하지만 장수할 것이라는 것이다. 그러나 테티스는 아들의 결심을 바꾸지 못했다.

아이네이아스와 카르타고의 여왕 디도

트로이가 몰락한 뒤 유일하게 살아남은 트로이의 장수 아이네이아스는 유민을 이끌고 새로운 땅을 찾아 모험을 떠난다. 그도 모험 중에 만난 카르타고의 여왕 디도와 잠시 사랑에 빠지면서 갈림길에 선다. 베르길리우스의 《아이네이스》는 바로 아이네이아스가 이탈리아에 정착하기까지의 모험담을 기록한 것이다. 아이네이아스 일행이 시칠리아 섬 해안을 따라 북쪽으로 올라가다가 드레파논 항구로 들어간 적이 있었다. 그곳에 상륙하자마자 아이네이아스의 아버지 앙키세스가 사람들과 이야기를 나누다가 갑자기 그만 숨을 거두고 말았다. 그들은 앙키세스를 정성스레 장사 지낸 다음 그곳을 출발하여 북쪽을 향했다.

헤라 여신이 하늘에서 그들을 발견하고 바람의 지배자 아이올로스에게 트로이 선단을 파괴하라고 명령했다. 헤라 여신은 아직도 아프로디테 여신과 트로이 인들에게 앙심을 품고 있었다. 질투의 화신 헤라로서는 당연히 그럴 만했다. 소위 '파리스의 심판'에서 트로이 인 파리스가 헤라를 무시하고 아프로디테 여신에게 황금사과를 주었기 때문이다. 게다가 트로이 인들은 제우스와 그의 연인 엘렉트라의 아들 다르다노스의 후손이었다. 아이올로스는 즉시 헤라의 명령을 수행했다. 남풍과 동풍이 심하게 불기 시작하고 트로이의 선단은 사방으로 흩어졌다. 포세이돈이 잠에서 깨어 갑자기 폭풍우가 이는 것을 보고 남풍과 동풍을 불러 꾸짖었다.

"너희들은 당장 바다에서 물러가라! 바다의 지배권은 원래 내 것이다. 너희 주인 아이올로스에게 이 말을 꼭 전해라!" 곧 다시 파도가 잔잔해졌지만 이미 아이네이아스의 선단은 강한 바람으로 뿔뿔이 흩어진 후였다. 아이네이아스는 간신히 일곱 척을 수습하여 가까운 해안에 상륙했다. 그들이 파도에 휩쓸려 간 곳은 아프리카 북부 해안이었다. 아이네이아스는 우선 숲에 들어가 사슴을 잡아와 구워먹으며 지친 부하들을 달랬다. 식사가 끝나자 그는 절친한 친

✢ 지오반니 바티스타 티에폴로, 〈디도의 죽음〉 18세기

아이네이아스는 카르타고의 여왕 디도 때문에 한때 떠날 것인가, 아니면 남을 것인가를 놓고 갈림길에 서지만 대의를 위해 과감하게 디도를 버린다. 디도는 그 충격으로 장작을 쌓아 놓고 아이네이아스가 남겨둔 물건을 태우면서 화력이 최고조에 이르자 순식간에 불로 뛰어들어 산화한다.

구 아카스테와 섬을 정찰하다가 왕궁 하나를 발견하고 안으로 들어갔다. 그곳은 바로 디도 여왕이 다스리는 나라였다.

디도는 페니키아 티로스의 왕 무토의 딸이었다. 디도가 재력가이자 숙부인 시카이우스와 결혼하자 동생 피그말리온은 재산이 탐이 나 매형을 살해했다. 디도는 잔인한 동생에게 절망하여 더 이상 조국에 남아 있을 수가 없었다. 그녀는 자신과 뜻을 같이 하는 귀족들과 함께 남편의 재산을 모두 챙겨 티로스를 탈출했다. 그녀는 방랑 끝에 이곳에 정착하여 한창 카르타고라는 도시를 건설하고 있었다.

아이네이아스가 그녀에게 자신의 신분을 밝히고 그간의 모험을 이야기했다. 그녀는 이미 트로이 전쟁과 아이네이아스의 활약을 들어 알고 있었다. 그녀는 그에게 호감을 보이며 모든 편의를 제공하겠다고 약속했다. 그걸 보고 아프로디테 여신과 헤라 여신이 이들을 맺어주기로 합의했다. 마침 아이네이아스에게는 아내가 없었다. 그는 트로이에서 탈출하다가 아내 크레우사와 헤어져 그녀의 생사를 알 수 없었다. 그러나 두 신의 속셈은 달랐다. 아프로디테는 아들 아이네이아스의 신변 안전을 위해서였고, 헤라는 얄미운 아이네이아스를 아예 그곳에 눌러앉게 할 심산이었다.

그때 아이네이아스가 정박한 배로 전령을 보내 아들 아스카니오스를 데려오라고 지시했다. 에로스가 어머니 아프로디테의 부탁을 받고 아스카니오스 대신 그의 모습으로 변신했다. 아이네이아스는 아들이 오자 기뻐하며 그를 안고 얼렀다. 그걸 보고 디도도 아이를 안아보고 싶어 했다. 디도가 아이네이아스로부터 아스카니오스를 건네받는 순간 에로스는 재빨리 그녀의 심장에 황금화살로 상처를

냈다. 그때부터 아이네이아스에 대한 디도의 마음은 손님에 대한 호의에서 갑자기 불타는 사랑으로 바뀌었다. 아이네이아스를 일행에게 보내 놓고 애를 태우던 디도는 동생 안나에게 속마음을 털어놓았다. 동생은 기뻐하며 이제 그만 고인이 된 형부를 잊고 새 출발을 하라고 충고했다.

어느 날 아이네이아스를 위한 사냥대회가 벌어졌다. 제우스가 헤라의 부탁을 받고 주변에 두 사람만 남아 있을 때 갑자기 소나기를 퍼붓게 했다. 둘은 비를 피해 근처의 동굴로 들어갔다. 좋은 기회라고 생각한 디도가 사랑을 고백하자 아이네이아스도 내심 그녀에게 마음을 빼앗겼던 터라 그녀의 구애를 받아들였다. 그들은 동굴 속에서 억눌렀던 연정을 불태웠다.

그날부터 아이네이아스와 디도의 사이가 깊어 갔다. 아이네이아스는 더 이상 출항할 생각을 하지 않고 아예 그곳에 눌러 앉을 태세였다. 소문의 여신 파마가 가만히 있을 리 없었다. 그녀는 재빨리 근처 누미디아 족 이아르바스에게 날아가 염장을 질렀다. 디도에게 청혼했다가 거절당한 적이 있었던 이아르바스는 디도와 아이네이아스의 이야기를 듣고 질투심에 불타 분노했다. 그는 자신의 수호신인 제우스에게 기도하며 원망했다. 제우스는 그의 분노도 달래주고 싶었지만 본분을 잃고 있는 아이네이아스가 더 안타까웠다. 그는 아들 헤르메스를 불러 말했다.

"아이네이아스는 지금 무엇을 하고 있느냐? 내가 그를 전쟁터에서 두 번이나 구해주고 폭풍우에서도 몇 번 구해준 것은 여기서 살라는 뜻이 아니었다. 그는 나를 위해 로마를 건설해야 한다. 그에게 당장 배를 타고 떠나라고 일러라!" 헤르메스는 날개 달린 신발을 신고 잽싸게 아이네이아스에게 날아갔다. 아이네이아스는 이제 완전히 카르타고 인이 된 것 같았다. 그는 디도가 만들어준 옷을 입고 궁전 건축을 감독하고 있었다. 헤르메스는 다른 사람이 보이지 않게 그에게 다가가 귀에 대고 제우스의 말을 전했다.

아이네이아스는 그제야 정신을 차렸다. 그는 당장 믿을 만한 부하들을 불러 은밀히 출항 준비를 하라고 시킨 다음 디도에게 알리지도 않고 훌쩍 떠나 버렸다. 그는 아마 디도와 가까워지면 가까워질수록 계속해서 그녀 곁에 남을 것인가, 아니면 그녀를 떠날 것인가를 두고 갈림길에서 갈등을 느꼈을 것이다. 그러다가 헤르메스의 경고를 듣고 마침내 후자를 택했을 것이다.

디도는 아이네이아스가 말없이 떠나 버리자 배신감에 치를 떨었다. 며칠 동안 괴로워하던 그녀는 동생 안나를 불러 궁정 마당에 장작을 쌓으라고 지시했다. 아이네이아스가 남겨둔 무기나 옷 그리고 함께 쓰던 침대도 올려 태우라고 했다. 장작에 불이 활활 타오르자 디도는 갑자기 화염에 싸인 침대 위로 몸을 던졌다. 정말 눈 깜짝할 사이였다. 동생 안나가 언니를 잡으려고 손을 뻗었지만 소용이 없었다.

어려운 육로를 택한 테세우스

영웅 테세우스도 장성하여 아버지이자 아테네의 왕 아이게우스를 찾으러 떠날 때 갈림길에 섰다. 외할아버지와 어머니는 테세우스에게 안전하고 짧은 해로를 통해 아테네로 가라고 충고했다. 코린토스의 이스트모스를 통과하는 육로는 악당들로 들끓었다. 테세우스는 곰곰이 생각하다가 결국 험난한 육로를 택해 수많은 악당들을 물리치고 당당하게 아버지와 해후했다. 그는 어렸을 때부터 헤라클레스의 열렬한 팬이었다. 헤라클레스의 얘기를 들을 때마다 열광했다. 테세우스는 헤라클레스처럼 되고 싶었다. 그에 버금가는 이름을 날리고 싶었다.

메데이아의 잘못된 선택

갈림길에서 고민하다 한쪽을 택했을 때 항상 좋은 결과만 기다리는 것은 아니다. 결과를 알 수 없어 잘못된 선택을 하는 경우도 있겠지만, 악녀 메데이아처럼 자신을 배반한 남편 이아손에게 복수하기 위해 자식들을 죽일 것인가, 아니면 그만 둘 것인가를 놓고 갈등하다가 결국 결과를 뻔히 알고도 끔찍한 범죄를 저지르는 경우도 있다. 다음은 에우리피데스의 작품 《메데이아》에서 메데이아가 독백하는 장면이다. 그녀는 자식을 죽여야 한다는 사실 때문에 양심의 가책에 시달리면서 갈림길에서 세 번이나 갈팡질팡하다가 네 번째에야 비로소 마음을 다잡는다.

"전에는 이 가련한 어미가 너희들에게 / 큰 희망을 걸었었지, 너희들이 노후에 나를 보살펴 줄 것이고, / 내가 죽고 나면 너희들의 손으로 나를 잘 묻어 줄 것이라고. / 그것은 인간들에게 바람직한 일이니까. 그러나 이제는 / 그 달콤한 염려도 사라져 버렸구나! 나는 너희들을 잃고 / 비참하고 고통스러운 삶을 살아가게 될 테니까. / 너희들은 이 어미를 그 사랑스런 눈으로 다시는 보지 못하게 / 될 것이다. 너희들은 다른 생활방식을 향하여 떠나가니까. / 아아, 왜 그런 눈으로 나를 쳐다보느냐, 애들아? / 왜 내게 미소 짓느냐, 최후의 미소를? / 아아 어떡하지? 애들의 반짝이는 눈을 보니까 / 나는 용기가 꺾이는구려, 여인들이여! / 나는 못하겠어! 이전의 계획들은 사라져 버려라! / 나는 내 자식들을 이 나라에서 데리고 나갈 거야. / 왜 나는 애들의 불행으로 애들의 아버지에게 / 고통을 주려다가 나 자신이 그 두 배의 불행을 당해야 하나? / 그건 안 돼! 그 계획들은 사라져버려라! / 그런데 내가 왜 이러지? 내 원수들을 응징하지 않고 / 내버려둠으로써 내가 웃음거리가 되겠다는 것인가? / 해치워야 해! 부드러운 말에 마음이 솔깃해지다니 / 나는 얼마나 비겁한가!"

괴테의 《빌헬름 마이스터의 수업시대》

괴테도 《빌헬름 마이스터의 수업시대》에서 갈림길에 선 주인공을 실감나게 묘사한다. 이 작품의 주인공 빌헬름은 어려서부터 연극에 관심이 많다. 그의 꿈도 연극배우가 되는 것이다. 그러나 거상이었던 아버지는 그런 아들이 못마땅하다. 그는 아들이 자신이 하는 가업을 이어받기를 바란다. 그래서 아버지와 아들 사이에는 깊은 골이 패어 있다. 그는 어머니에게 이렇게 하소연한다. "어디 어머니도 들어보세요! 도대체, 우리 지갑에 즉각 돈을 채워 주지 않는 것, 우리에게 금방 재산을 안겨 주지 않는 것은 모두 소용없는 것일까요?" 그러나 그는 아버지의 말을 함부로 무시할 수도 없다. 빌헬름은 연극세계와 상업세계 사이에서 갈등하다가 〈갈림길에 선 청년〉이란 시를 쓰기도 한다. 얼마나 고민했으면 시까지 썼을까? 그는 이 시에서 연극세계는 우아한 여신으로, 상업세계는 볼품없는 노파로 의인화한다. 그는 애인이자 배우인 마리안네에게 이렇게 고백한다.

"허리띠에는 실 감는 막대기를 차고 옆구리에는 열쇠꾸러미를 드리우고, 콧등에 안경을 올려놓은 그 늙은 주부를 내가 얼마나 꼼꼼하게 묘사했다구요! 항상 부지런하지만 언제나 불안하게 서성이고 걸핏하면 싸우려 들고 살림에 알뜰하고 좀스럽고 남에게 까다롭게 구는 여자였지요. 그런 여자의 채찍질 아래에 몸을 굽히고 땀에 젖은 얼굴로 하루하루를 노예처럼 벌어먹고 살아야하는 사람의 상황을 나는 참으로 비참하게 묘사했지요.

이 여자에 비할 때 시의 여신은 얼마나 다른 모습으로 등장했는지 모릅니다. 괴로워하고 있는 사람 앞에 나타나는 그녀의 모습이라니! 훌륭한 몸매에다 그 성품과 거동으로도 이미 그녀가 자유의 딸임을 알 수가 있었어요. 그녀 자신에 대한 감정이 그녀에게 품위와 자긍심을 부여하고 있었고, 입은 옷도 그녀에게 어울리는 것이어서 몸에 붙는 법 없이 사지를 감싸고 있었을 뿐 아니라, 옷감의 숱한 주름들은 마치 수천의 메아리와도 같이 여신의 매혹적인 동작을 되풀이해 주고 있었어요. 얼마나 굉장한 대조였는지!"

이쯤 되면 빌헬름이 진작부터 두 갈림길 중 어느 것을 염두에 두고 있었는지 말을 하지 않아도 뻔하다. 그는 등 떠밀려 어쩔 수 없이 아버지가 부탁한 상업여행을 하다가 우연히 유랑극단을 만나고 점점 그 운영에 깊이 개입하면서 연극세계에 빠져들어 그 극단을 인수한다. 그는 결국 친구이자 매제인 베르너에게 가업을 양보하고 자신은 집에 돌아가지 않은 채 연극세계에 정진한다. 몇 년 뒤 빌헬름은 친구 베르너와 해후한다. 그런데 이 둘의 모습이 아주 대비적이다. 베르너는 "진보했다기보다는 오히려 퇴보한 것같이 보였다. 그는 전보다 몸이 훨씬 더 여위었고, 뾰족한 얼굴은 더욱 날카로워 보였으며 코는 더 길어진 것 같았다. 이마와 정수리에는 머리카락이 많이 빠져버렸고 음성은 높고 날카로워져 새된 소리가 났다. 움푹 팬 가슴, 앞으로 튀어나온 양 어깨, 혈색이 없는 두 뺨은 그가 열심히 일하는 우울증 환자라는 사실을 의심할 나위 없이 잘 드러내 주고 있었다."

이에 비해 빌헬름은 "키가 더 커지고 몸이 더 튼튼해졌으며 자세도 더 꼿꼿해졌고 전보다 교양이 더 있어 보이고 거동을 보아도 더 호감을" 주었다. 베르너도 빌헬름에게 이렇게 말한다. "이런 놀라운 일은 정말 처음 겪는걸! 그런 데다가 내가 잘못 보고 있는 게 아닌 것도 분명해. 자네의 두 눈은 더 깊숙해졌고 이마도 더 넓어졌으며 코는 더 섬세하게, 입은 더 매력적으로 되었어. 이 친구 서 있는 모습 좀 보지! 모든 것이 서로 잘 어울리고 전체적으로 균형이 잡혀 있잖아! 정말이지 게으름피운 것이 이렇게 잘된 결과를 낳는 것이군 그래! 그런데 이 불쌍한 나라는 인간은 그동안 돈이라도 꽤 많이 벌어놓지 못했더라면, 정말이지 스스로 보기에도 초라하기 짝이 없을 뻔 했어!"

　괴테가 빌헬름과 베르너의 모습을 이처럼 대조적으로 그리고 있는 이유는 짐작할 만하다. 아마 연극세계와 상업세계의 갈림길에서 과감하게 전자를 택한 빌헬름의 모습에 괴테 자신의 경험이 투영되어 있으리라. 그러나 이 대목에서 질문하고 싶다. 빌헬름이 택하지 않은 베르너의 상업세계는 과연 그렇게 초라하고 볼품없는 것일까? 몇 년 뒤 인간의 모습마저도 "퇴보"시킬 정도로 그렇게 부정적인 것일까? 또 빌헬름의 연극세계는 어떤가? 정말 순수하고 깨끗한 곳인가? 그렇다면 빌헬름이 연극세계에 입문하여 접하게 되는 연극세계의 수많은 비리는 어떻게 생각할 것인가? 괴테도 아마 이런 고민을 했던 것 같다. 그는 베르너의 입을 빌려 빌헬름이 그렇게 훤칠하게 변한 것이 "게으름 피운" "결과"라고 살짝 비틀고 있기 때문이다.

못 가본 길이 더 아름답다

　아내가 박완서의 산문집 《못 가본 길이 더 아름답다》를 사왔다. 아내는 그 노작가의 열렬한 팬이다. 단지 같은 학교 출신이어서만은 아니다. 그녀의 책을 읽으면 엄마 품처럼 그냥 편하고 좋단다. 나도 물론 그녀를 좋아한다. 단순소박하면서도 물 흐르듯 부드러운 문체가 좋다. 그녀의 책을 읽고 있노라면 순식간에 무의식 속에 묻혀 버린 어린 시절로 되돌아갈 수 있어서 더 좋다. 그러나 아내가 먼저 선점해 버렸으니 아내에게 나도 그녀를 좋아한다고 말하기가 쑥스럽다.

아내가 읽고나서 머리맡에 던져 놓은 책을 펼쳐들었다. 이번 책 제목도 《그 남자네 집》, 《엄마의 말뚝》, 《두부》, 《그 많던 싱아는 누가 다 먹었을까》 등처럼 포근하다. 점점 희미해져만 가는 고향을 생각나게 한다. 《호미》를 보기 전에도 '호미'라는 제목이 먼저 눈에 확 들어왔었다. 그와 동시에 눈앞에 갑자기 돌아가신 어머니 얼굴이 떠올랐었다. 시골집 어머니의 손에는 거의 항상 호미가 들려 있었다. 그러나 이번에는 제목을 보는 순간 무척 끌리면서도 약간 이상한 생각이 들었다. 만약 갈림길에서 고심 끝에 어떤 길을 택했다면, 왜 못 가본 길이 더 아름답지? 못 가본 길도 아름답다가 더 정확한 표현이 아닐까?

책을 읽고 나서야 당연히 의문이 풀렸다. 그녀의 원래 꿈은 소설가가 아니었다. 대학에서 학문을 하는 것이었다. 그러나 그녀가 대학에 입학하자마자 바로 전쟁이 터졌고, 좌우 이념 논쟁으로 집안 남자들이 억울한 죽음을 당했으며, 전쟁 후에는 어쩔 수 없이 소녀 가장이 되어 집안을 책임져야 했다. 또 결혼 후에는 아이들을 낳아 키우는 바람에 대학에서 공부하여 꿈을 펼칠 기회를 그만 놓치고 말았다. 그래서 그녀는 늦은 나이에 소설을 쓰기 시작하여 치유 받고 위안을 얻은 것도 사실이지만, 그렇게 생각이 들 때마다 마음이 헛헛해진다고 고백하면서 이렇게 쓰고 있다. "나는 내가 소설을 통해 구원받았다는 걸 인정하고 소설가인 것에 자부심도 느끼고 있지만 그렇게 말하고 나면 마치 허세를 부린 것처럼 뒷맛이 허전해지곤 한다. 내가 당초에 되고 싶었던 건 소설가가 아니었다. 다만 대학에 가서 학문을 하고 싶은 꿈에 부풀어 있었다." 결국 그녀는 이렇게 결론짓는다. "내가 꿈꾸던 비단은 현재 내가 실제로 획득한 비단보다 못할 수도 있지만, 가본 길보다는 못 가본 길이 더 아름다운 것처럼 내가 놓친 꿈에 비해 현실적으로 획득한 성공이 훨씬 초라해 보이는 건 어쩔 수가 없다."

인생은 갈림길의 연속이다

갈림길에는 크게 네 가지가 있다. 첫째, 그리스 신화의 헤라클레스나 메데이아가 부닥쳤던 갈림길처럼 도덕적으로 옳고 그름을 분명히 구분할 수 있는 길이다. 이 경우 선택하지 않은 길에 대한 주인공의 반응은 엇갈린다. 헤라클레스처럼 올바른 길을 선택한 경우는 나중에 후회가 있을 수 없다. 이에 비해 메데이아처럼 그른 길을 선택한 경우는 일반적으로 나중에 극심한 후회를 동반한다. 둘째, 영웅 이아손, 오디세우스, 아킬레우스, 테세우스, 아이네이아스 등이 부닥쳤던 갈림길처럼 옳고 그름이 아니라 쉽고 어려움에서 차이가 나는 길이다. 이 경우 주인공은 나중에 선택하지 않은 길에 대해 미련을 갖지 않는다. 선택한 길이 고난의 길이었지만 명예롭고 의로운 길이었기 때문이다. 셋째, 프루스트 시의 화자나 괴테의 《빌헬름 마이스터의 수업시대》의 주인공 빌헬름이 부닥친 갈림길처럼 상대적인 가치를 지닌 길이다. 이 경우 주인공은 나중에 선택하지 않은 길에 대해 후회하지는 않아도 아쉬워할 수는 있다. 못 가본 길도 아름다울 것이기 때문이다. 넷째, 어쩔 수 없는 상황 때문에 원래 의도한 길은 포기한 채 등 떠밀려서 갈 수밖에 없는 길이다. 물론 이 경우는 반강제로 가는 길이기에 갈림길이라는 말을 쓰기가 적당하지 않을 수 있다. 그러나 비록 아주 힘들지만 이 경우도 다른 길을 선택할 가능성은 있었기에 갈림길인 것은 분명하다. 이 경우 주인공은 현재 가고 있는 길의 성공 여부와는 관계없이 가고 싶은 길을 가지 못한 것을 몹시 후회할 수 있다. 그래서 박완서가 '못 가본 길이 더 아름답다'고 한 말이 더 이해가 간다.

    인생에는 세 번의 기회가 온다고 한다. 그 말은 기회가 올 때마다 한 가지 가능성만 주어지고, 그것을 잡느냐 아니면 잡지 못하느

✤ 헨리 크래그만, 〈메데이아〉 1868
갈림길에서의 선택은 보답을 받거나 혹은 후회가 따른다. 헤라클레스의 선택은 고난의 연속이었지만 그를 신으로 만들어 주었고, 자식을 죽인 메데이아의 선택은 극심한 후회를 동반한다.

냐에 따라 우리의 운명이 엇갈린다는 뜻은 아닐 것이다. 오히려 그 말은 크게 두 가지 가능성이 주어지고, 그 중 어느 것을 선택하느냐에 따라 인생의 성패가 좌우된다는 의미일 것이다. 그러나 어찌 인생에 세 번의 갈림길만 있을 수 있겠는가? 인생은 어쩌면 크고 작은 숱한 갈림길의 연속일지 모른다. 가령 우리는 하루에도 얼마나 많은 갈림길에 서 있는가? 시내에서 약속이 있어 이동을 할 때도 지하철과 버스를 놓고 고민한다. 점심을 먹을 때도 추어탕과 설렁탕을 놓고 고심한다. 저녁에 술좌석에서 안주를 선택할 때도 오징어와 한치를 놓고 망설인다.

갈림길에서의 선택은 우선 주체적이어야 한다. 남의 의견을 물어 선택하면 후회하기 십상이다. 그런 다음 선택의 결과에 대해서는 자신이 책임을 져야 한다. 혹시 남의 말을 들어 나쁜 결과를 얻었어도 절대 원망해서도 안 된다. 그건 장기적으로 절대 위안이나 해결책이 되지 못한다. 또 스스로 선택해서 나쁜 결과가 나왔어도 빨리 잊고 타산지석으로 삼아야 한다. 마지막으로 좋은 결과가 나왔어도 절대 오만해서는 안 된다. 새옹지마라 하지 않았던가? 인생은 언제 어떻게 될지 모른다. 조금 잘 나간다고 해서 우쭐해진 나머지 절대 오만해서는 안 된다. 그리스 신화의 영웅 벨레로폰이 하루 아침에 갑자기 추락한 것도 결국 오만해진 탓이었다.

이
상
향

—
이 세상에
파라다이스는
없는가?

맨 먼저 올림포스에 거하고 있는 신들은 말하는 인간 종족을 황금의 종족으로 창조했다. 그들은 하늘에서 왕으로 군림했던 크로노스의 지배를 받으며 살면서 마음속에 아무런 고통도 느끼지 않고, 궁핍함이나 비참함을 겪지 않고 신들처럼 살았다. 슬픈 세월이 그들을 억누르지도 않았고, 다리와 손의 힘도 언제나 한결같았다. 모든 불행에서 벗어나서 기쁘고 즐겁게 살았고, 죽을 때도 잠을 자듯이 죽었다. 모든 것들이 그들에게는 더할 나위 없이 좋았으며, 곡식을 생산하는 대지도 그들에게 열매를 풍성하게 맺어 주었다. 그들은 들일도 자기 마음 내키는 대로 편안하게 했고, 성스런 신들의 마음에 들어 재물의 축복을 받아 가축의 무리도 많았다. 또 그들이 죽어 대지가 땅 아래로 받아들이자, 그들은 위대한 제우스 신의 뜻대로 지상의 선한 정령이자 유한한 인간의 파수꾼 역할을 하고 있다. 그들은 판결과 불법을 감독하고 안개에 둘러싸인 채 대지 곳곳을 누비며 풍요로움을 선사한다.

헤시오도스, 《노동과 나날》

헤시오도스의 인류 다섯 시대

호메로스와 동시대 사람인 헤시오도스는 《노동과 나날》에서 인류 역사를 다섯 시대로 구분했다. 황금의 종족, 은의 종족, 청동의 종족, 영웅의 종족, 철의 종족의 시대가 그것이다. 헤시오도스의 시대 구분은 '종족'이란 말을 빼고 간단히 황금시대, 은의 시대, 청동의 시대, 영웅의 시대, 철의 시대 등으로 줄이기도 한다. 위 인용문은 그중 잃어버린 이상향 황금시대를 서술한 것이다.

헤시오도스에 의하면 인간의 시대는 시간이 흘러갈수록 점점 사악해진다. 황금의 종족은 자연적으로, 이어 은의 종족은 신들에 대한 불경죄로 각각 멸족하자 이번에는 제우스가 물푸레나무에서 청동의 종족을 만든다. 물푸레나무는 고대 그리스에서 주로 창의 자루로 사용되었기 때문에 청동 종족의 성격을 암시하고도 남는다. 그들은 거칠고 사나워 범죄를 일삼고 어디서나 싸움만 일으켰다. 제우스는 이들도 홍수로 멸하고 영웅의 종족을 만든다. 영웅들은 청동의 종족보다는 고상하고 정의로웠지만 청동의 종족 못지않게 폭력을 휘두르다가 결국 멸족한다. 트로이 전쟁도 영웅의 시대에 일어난다. 영웅들이 모두 사라지자 제우스는 마지막으로 최악의 종족인 철의 종족을 만들어 낸다.

어느 시대나 사람들은 자신의 시대를 말세라고 한탄하는 법이다. 예수는 2000여 년 전 자신이 살던 시대를 범죄와 죄악이 들끓는 말세라고 했다. 그보다 800여 년 앞서 헤시오도스도 자신이 살던 시대를 윤리와 도덕이 메마른 철의 시대라고 규정했다. 그는 다른 시대는 모두 과거형으로 서술하지만 철의 시대는 미래형을 쓴다. 철의 종족의 타락이 정점에 이를 때 제우스 신이 그 종족을 멸할 것이라고 예견하기 때문이다. 그는 《노동과 나날》에서 철의 시대를 이렇게 묘사한다.

"그때가 되면 자식은 아버지의 말에 따르지 않을 것이고, 아버지는 자식들 말에 동의하지 않을 것이다. 예전과 달리 손님은 주인에게 친절하지 않을 것이고, 친구는 친구와, 형제는 형제와 반목할 것이다. 그들은 늙은 부모의 명예를 손상시킬 것이며, 추악한 말로 그들에게 욕을 퍼부을 것이고, 신들의 감독을 무시하는 무법자가 될 것이다. 그들은 또한 늙은 부모를 돌보지는 않고 주먹을 휘두를 것이다. 또 서로가 서로의 도시를 파괴할 것이고, 서약을 충실히 지키는 사람뿐 아니라 정의로운 사람도, 그리고 정직한 사람도 주목을 받지 못할 것이다. 오히려 정직한 사람이 무법자와 폭력을 일삼는 자들을 존경하게 될 것이다. 정의는 주먹에 있고, 서로 배려하는 마음은 없어질 것이다."

그리스 신화에서 인간이 만들어진 시기는 제우스가 티탄 신족과의 싸움에서 승리한 이후라는 설이 유력하다. 제우스는 아버지 크로노스를 위시한 티탄 신족을 제압하여 타르타로스에 가둔 다음 상벌을 분명히 했다. 티탄 편에 서서 가장 애를 먹였던 아틀라스는 지구를 떠받치고 있으라는 벌을 주었다. 이에 비해 자신의 편을 든 프로메테우스와 에피메테우스에게는 이 지상의 생물과 인간을 창조할 수 있는 명예를 주었다. 이에 따르면 인간은 제우스를 정점으로 한 올림포스 신족 시대에야 비로소 지상에 살기 시작한다.

✧ 루카스 크라나흐 〈황금의 시대〉 1530년경
그리스 신화의 황금시대는 성서의 에덴동산 시절을 연상시킨다. 황금시대의 인간은 일할 필요가 전혀 없었고, 주변에 먹고 마실 것이 언제나 차고 넘쳤다.

올림포스 신족은 제우스를 정점으로 한 신들의 가문을 의미한다. 그런 이름이 붙은 것은 제우스가 티탄 신족과 싸울 때 올림포스 산을 진지로 삼았기 때문이다. 그러나 헤시오도스는 위 인용문에서 크로노스를 "올림포스에 거하고 있는 신들" 중 하나라고 하면서 크로노스가 마치 올림포스 신족인 것처럼 말한다. 또 황금시대를 크로노스가 지배하던 시대라고 설명한다. 그렇다면 제우스가 신들의 왕이 되기 전에 이미 인간이 존재했다는 말이 된다.

물론 "올림포스에 거하고 있는"이라는 말은 '크로노스도 제우스 이전에 이미 올림포스 산에서 신들을 다스렸다'는 뜻으로 해석할 수는 있다. 그러나 크로노스가 지배하던 시대인 황금시대부터 인간이 존재했다는 헤시오도스의 말은 아무래도 이해하기 힘들다. 그에 따르면 은의 종족도 크로노스가 만들어 냈고 제우스가 만들어 내는 종족은 그다음의 청동의 종족이다. 그것은 프로메테우스가 제우스의 명을 받아 최초로 인간을 만들어 냈다는 그리스 신화의 일반적인 사실과 모순을 이룬다. 또 인간은 최초의 여자 판도라가 항아리를 열어젖혔기 때문에 황금시대를 마감한다는 자신의 말을 부정하는 것이다.

토마스 벌핀치는 《그리스와 로마의 신화》에서 이런 모순을 의식하고 헤시오도스가 황금 종족을 기술하면서 언급한 크로노스를 생략하고 황금 종족을 제우스가 아버지 크로노스를 비롯한 티탄 신족들을 제압한 이후 프로메테우스가 만들어 낸 것으로 고쳐 쓴다. 구스타프 슈바브도 《그리스 로마 신화》에서 같은 입장을 취한다. 우리도 불필요한 혼란에 빠지지 않기 위해 그들의 논리를 따르자. 그렇다면 프로메테우스는 왜 인간에게 불을 훔쳐다 주었을까? 그리고 왜 그것이 행복하기만 했던 인간에게 불행과 재앙을 안겨주었을까? 그 내막은 이렇다.

프로메테우스의 불은 과연 선물인가?

티탄 신족과의 싸움이 끝난 후 프로메테우스는 제우스의 명을 받고 신을 공경할 인간과 짐승들을 창조하고, 에피메테우스는 피조물들에게 살아가는 데 필요한 선물을 배분하기로 했다. 그러나 '뒤늦게 깨닫기'라는 이름의 에피메테우스가 무분별하게 일을 처리하고 말았다. 그는 아무 생각 없이 새에게는 날개, 사자에게는 날카로운 이빨과 발톱, 거북이에게는 딱딱한 등판 등 생물들에게 손에 잡히는 대로 속성들을 남발해 버렸던 것이다. 에피메테우스가 한참을 정신없이 퍼주다 보니 마지막 만들어진 인간에게는 줄 것이 없었다.

에피메테우스는 형 프로메테우스에게 난처한 상황을 설명하며 도움을 요청했다. 프로메테우스는 궁리 끝에 인간에게 금지된 불을 훔쳐 주기로 결심했다. 자신이 창조한 어떤 피조물보다 인간을 사랑했기 때문이다. 그 당시 제우스는 불이 인간의 손에 넘어가면 위험한 상황이 초래되리라는 것을 염려하여 그것을 엄하게 금하고 있었다. 그러나 프로메테우스는 제우스의 번개에서 속이 빈 회향나무에 몰래 불씨를 숨겨 인간에게 건네주었다. 프로메테우스는 최초의 산업 스파이였던 셈이다.

헤시오도스의 《신통기》는 프로메테우스의 불 도둑 사건을 이와 다르게 전한다. 아마 인간이 처음으로 이 지상에 등장했을 당시는 신과의 사이에 맺어야 할 계약이 많았을 것이다. 그런데 소를 제사드리는 일로 인간이 신과 협정을 체결할 때였다. 프로메테우스가 인간 편을 들기 위하여 심판관을 자청했다. 그는 살코기와 기름진 내장은 뻣뻣한 소가죽으로 싸고, 뼈다귀는 윤기 나는 기름덩어리로 싸서 제단에 올려 놓고 제우스가 먼저 선택하도록 했다.

기름덩어리로 싸인 쪽을 선택하여 펼쳐보고 뼈다귀를 확인한 제우스는 분노하여 인간에게 불을 금하는 벌을 내렸다. 그러자 프로메테우스가 제우스 몰래 인간에게 불을 훔쳐다 주었다. 이 일이 있

❖ 페테르 파울 루벤스, 〈결박당한 프로메테우스〉 1611년경

프로메테우스가 인간에게 불을 선물한 것은 행운이었을까, 불행이었을까? 불을 껴안은 대가로 인간은 평생 불행을 껴안고 살게 된 것은 아닐까? 인간에게 불을 훔쳐다 준 벌로 프로메테우스가 제우스의 독수리에 의해 간을 쪼아 먹히고 있다.

은 후 인간들은 제단 위에서 뼈를 태워 신들께 바쳤다. 그동안 우리 사회는 광우병 사태로 소의 뼈가 얼마나 쟁점이 되었는가? 그리스 신화는 우리에게 분명히 전하고 있다. 소의 뼈는 인간의 것이 아니라 신의 것이라고 말이다.

인간들 손에서 타오르는 불빛을 바라보는 제우스의 마음은 분노로 끓어올랐다. 제우스는 우선 자신의 명을 어긴 프로메테우스를 가혹하게 처벌했다. 그는 힘의 신 크라토스와 폭력의 신 비아를 시켜 프로메테우스를 잡아들인 다음 대장장이 신 헤파이스토스가 만든 견고한 쇠사슬로 카우카소스 산 절벽에 묶었다. 이어 자신의 독수리를 보내어 프로메테우스의 간을 파먹게 했다. 하루 종일 파 먹힌 간은 밤새 회복되어 이튿날 또다시 독수리의 먹이가 되었다.

'아름다운 재앙' 최초의 여성 판도라

불을 훔친 프로메테우스를 처벌한 제우스는 인간들도 가만 두지 않았다. 자신이 금지한 불을 프로메테우스가 준다며 사양하지 않고 넙죽 받은 인간들이 괘씸했기 때문이다. 궁리 끝에 제우스는 인간에게 여자를 선물하기로 마음먹었다. 불을 받은 대가로 인간에게 평생 불행을 껴안고 살아가게 할 심산이었다. 판도라는 "불의 축복에 대한 벌"이자 "아름다운 재앙"이었으며 제우스의 "완벽한 속임수"였던 것이다. 헤시오도스는 《신통기》와 《노동과 나날》에서 판도라에 관한 이야기를 두 번에 걸쳐 상세하게 기술하고 있다.

제우스는 헤파이스토스를 불러 당장 여자를 하나 만들라고 명령했다. 그러자 헤파이스토스는 진흙을 빚어 여신들처럼 아름답고 매력적인 여자의 모습을 만들어 목소리와 생명을 불어넣었다. 이어 그녀에게 신들의 선물 공세가 이어졌다. 아테나는 그녀에게 자수 놓는 기술과 미세한 직물을 짜는 기술을 가르쳐주었고, 아프로디테는 그녀의 얼굴에 매력뿐 아니라 남자의 애간장을 녹이는 애수와 비탄을 불어 넣었다. 헤르메스는 음란한 마음과 교활한 성격을 심어 주었고, 아테나 여신은 화려한 벨트를 하나 만들어 주고 예쁘게 화장을 시켜 주었다. 우미의 여신 카리테스 세자매와 설득의 여신 페이토는 금목걸이를 걸어 주었고, 계절의 여신 호라이 세자매는 봄꽃으로 화환을 만들어 주었다. 모든 다른 패물은 아테나가 또 마련해 주었다.

이렇듯 많은 선물을 받은 최초의 여자는 '판도라'라 칭했다. 판도라는 '모든 선물을 받은 자'라는 뜻이다. 판도라는 전령의 신 헤르메스의 손에 이끌려 에피메테우스에게 안내되었다. 모든 것을 미리 꿰뚫어 보고 있던 프로메테우스는 카우카소스 산으로 벌을 받으러 가기 전 동생에게 제우스의 선물은 무엇이든 받지 말라고 당부했다. 그러나 에피메테우스는 프로메테우스의 경고를 잊어버린 채 판도라를 덥석 품에 안았다. 그만큼 그녀는 "저항할 수 없는 유혹"이었다.

그런데 판도라에게는 항아리 하나가 있었다. 그것은 그녀를 떠나보낼 때 제우스가 절대로 열어 보지 말라며 건네주었던 항아리였다. 그러나 어느 날 판도라는 호기심을 이기지 못하고 단단히 봉인해 있던 항아리 뚜껑을 열고 말았다. 그러자 항아리 안에서 인간에게 극심한 고통을 가져다주는 모든 것이 쏟아져 나왔다. 그때까지 인간은 불행이나 질병, 근심과 걱정 같은 것들을 전혀 모르고 살았었다. 그러나 항아리 뚜껑이 열린 후로 "모든 셀 수 없는 해로운 불행들"이 인간들 사이를 휘젓고 돌아 다녔다. 놀란 판도라가 황급히 뚜껑을 닫아 항아리 맨 밑에 있던 '희망' 만은 빠져나오지 못했다.

유토피아와 파라다이스, 그리고 황금시대

이상향은 파라다이스라고도 한다. 파라다이스는 과거에 인간이 완벽하게 서로 조화를 이루며 살았거나, 미래에도 살게 될 것이라고 생각하는 장소와 시대를 의미한다. 기독교의 전통에서 파라다이스를 말할 때는 두 곳이 언급된다. 하나는 에덴동산이고 또 다른 하나는 천국이다. 에덴동산은 인간이 금단의 열매를 먹기 이전 순수함을 잃지 않고 살았던 곳이고, 천국은 사후 하나님을 믿는 자에게만 주어지는 영원한 삶을 누릴 수 있는 곳이다.

파라다이스에 사는 인간은 육체적으로나 도덕적으로 완벽하다. 아무런 궁핍과 근심과 갈등을 느끼지 않는다. 하나님과 아담 부부와의 관계에서 보듯이 신들과도 교류를 나눈다. 동물과도 평화스럽게 함께 살아간다. 채식주의자이며 신에게 동물을 제물로 바칠 필요가 없기 때문이다. 또 그는 일도 하지 않는다. 자연이 그에게 모든 것을 선사하거나 자동기계들이 인간의 일을 대신하기 때문이다.

이상향은 유토피아라는 개념으로도 바꾸어 쓸 수 있다. 유토피아는 1516년 토마스 모어가 이상사회를 그렸던 《유토피아》라는 자신의 책 제목에서 처음으로 쓴 개념이다. 유토피아는 현재와는 다른 체계를 지닌 미래의 완벽한 세계를 의미한다. 모어는 유토피아라는 말을 '어디에도 존재하지 않는 곳'이라는 뜻의 '오우토피아 outopia'와 '완전한 곳'이라는 뜻의 '에우토피아 eutopia'의 이중적 의미로 사용하였다. 유토피아는 주로 사회·정치적 문제가 팽배한 사회에 대한 비판으로 나타난다. 따라서 종교적 신념보다는 사회적 체계에 더 많은 관심을 둔다.

헤시오도스의 황금시대는 태초에 인간이 살았던 잃어버린 이상향으로 유토피아보다는 파라다이스와 가깝다. 유토피아는 미래지향적이지만 파라다이스는 과거지향적 요소가 강하기 때문이다.

그리스 신화 속 이상향의 유형

그리스 신화와 관련된 이상향은 크게 세 종류로 나눌 수 있다. 하나는 그리스 신화의 무대를 근거로 후대의 사람들이 만들어 낸 이상향으로 '아르카디아'라 한다. 아르카디아는 그리스 펠로폰네소스 반도의 어떤 지역의 이름이다. 그곳은 예로부터 목가적이고 평화롭고 경치가 아름다운 곳으로 유명했다. 이상향 아르카디아는 인간과 자연과의 합일을 중시하며 다른 이상향들도 모두 그 특성을 어느 정도 공유한다. 특히 기독교의 에덴동산은 아르카디아 이상향에 가

✧ 프레더릭 레이튼, 〈헤스페리데스의 정원〉 1892년경
헤스페리데스는 황금사과 나무가 있는 정원을 지키는 요정들 이름이다. 그들은 커다란 뱀 라돈을 보초병으로 데리고 있다.

장 적합한 장소이다. 수메르의 이상향인 딜문, 이집트에서 말하는 황금시대, 조로아스터교에서 말하는 이마의 동산, 티베트 인들이 산 속 어딘가에 있다고 믿는 상상의 왕국 샹그릴라 등이 이 유형에 속한다.

둘째, '헤스페리데스'는 그리스 신화에 나오는 헤리페리데스의 정원에서 유래한 말이다. 헤라는 제우스와의 결혼을 기념하기 위해 가이아로부터 받은 황금 사과나무를 헤스페리데스 정원에 심고 라돈이라는 큰 뱀과 세 명의 요정들에게 지키게 했다. 이 정원은 세상의 끝자락 서쪽 멀리 어딘가에 위치하고 있으며 아주 아름다운 곳으로 포근한 날씨가 계속되고 과일이 풍성하게 열린다. 헤스페리데스는 우리가 열심히 찾아보기만 하면 이상향은 반드시 어딘가에 존재한다는 신념에서 만들어졌다. 따라서 헤스페리데스는 고대나 르네상스 시대 미지의 땅을 향한 탐험이나 서부개척 등의 원동력이 되기도 했다.

셋째, '올림포스'는 그리스 신들이 그리스의 올림포스 산 정상에 거대한 신전을 지어 놓고 모여 살았다는 이야기에서 만들어 낸 것이다. 이곳은 신을 위한 장소이며 대개는 인간이 도달할 수 없는 곳이다. 이런 유형의 이상향은 보통 하늘에, 혹은 하늘과 가까운 곳인 산꼭대기에 존재한다. 티베트의 카일라스 산 정상에 있는 시바의 궁전이나 캘리포니아 근처 부족 모독 족의 신 쿠무시가 딸들을 위해 지었다는 구름 위의 신전, 남아메리카의 아라와크 부족의 태양 속의 신전 등이 이 유형에 속한다.

그리스 신화와 관련된 또 다른 종류의 이상향은 고대 그리스 인들이 신화를 통해 실제로 존재했다고 믿었던 것으로, 이것도 세 가지를 들 수 있다. 첫째는 헤시오도스가 《노동과 나날》에서 묘사한 실낙원 황금시대이다. 실낙원은 보통 인간의 실수나 결점을 지적하기 위해 언급한다. 헤시오도스도 인간이 황금시대를 잃어버리게 된 것은 프로메테우스가 훔쳐다 준 불을 아무 생각 없이 받았기 때문이라고 지적한다.

둘째는 플라톤이 언급한 이상향 아틀란티스 섬이다. 플라톤은 《티마이오스》와 《크리티아스》에서 아틀란티스에 대해 자세하게 언급한다. 그에 따르면 아틀란티스는 기원전 8000~9000년 지중해를 지나 이베리아 반도와 아프리카를 가르는 헤라클레스의 기둥 너머 대서양에 위치해 있었다. 섬은 아시아와 리비아를 합친 것보다 컸으며, 최초 주민은 에우에노르였다. 그는 레우키페와 결혼하여 클레이토라는 딸을 낳았다. 클레이토가 장성하여 부모를 잃고 혼자가 되자 섬의 수호신 포세이돈이 그녀와 동침하여 연거푸 다섯 쌍둥이의 아들을 낳았다. 포세이돈은 후에 아틀란티스를 10등분하여 아들들에게 나누어 주고 큰아들 아틀라스를 최고의 왕으로 세웠다. 아틀라스는 섬 중앙의 가운데 있는 아크로폴리스 언덕에 궁전을 짓고 어머니를 모시고 살았다. 포세이돈은 보안을 위해 이 궁전 주변에 몇 겹의 해자를 파고 운하를 통해 궁전을 바다와 연결했다.

아틀란티스는 곡식, 과일, 광물 등이 넘쳐흘렀다. 그야말로 아무것도 모자라지 않는 이상향이었다. 정치도 최초의 10명의 왕들이 성 중앙의 포세이돈 신전에 기둥 모양으로 세운 청동에 새긴 법률에 따라 행했다. 이에 따르면 10명의 왕들은 5~6년마다 회의를 열어 신들께 제사를 지냈다. 이어 백성들의 위법사항을 살펴보고 제제를 가하며 다시는 그런 일이 없도록 다짐을 받았다. 그들이 지킨 법률에는 서로 전쟁을 일으키지 않으며, 어떤 왕가도 무너뜨리지 않을 것이며, 10명 중 과반수 이상의 찬성을 얻지 않으면 어떤 왕도 사형에 처할 수 없다는 조항도 있었다.

이들은 초창기에는 신의 성향을 많이 갖고 있어서 서로에게나 이웃 나라에 선하고 관대했다. 어떤 돌발적인 사건이 벌어져도 언제나 유연하고 슬기롭게 대처했다. 덕을 가장 소중히 여기고 재물에 오염되지 않는 겸손한 마음을 유지했기 때문이다. 그러나 여러 세대가 흐르면서 인간의 피가 차지하는 함량이 많아지자 몸에서 신들의 기운이 점차 **빠져나가** 탐욕과 오만으로 가득 찼다. 급기야 그들이 이웃 나라들을 무력으로 점령하고 지배하려 하자 제우스가 개입해 결국 아테네를 주축으로 한 연합군에 패하고 말았다. 엎친 데

덮친 격으로 이어 일어난 지진으로 아틀란티스는 영원히 바다 속에 수장되었다.

셋째는 지상에서 위대한 일을 한 사람만이 죽으면 갈 수 있는 엘리시온이다. 프랑스의 대통령 궁 '엘리제'도 엘리시온에서 따온 말이다. 엘레시온은 신의 은총으로 영생을 얻게 된 인간들이 죽어 머무는 곳으로 신화시대 모든 인간의 로망이다. 호메로스의 《오디세이아》를 보면 메넬라오스는 트로이 전쟁이 끝나고 그리스로 귀향하다가 이집트까지 표류하는 신세가 된다. 그때 메넬라오스는 바다의 현인 프로테우스를 만나 귀향하는 데 필요한 충고를 듣다가 우연히 자신이 제우스의 사위로서 죽으면 엘리시온으로 가게 될 운명이라는 얘기를 듣고 기쁨을 감추지 못한다.

호메로스에 의하면 엘리시온은 오케아노스 강 근처에 있는 섬이다. 헤시오도스의 《노동과 나날》에도 "행복한 자들의 섬"이 등장한다. 헤시오도스는 그 섬을 영웅들 중 위대한 업적을 남긴 자들이 죽은 후에 가는 곳으로 묘사했다. 이 섬은 세상의 서쪽 끝자락에 있다. 서쪽 끝자락은 바로 헤라클레스의 기둥을 지나 오케아노스 강의 초입이다. "행복한 자들의 섬"은 바로 엘리시온을 말하는 게 틀림없다.

핀다로스는 《올림피아 송가》에서 엘리시온을 보다 더 구체적으로 묘사했다. 그에 의하면 엘리시온은 생전에 덕을 많이 쌓은 자들이 죽은 뒤에 가는 곳이다. 그들은 그곳에서 아무 걱정 없이 일도 하지 않고 영생을 누렸다. 지하세계로 내려간 혼령들처럼 인식의 능력도 잃어버리지 않은 채 스포츠나 음악이나 향연 등 생전에 자신이 가장 좋아했던 일을 하며 지냈다. 핀다로스는 그곳에 간 사람들로 아킬레우스의 아버지 펠레우스와 테베를 세운 카드모스를 들었다. 이 두 사람도 물론 메넬라오스처럼 신의 인척이긴 하다. 그러나 핀다로스는 그들을 통해 신의 은총뿐 아니라 개인의 선행으로도 엘리시온에 들어갈 수 있다는 것을 강조했다.

베르길리우스의 《아이네이스》에 따르면 엘리시온은 지하세계에 있다. '아이네이스'는 아이네이아스의 모험이라는 뜻이다. 아이네이아스는 트로이 전쟁이 끝난 뒤 유일하게 살아남은 트로이 장군이다. 그는 트로이가 몰락하자 유민을 이끌고 정착지를 찾아 바다를 방랑했다. 그러던 어느 날 그의 꿈속에 이미 죽은 아버지 앙키세스가 나타나 지하세계로 자신을 찾아오면 그의 운명을 알려주겠다고 약속했다.

아이네이아스는 시빌레 여신을 찾아가 도움을 요청했다. 시빌레 여신은 우리나라의 무녀처럼 지하세계를 마음대로 왕래할 수 있었다. 아이네이아스는 시빌레의 안내로 지하세계의 현관 격인 동굴을 지나 스틱스 강에 도착했다. 강가에서 뱃사공 카론이 배를 정박하고 있었다. 그의 임무는 죽은 자를 배에 태워 지하세계 쪽 강변으로 건네는 일이었다. 카론은 원래 정당하게 장례를 치른 사람들만 배에 태워 주었다. 그래서 죽어서도 매장을 당하지 못한 혼령들은 이 강을 건너지 못했다. 그들은 이곳에서 꼬박 100년 동안을 서성거리며 기다려야 배를 얻어 탈 수 있었다. 그러나 시빌레가 황금가지를 내밀자 카론은 아무 말도 못하고 그들을 배에 태워 강을 건네 주었다.

강 건너편에는 머리가 셋 달린 괴물 개 케르베로스가 기다리고

❖ 루카 지오다노, 〈카론의 배〉 1684-86

지하세계에는 죽은 혼령이 꼭 건너야 하는 스틱스라는 강이 있다. 강 이편에는 뱃사공 카론이, 저편에는 머리가 셋 달린 괴물 개 케르베로스가 지하세계의 관문을 지키고 있다. 그리스 신화에서 이상향 엘리시온은 세상의 서쪽 끝자락이나 지하세계에서 가장 깊은 타르타로스에 있는 것으로 묘사되기도 한다.

있었다. 녀석은 배에 탄 혼령들을 다시 한번 검사하여 오직 죽은 자들만 지하세계로 들어가도록 허락했다. 시빌레는 시끄럽게 짖어대는 케르베로스에게 수면제가 묻은 떡을 던져주었다. 녀석은 떡을 물어 집어 삼키더니 굴로 들어가 깊은 잠에 빠졌다. 강둑 바로 앞에 펼쳐져 있는 뜰에는 어려서 죽은 영혼과 무고로 죽거나 자살한 영혼이 배회하고 있었다. 그다음은 짝사랑하다가 죽은 영혼들이 머무는 비탄의 뜰이었다. 거기를 지나 좀 더 나아가자 오른쪽과 왼쪽 두 갈래로 뻗은 큰 길이 보였다.

두 개의 길 중 왼쪽은 타르타로스로 가는 길이고, 오른쪽은 하데스의 궁전을 지나 엘리시온으로 가는 길이었다. 바로 그 갈라지는 곳에서 크레타의 왕이었던 미노스가 혼령들을 판결하여 양쪽 길 중 어느 쪽으로 갈지 결정했다. 그는 생전에 착한 일을 많이 한 사람은 엘리시온으로, 그 반대의 경우에는 타르타로스로 보냈다. 엘리시온은 미노스의 형제 라다만티스가 다스렸고, 타르타로스의 입구에는 험상궂게 생긴 티시포네가 보초를 서고 있었다. 티시포네는 복수의 여신 에리니에스 세자매 중 하나였다.

아이네이아스는 오른쪽 길로 접어들어 엘리시온에 들어가 마침내 아버지를 만났다. 그러자 앙키세스는 약속대로 아들에게 그의 미래를 알려주고 앞으로 해야 할 일을 지시했다. 아이네이아스는 그곳 강가에서 수많은 사람들이 몸을 씻고 있는 것을 보며 그 이유를 물었다. 그러자 앙키세스가 혼령들이 다시 태어나기 위해 망각의 강 레테의 물로 전생의 기억을 씻어 내는 중이라고 설명해 주었다.

헤시오도스의 노동관과 이상향

그리스 신화와 관련된 마지막 이상향은 바로 헤시오도스가 꿈꾸는 현세의 이상향이다. 헤시오도스에 의하면 인간은 프로메테우스 탓에 황금시대의 행복을 영원히 잃어버렸다. 이미 언급했듯이 프로메테우스는 인간이 신들께 소 제사 지내는 문제를 조정한다는 핑계로 신들을 속였다. 그것도 모자라 그는 인간에게 불까지 훔쳐다 주었다. 제우스는 그 벌로 인간에게 최초의 여자 판도라를 주어 온갖 근심, 걱정, 질병, 싸움 등에 휘말리게 만들었다.

그 결과 인간은 점점 악한 존재로 타락하여 인류의 다섯 번째 시대인 철의 시대는 부정과 속임수가 난무하고 형제와 형제뿐 아니라 부모와 자식 간에도 서로 불신하는 시대가 되고 말았다. 그렇다면 이런 재앙으로부터 피할 길은 없을까? 헤시오도스에 의하면 그 해결책은 바로 정의와 노동에 있다. 정의와 노동은 부, 풍요, 번영, 평화를 약속해 주며 원죄에서 벗어나도록 도와준다. 이에 비해 불의와 게으름은 가난, 궁핍, 빈곤, 불화를 야기한다.

헤시오도스에 의하면 정의는 신들의 왕 제우스의 뜻이기도 하다. 제우스는 정의를 기반으로 불의한 티탄 신족에 맞서 세계질서를 바로 잡은 신이기 때문이다. 그래서 제우스는 선한 자는 보상을 해주고 부정을 저지른 자는 벌을 준다. 제우스 신의 뜻을 받들어 인간에게 정의를 중개해 주는 신은 바로 정의의 여신 '디케'이다. 《노동과 나날》에 '디케'의 이름이 아주 자주 언급되는 것은 우연이 아니다.

《노동과 나날》에 의하면 인간의 노동은 한편으로는 불을 도적질한 프로메테우스의 공범자가 된 인간에 대한 제우스의 형벌이다. 그러나 다른 한편으로는 노동은 인간의 생존과 행복을 위한 전제조건이다. 따라서 성실하게 일하는 자는 궁핍한 생활에서 벗어나 물질적인 풍요를 이룰 수 있고 신의 마음도 얻는다. 그러나 일하지 않고 게으름을 피우는 자는 신의 분노를 초래하여 가난과 치욕을 면치 못한다. 결국 노동은 잃어버린 황금시대를 지상에 다시 재현할 수 있는 최선의 방법인 셈이다.

헤시오도스는 서양사 최초로 인간의 참된 행복은 노동에 있다고 주장했다. 그는 노동이 인간의 고통과 궁핍함을 없애 줄 것이라는 믿음으로 고대에는 경멸했던 노동의 신성함을 찬양했다. 헤시오도스 이후에는 기독교인들이 비로소 노동을 존중하고 그 안에 신의 뜻이 있다고 보았을 뿐이다. 헤시오도스의 구상은 막스 베버가 《프로테스탄트의 윤리와 자본주의》에서 피력한 생각과 아주 흡사하다. 베버도 인간의 윤리와 도덕 그리고 성실한 노동으로 이상적인 자본주의가 뿌리내릴 수 있다고 믿었기 때문이다.

이상향에 대한 지나친 믿음은 우리 인간을 잘못된 방향으로 이끌 수도 있다. 아르카디아, 헤스페리데스, 올림포스에 대한 믿음은 현세에 대한 지나친 부정을 초래할 수 있다. 황금시대와 아틀란티스는 우리를 과거에 대한 환상에 젖어 살게 할 수 있다. 선한 일을 하면 사후에 들어갈 수 있다는 엘리시온도 우리를 지나친 내세주의에 빠지게 할 수 있다.

헤시오도스는 정의와 노동에 대한 자신의 생각을 이상향과 연결시킨 적이 없다. 이상향이라는 용어를 쓰지도 않았다. 그러나 정의와 노동을 통해 인간의 행복을 모색한 헤시오도스의 구상은 새로운 이상향의 모델로 볼 수 있다. 과거나 미래가 아닌 현재에 깊이 뿌리를 내리고 있기 때문이다. 그가 구상한 이상향은 황금시대, 아틀란티스, 엘리시온보다는 현실적이고 실현 가능성이 높다. 그러나 프로테스탄트의 윤리의 힘을 믿은 막스 베버처럼 너무 순진하다는 비판을 받을 수 있다. 인간의 욕망은 그리 쉽게 스스로 통제할 수 있는 것은 아니다.

이 세상에 파라다이스는 없는가?

누구나 이상향을 꿈꾼다. 특히 시인, 작가, 예술가는 이상주의자답게 이상향에 대한 희망의 끈을 놓지 않는다. 또 과거로 거슬러 올라갈수록 이상향에 대한 믿음이 팽배하다. 적어도 18세기 계몽주의 시대까지만 해도 인류는 지구상에 이성을 통해 이상향을 만들어 낼 수 있다고 확신했다. 그 영향 때문일까? 18세기 계몽의 시대를 살았던 독일 작가 실러도 송시 〈환희의 세계로〉에서 모든 사람이 형제가 되는 이상향을 염원했다. 그가 꿈꾸었던 이상향은 그리스 신화의 엘리시온처럼 환희만 넘쳐흐르는 곳이다. 그의 시 첫 부분을 인용해 보자.

"환희여, 아름다운 불꽃이여 / 엘리시온의 딸이여 / 우리는 불꽃에 취해 들어가노라 / 하늘의 딸, 그대의 신전으로 / 그대의 마력은 다시 묶어 주노라 / 시류의 칼이 갈라 놓은 것을 / 거지도 군주의 형제가 되리라 / 그대의 부드러운 날개 머무는 곳에선……"

실러와 같은 시대를 살았던 베토벤도 실러의 송시에 곡을 붙여 불후의 명작《합창 교향곡》을 만들었다. 그는 그 곡을 통해 전 세계에 인류가 손에 손을 맞잡고 함께 부르는 화합의 합창이 울려 퍼지는 이상향의 실현을 고대했다.

그러나 인류는 현재 이성의 산물인 최첨단 과학의 시대를 살고 있지만 과연 18세기 계몽주의자들이 낙관했던 이상향을 건설했는가? 또 실러와 베토벤이 갈구한 모든 민족이 형제가 되어 화합의 합창을 부르는 이상향을 지금도 과연 기대할 수 있는 것인가? 이에 대한 대답은 아주 궁색하고 비관적이다. 지구의 종말을 가져올 것만 같은 환경 대재앙과 지구촌 곳곳에서 끊이지 않는 크고 작은 전쟁을 보라. 아도르노와 호르크하이머가《계몽의 변증법》에서 지적한 것처럼 인류사는 18세기의 합리적 이성을 점점 도구적 이성으로 타락시켜 온 퇴보의 역사가 아닐까? 또 인류는 그동안 "진정한 인간적 상태"에 들어서기보다는 점점 "새로운 종류의 야만상태"로 깊숙이 빠져들고 있는 것은 아닐까?

•• 나가는 말

신화를 연구하는 방법은 크게 세 가지로 나눌 수 있다. 첫 번째는 다른 나라의 신화를 자국의 독자들에게 소개하는 것이다. 두 번째는 신화를 학문적으로 깊이 연구하는 것이다. 세 번째는 신화가 지금 여기를 살아가고 있는 우리에게 무슨 의미가 있는가를 읽어내는 것이다. 필자는 우리나라에서 앞으로의 신화 연구는 첫 번째와 두 번째 방법에서 쌓은 역량을 토대로 세 번째 방법에도 눈을 돌려야 할 때라고 생각한다.

　외국에서는 이런 방법의 신화 연구가 상당한 수준에 올라서 있다. 가령 진 시노다 볼린의 저서 《우리 속에 있는 남신들》과 《우리 속에 있는 여신들》은 그리스 신들의 모습을 통해 인간의 유형을 구분했다. 크리스토퍼 보글러의 《신화, 영웅 그리고 시나리오 쓰기》는 캠벨의 《천의 얼굴을 가진 영웅》을 모범으로 삼아 이상적인 시나리오의 구조를 만들어 냈다. 또 사이토 다카시의 《제우스처럼 경영하고 헤라처럼 협상하라》는 그리스 신들의 행적에서 기업가적인 마인드를 발견했다.

필자는 그동안 모 주간지에 부정기적으로 신화 관련 칼럼을 써 왔다. 〈박 터졌던 총선 트로이전쟁 빼닮았네〉, 〈퇴장선언 이건희 삼성공화국의 제우스〉, 〈Wow, 그리스 신화에도 미친 소 있었네〉, 〈얼음공주 박근혜 아테나 여신 빼닮았네〉 등 모두 그리스 신화를 지금 여기를 살아가는 우리와 밀접하게 연결시킨 것들이었다. 이 책도 같은 맥락에서 집필한 것이다. 2009년 10월에 출간되었던 졸저 《신화, 세상에 답하다》도 마찬가지이다.

모든 것은 인간과 통한다. 이 세상에서 일어나는 모든 일의 중심에는 인간이 있다. 신화도 결국 인간의 이야기이다. 신화는 고대 인간의 이야기일 뿐 아니라 바로 지금 여기를 살아가고 있는 우리의 이야기이다. 그래서 캠벨은 이렇게 말한다. "신화는 나에게 절망의 위기 혹은 기쁨의 순간에, 실패 혹은 성공의 순간에 내가 어떻게 행동해야 할 것인가를 가르쳐줍니다. 신화는 내가 지금 어디에 있는가를 가르쳐 줍니다."

•• 참고문헌

호메로스 지음, 천병희 옮김, 《일리아스》, 숲, 2007.
호메로스 지음, 천병희 옮김, 《오뒷세이아》, 숲, 2006.
아이스킬로스 지음, 천병희 옮김 《아이스퀼로스 비극전집》, 숲, 2008.
소포클레스 지음, 천병희 옮김, 《소포클레스 비극전집》, 숲, 2008.
에우리피데스 지음, 천병희 옮김, 《에우리피데스 비극전집 1, 2》, 숲, 2009.
오비디우스 지음, 천병희 옮김, 《원전으로 읽는 변신이야기》, 숲, 2005.
베르길리우스 지음, 천병희 옮김, 《아이네이스》, 숲, 2004.
아폴로도로스 지음, 천병희 옮김, 《원전으로 읽는 그리스 신화》, 숲, 2004.
아리스토파네스 지음, 천병희 옮김, 《아리스토파네스 희극전집 1, 2》, 숲, 2010.
헤로도토스 지음, 김병철 옮김, 《역사 상, 하》, 범우사, 1996.
플라톤 지음, 김영범 옮김, 《향연》, 서해문집, 2008.
플라톤 지음, 박종현 옮김, 《국가 · 정체》, 서광사, 2005.

플라톤 지음, 김영균, 박종현 옮김, 《티마이오스》, 서광사, 2000.

조지프 캠벨 지음, 이윤기 옮김, 《신화의 힘》, 고려원, 1992.

조지프 캠벨 지음, 이윤기 옮김, 《천의 얼굴을 가진 영웅》, 민음사, 2010.

유재원 지음, 《그리스 신화의 세계 1, 2》, 현대문학, 1999.

미하엘 퀼마이어 지음, 유혜자 옮김, 《신 그리스 신화 1~3》, 현암사, 1999.

토마스 벌핀치 지음, 이윤기 옮김, 《그리스 로마 신화》, 창해, 2009.

구스타프 슈바브 지음, 이동희 옮김, 《그리스 로마 신화 1~6》, 물병자리, 2006.

루키우스 아플레이우스 지음, 송병선 옮김, 《황금당나귀》, 시와 사회, 1999.

진 시노다 볼린 지음, 조주현외 옮김, 《우리 속에 있는 여신들》, 또 하나의 문화, 1999.

진 시노다 볼린 지음, 조주현외 옮김, 《우리 속에 있는 남신들》, 또 하나의 문화, 1999.

위앤커 지음, 전인초, 김선자 옮김, 《중국신화전설 1, 2》, 민음사, 2004.

일연 지음, 이재호 옮김, 《삼국유사 1, 2》, 솔, 2002.

김부식 지음, 이재호 옮김: 《삼국사기 1~3》, 솔, 2003.

김정환 지음, 《한국사 오디세이 1~3》, 바다출판사, 2008.

공동번역 《성서》, 대한성서공회, 1997.

연세대학교 언어정보개발연구원 편, 《연세 한국어 사전》, 두산동아, 2005.

지그문트 프로이트 지음, 김인순 옮김, 《꿈의 해석》, 열린책들, 2006.

크리스토퍼 보글러 지음, 함춘성 옮김, 《신화, 영웅 그리고 시나리오 쓰기》, 무우수, 2005.

스튜어트 보이틸라 지음, 김경식 옮김, 《영화와 신화》, 을유문화사, 2005.

로널드 B. 토비아스 지음, 김석만 옮김, 《인간의 마음을 사로잡는 스무 가지 플롯》, 풀빛, 2007.

박찬일 지음,《모자나무》, 민음사, 2006.

정호승 지음,《외로우니까 사람이다》, 열림원, 2008.

김광규 지음,《우리를 적시는 마지막 꿈》, 문학과 지성사, 1979.

도종환 지음,《접시꽃 당신》, 실천문학사, 2009.

로버트 프로스트 지음, 김기태 옮김,《걸어보지 못한 길》, 태학당, 2000.

라이너 마리아 릴케 지음, 안문영 옮김,《오르페우스에게 바치는 소네트/두이노의 비가》, 문학과 지성사, 1991.

요한 볼프강 폰 괴테 지음, 김수용 옮김,《파우스트 1, 2》, 책세상, 2006.

요한 볼프강 폰 괴테 지음, 김주연외 옮김,《이피게니에/스텔라》, 민음사, 1999.

요한 볼프강 폰 괴테 지음, 안삼환 옮김,《빌헬름 마이스터의 수업시대 1, 2》, 민음사, 1999.

에리히 마리아 레마르크 지음, 홍성광 옮김,《서부전선 이상 없다》, 열린책들, 2009.

프란츠 카프카 지음, 이재황 옮김,《아버지에게 드리는 편지》, 문학과 지성사, 1999.

윌리엄 셰익스피어 지음, 최종철 옮김,《리어왕》, 민음사, 2005.

박완서 지음,《못 가본 길이 더 아름답다》, 현대문학, 2010.

지명렬 엮음,《독일문학사조사》, 서울대학교 출판부, 2002.

르네 지라르 지음, 김진석 옮김,《희생양》, 민음사, 1998.

르네 지라르, 김진석 · 박무호 옮김,《폭력과 성스러움》, 민음사, 1997.

블라디미르 쁘로쁘 지음, 유영대 옮김,《민담형태론》, 서문사, 2000.

조병준 지음, 매그넘 사진,《정당한 분노》, 가야북스, 2008.

로버트 A. F. 서먼, 정명진 옮김,《화》, 민음인, 2007.

슈테판 츠바이크 지음, 안인희 옮김,《광기와 우연의 역사》, 휴머니스트, 2004.

정민 지음, 《미쳐야 미친다》, 푸른역사, 2004.

프리드리히 니체 지음, 이진우 옮김, 《비극의 탄생/반시대적 고찰》, 책세상, 2005.

아도르노와 호르크하이머 지음, 김유동 옮김, 《계몽의 변증법》, 문학과 지성사, 2001.

제레미 캠벨 지음, 박승범 오봉희 옮김, 《거짓말쟁이 이야기》, 나무와 숲, 2006.

리처드 해리스 지음, 손덕수 옮김, 《파라다이스》, 중명, 1999.

토마스 모어 지음, 나종일 옮김, 《유토피아》, 서해문집, 2005.

윤일권, 김원익 지음, 《그리스 로마 신화와 서양문화》, 문예출판사, 2004.

헤시오도스 지음, 김원익 옮김, 《신통기》, 민음사, 2003.

아폴로니오스 로디오스 지음, 김원익 옮김, 《아르고호의 모험》, 바다출판사, 2005.

호메로스 지음, 김원익 평역, 《일리아스》, 서해문집, 2007.

호메로스 지음, 김원익 평역, 《오디세이아》, 서해문집, 2007.

김원익 지음, 《신화, 세상에 답하다》, 바다출판사, 2009.

오비디우스 지음, 김원익 평역, 《사랑의 기술》, 에버리치 홀딩스, 2010.

볼프강 베커 감독, 〈굿바이 레닌〉(DVD), 아인스엠앤엠, 2005.

앤드류 데이비스 감독, 〈도망자〉(DVD), 워너브라더스, 2007.

볼프강 페테르젠 감독, 〈트로이〉(DVD), 워너브라더스, 2008.

글루크 작곡, 이어버 볼튼 지휘, 〈오르페우스와 에우리디케〉(수입 오페라 DVD), 2007.

리처드 마퀀드 감독, 〈스타워즈 에피소드 6-제다이의 귀환〉(재개봉영화), 1997.

프랭클린 J. 샤프너 감독, 〈빠삐용〉(DVD), 2006.

Robert von Ranke-Graves, 《Griechische Mythologie》, Reinbeck bei Hamburg, 1984.

Edward Tripp(Übers. v. Rainer Rauthe), 《Lexikon der antiken Mythologie》, Stuttgart, 1990.

Elisabeth Frenzel, 《Motive der Weltliteratur》, Stuttgart, 1999.

Horst S. und Ingrid G. Daemmrich, 《Themen und Motive in der Literatur》, Tübingen, 1995.